文创与高新产业融资

知识产权价值挖掘的交易设计与风险管理

钟基立 著

北京大学出版社
PEKING UNIVERSITY PRESS

图书在版编目(CIP)数据

文创与高新产业融资:知识产权价值挖掘的交易设计与风险管理/钟基立著.—北京:北京大学出版社,2015.10
ISBN 978-7-301-26137-8

Ⅰ.①文… Ⅱ.①钟… Ⅲ.①企业—知识产权—融资—研究 Ⅳ.①D913.04 ②F275.1

中国版本图书馆 CIP 数据核字(2015)第 177850 号

书　　　名	文创与高新产业融资——知识产权价值挖掘的交易设计与风险管理
著作责任者	钟基立 著
责 任 编 辑	王 晶
标 准 书 号	ISBN 978-7-301-26137-8
出 版 发 行	北京大学出版社
地　　　址	北京市海淀区成府路 205 号　100871
网　　　址	http://www.pup.cn
电 子 信 箱	law@pup.pku.edu.cn
新 浪 微 博	@北京大学出版社 @北大出版社法律图书
电　　　话	邮购部 62752015　发行部 62750672　编辑部 62752027
印 刷 者	北京大学印刷厂
经 销 者	新华书店
	650 毫米×980 毫米　16 开本　17.25 印张　265 千字
	2015 年 10 月第 1 版　2015 年 10 月第 1 次印刷
定　　　价	45.00 元

未经许可,不得以任何方式复制或抄袭本书之部分或全部内容。
版权所有,侵权必究
举报电话: 010-62752024　电子信箱: fd@pup.pku.edu.cn
图书如有印装质量问题,请与出版部联系,电话: 010-62756370

序一

钟基立博士曾在中国台北、中国大陆以及美国的名牌大学接受过学术训练。在北大期间,我与他教学相长、亦师亦友,他的勤奋、谦逊与认真给我留下了深刻印象。他既是一位坐得住冷板凳的青年学者,同时也有很丰富的实务经历,曾在美国的大型投行工作过,又在著名的集团企业主持法务工作,事业做得相当出色。现在他的著作将要出版,其中凝结了他多年的心血,也是对他在北大学习、研究的一个总结,我感到欣慰,并愿意写序推荐。

钟基立所研究的知识产权证券化问题,无疑具有重大的现实意义。我记得将近二十年前,"知识经济"就已成为全世界的一个热门词汇。1996年,经合组织(OECD)首次正式使用了"以知识为基础的经济"(Knowledge-based Economy)这个新概念,说这是建立在知识和信息的生产、分配和使用之上的经济形态。1997年,美国总统克林顿提出了"知识经济"(Knowledge Economy)。这个概念当时在中国引起了很多讨论,人人都在说"知识经济",尤其是大学里面,生产出了成千上万研究知识经济的论文。但是,到底为什么经济形态在发生根本性的变革,以及怎样发展"知识经济"呢?其实,那个时候大家都未必看得很清楚,对于当时尚处于工业化初级阶段的中国来说,概念与实践之间的距离还有点大。

转眼二十年过去,当年雄姿英发的克林顿已老,转了一大圈,他的妻子希拉里·克林顿又出来选总统了。我们用"知识经济"这个概念已经很少,但"知识经济"到底是什么样子的,我们却有了更深刻的理解,今天的中国,工业化水平已经比较高,市场经济的成熟度也比较高了,我们的股票市场规模巨大,知识产权的交易量包括围绕知识产权的诉讼件数也不断攀升。知识、信息等无形资产在企业资产价值中的比重已经很高,有人认为,大约从20%上升到70%左右,知识资产已经取代传统的实物资产而成为企业核心竞争力所在。

既然如此,企业就必然将融资的重点从实物资产转向知识资产。这是大势所趋。所以,知识产权证券化顺应了这种历史潮流,将知识资产与金融资本有效融合在一起。

为什么知识产权应该而且可以证券化?因为证券化是一种"比较平滑的办法",能够实现积累与集中,马克思在《资本论》中早有论述,他说:"集中补充了积累的作用,使工业资本家能够扩大自己的经营规模。不论经营规模的扩大是积累的结果,还是集中的结果;不论集中是通过吞并这条途径来实现,——在这种场合,某些资本成为对其他资本的占压倒优势的引力中心,打破其他资本的个体内聚力,然后把各个零散的碎片吸引到自己方面来,——还是通过建立股份公司这一比较平滑的办法把许多已经形成或正在形成的资本溶合起来,经济作用总是一样的。"[1]

查"百度百科",说世界范围内最早的一例知识产权证券化实践是音乐版权证券化。在 Pullman Group 的策划下,英国的著名摇滚歌星将其在1990年以前录制的25张唱片的预期版权(包括300首歌曲的录制权和版权)许可使用费证券化,于1997年发行了 Bowie Bonds,为其筹集到5500万美元。从国外的实践来看,知识产权证券化现已拓展到电子游戏、电影、休闲娱乐、演艺、主题公园等与文化产业关联的知识产权,以及时装的品牌、医药产品的专利、半导体芯片,甚至专利诉讼的胜诉金。

这些年来,中国在这方面的实践其实也已经不少。天津滨海新区的"文交所"一度是新闻关注的焦点,他们搞了"艺术品按份共有合同"的拍卖方式。采用这种方式,将天津美术学院白庚延教授的一幅画拍卖到一

---

[1] 参见马克思:《资本论》(第一卷),人民出版社2004年版,第723页。

亿元以上——我还曾与白教授有过一面之缘,三十多年前在天津拖拉机厂做工时,我业余时间跑到天津工人文化宫美术班学习,当时白庚延老师不辞辛苦,骑着自行车穿街过巷,到文化宫来为我们这些工人业余美术爱好者授课。所以,我非常尊敬白老师,也喜欢他的画。当我从媒体上看到白老师的画被"按份共有",并以高价"成交",很惊讶,不过也觉得这从某种意义上讲,是对白老师艺术成就的肯定,所以也高兴。我热爱艺术,但艺术品到底该卖多少钱,我不敢做判断,言人人殊,见仁见智吧。不过,这种拍卖没多久又被叫停了。

最近还兴起了"众筹",包括电影、出版等行业,"众筹"已经很普遍。我们北大金融法中心出版的最近一期《金融法苑》,就是"众筹出版",北京青青树文化公司的3D动画片《魁拔III》,也是"众筹"的。我认为,这就又顺应知识产权证券化的潮流,作出了新的探索。

以上拉拉杂杂,想到了这么一些有关的事情。总的来说,我是金融市场创新的积极赞成派,市场上新的产品层出不穷,是好事情。中国的市场经济已经走到了今天,胆子其实还可以再大一点,我们的监管体系、信用体系建设,我们的家底实力,这些都远远超过了30年前,所以可以迈更大的步子了。

回到钟基立博士的这本书来,他在书中,系统梳理了知识产权证券化的理论,也分析了大量的实例。我在这里,还想再补充三点:

其一,知识产权证券化将改变我们对于知识产权的已有的观念。对比一下有形资产,如果没有数百年来的证券化,就很难想象有这么多大规模的企业出现,也不可能动员社会力量,实现资源的集中,形成对公司的强大监督。如果没有证券化,就不会有铁路和股份公司,就不会有今天的大工业,我们今天的社会可能也就不是这个样子了。对知识产权这样的无形资产呢?如果全面实现证券化,那么未来的公司治理、企业经营模式、市场形态以及社会生活方式,是不是都会发生剧变?值得期待。

其二,知识产权证券化,还将改进我们对知识产权的保护。知识产权保护是非常重要的发明,对于促进创新具有重大意义(当然,事情都有两面性,"过度保护"也可能阻碍创新)。这些年我们国家一直在强调对知识产权的保护,法学院建立了知识产权法的新学科,法院建立了知识产权审判庭。但是,保护起来也确实不容易,司法实践中,打这类官司也是比较有难度的。如果证券化了,我认为可能就不一样,无形的资产变成了具体的资产数字,公众的重视与参与程度会大大提升。

其三,知识产权证券化对于文化创意产业的发展会形成极大的推动。创意之初缺乏资金,所以文创产品和服务特别容易"胎死腹中"。或者说在创意之初,因为资金匮乏,还没有把"故事"讲得足够大就卖掉了,那创意者的收益太低,也形不成有效的激励。所以,此时,如果能有"证券化"助力,则有可能兼顾创意者和投资者两方面的利益。美国的文创产业最为发达,除了技术和经验的百年积累外,在金融服务方面也有百年的合作史。这方面中国还有很长的路要走,但我深信,一旦起步,以中国人的智慧和勤奋,以中国的市场规模之大,未来的前景一定是了不起的。

以上。再一次祝贺钟基立博士的著作出版,并向读者郑重推荐。

吴志攀
2015 年 5 月 12 日

序二

方兴未艾的文创产业

文创产业,又称为创意产业,1998年由英国政府正式提出这一概念[1]:文创产业是指透过对个体的创造力、技能和才华的挖掘所产生的知识产权,以创造财富和就业机会的产业。在我国,根据《中国创意产业发展报告》(2006年)的界定,创意产业是指那些具有一定文化内涵的,来源于人的创造力和聪明智慧,并通过科技的支撑作用和市场化运作可以被产业化的活动的总和。考察文创产业的核心要素,可以发现文创产业离不开知识产权,是以专利权、商标权、著作权等知识产权为核心的新兴产业。这些行业都源于个人创造力、技能、才华和财富并通过对知识产权的生成和利用,形成财富和就业的潜力。

从文创产业20世纪90年代正式提出至今,只有区区十几年时间,但其作为一个新兴产业,却在实践中展现了其强大的生命力和巨大的发展空间。从经济层

---

[1] Those industries which have their origin in individual creativity, skill and talent and which have a potential for wealth and job creation through the generation and exploitation of intellectual property. See Department for Culture, Media & Sport: *Creative Industries Mapping Documents 2001*, available at https://www.gov.uk/government/uploads/system/uploads/attachment_data/file/183544/2001part1-foreword2001.pdf. last visit on April 12, 2015.

面上看,文创产业已成为国家经济中的重要组成部分,是国家经济重要的增长点;从文化层面上,文创产业的发展,是国家文化发展战略的重要组成部分,是国家软实力的重要体现,日益成为国家文化输出的重要手段。对我国而言,除了上述意义外,发展文创产业还是我国经济发展方式转变的重要方式之一,亦是挑战欧美国家在文创产业中的先发优势、构建我国自主文化产业链的必经之路。

在文创产业被正式提出后,各国均不遗余力地发展文创产业,全球各地文创产业呈现一片繁荣发展之象。文创产业亦不负众望,日益成为拉动经济增长的新引擎。

融资困境与创新需求

本质上而言,现有的融资困境,起因于将有形资产融资的法律框架运用于无形资产融资。由于有形资产与无形资产之间的巨大区别,特别是无形资产在抵押质押、转让或权利瑕疵担保等方面与有形资产的差异,造成有形资产融资法律框架难以有效处置无形资产融资的法律问题,两者之间的矛盾导致无形资产融资的困境。

举例而言,以知识产权为核心的文创企业,无法完善地借助传统的有形资产的融资法律框架进行融资,尤为明显的是文创企业自身缺乏足够的有形资产作为抵押物,而知识产权由于其作为无形资产,在有形资产融资法律框架下,难以在融资市场上获得足够的认可,造成现有文创产业企业难以获得足够融资。因此,以知识产权为核心的文创企业如何借助知识产权进行融资,创新知识产权融资模式,成为发展文创产业的关键。

在政策方面,一方面,我国继续推进与落实自主知识产权战略,促进知识产权的开发与保护,完善知识产权保护体系;另一方面,积极引进金融支持文创产业,尤其是推动以知识产权为核心的融资交易,以支持《中华人民共和国国民经济和社会发展第十二个五年规划纲要》中提出的"推动文化产业成为国民经济支柱性产业"。我国从2003年开始日益重视文创产业的发展,此后从中央政府到地方政府多次发布有关文创产业的政策。例如,国务院于2009年颁布了《关于印发文化产业振兴规划的通知》(国发〔2009〕30号)。随后,中国人民银行、财政部、文化部、银监会等部委发布了《关于金融支持文化产业振兴和发展繁荣的指导意见》(银发〔2010〕94号),要求改进和提升对我国文化产业的金融服务,支持文化产业振兴和发展繁荣,培养文化产业成为经济发展新的增长点。地方政府亦是将文创产业视为本地城市竞争力的重要体现,通过政策积极推动文创产业的发展,如上海市政府2010年颁布了《上海市金融支持文化产业发展繁荣的实施意见》(沪金融办通〔2010〕24号),推动金融业与文化产业对接,充分发挥金融在支持文化产业发展中的重要作用,构建了间接融资、直接融资、保险及其他配套措施以支持文创产业的发展。

在社会环境方面,借助新技术的发展,尤其是互联网技术的广泛运用,为知识产权融资中公示登记、寻找合适的投资者等提供技术支持和便利。以知识产权为核心的融资交易架构不断推陈出新,甚至出现了"万众创新"的新局面。如近年来新兴的众筹等融资模式,大部分是以创意或将来的知识产权为核心而进行的融资,如本书下文提到的竹制自行车、十万个冷笑话等。

而不论是传统的产权融资,证券化融资,还是近来新兴的众筹、类证券化等融资模式,均是借助现有的知识产权转让、质押、权利瑕疵担保等基础制度,结合现有资产证券化、抵质押等融资模式而产生、以知识产权为基础资产的融资交易结构。

然而,由于知识产权本身权利不稳定、价值难以确定等特性,造成知识产权融资过程中,知识产权价值不确定性、发生风险后难以及时处置、权利瑕疵难以界定等风险。这些风险,在知识产权创新融资模式中会被放大,甚至因此导致融资结构缺乏可操作性。如何述构建合理的创新交易架构,及如何控管知识产权融资交易模式中的风险,正是本书所要探讨的议题。

写作视角的交代

知识产权转让、知识产权质押等融资是传统的知识产权融资模式,是知识产权其他创新融资模式的基础,通过不同基础制度的组合、协调而演化成了新型的融资模式。他们是可以集合运行、也可分立而存在的制度。从不同的知识产权融资交易架构看,知识产权证券化是所有文创产业融资交易结构中,较为复杂且具代表性的融资模式。因而,本书将以知识产权证券化为主轴,展开对于知识产权融资的探讨。

知识产权证券化制度,是数个基本法律制度的组合。整体而言,这是一套先进而精致、能促进文创成果及知识产权活化利用的融资制度;拆分来看,是产权在数种涉及权利流转的基本法律框架(也就是涉及文创及知识产权的权利转让,权利质押、和瑕疵担保)内的运行。换言之,对于每一种基本法律框架的探讨分析结果,也可以单独运用在文创及知识产权的融资,对于如何增益融资效益、法律可操作性,并减低对于文创知识产权融资的风险,提供参考。

同时,本书结合知识证券化融资交易中可能涉及的外部监管要求,探讨分析外部监管风险。对于风险的监管者——不论是有监管职权的行政机构、或是参与交易的融资提供方,如金融机构、风险投资或天使投资人,都给出了风险控制中的重点控制方向。

以上内容体现在本书的架构上,具体表现为:在导论及第1章,先对本书分析的主轴——知识产权证券化制度,进行宏观到微观的分析。从案例着手,逐步拆分出知识产权证券化所涉及的基本法律框架,也就是文创及知识产权的权利转让,权利质押、和瑕疵担保等制度。接着在第2、3、4的这三章中,对个别制度进行焦点探讨:既把他们作为独立的一块拼图来探索,也分析与其他基础制度的衔接和比邻关系。前者的观点,可以给一般性的文创成果、科技创新等知识产权融资交易参考;后者的探索,则为对于证券化、类证券化、众筹等组合型、创造性的新颖融资架构,提供思路。最后第5、6章,集中探讨分析知识产权证券化可能产生的道德风险与公共风险。

作 者

2015 年春

图、表索引

图 1　基础交易制度演化观点下的金融制度创新 …………………（9）
图 2　本书分析架构 ……………………………………………（14）
图 3　知识产权证券化的一般流程图示 ………………………（20）
图 4　Bowie Bonds 证券化交易架构 …………………………（25）
图 5　Guess Inc. 证券化交易架构 ……………………………（29）
图 6　Royalty Pharma 证券化交易架构
　　　（将来知识产权证券化）……………………………………（35）
图 7　股权众筹模式交易架构 …………………………………（38）
图 8　知识经济活动中的将来债权转让 ………………………（108）
图 9　Chrysalis 证券化交易架构 ………………………………（241）
图 10　DreamWorks 证券化交易架构 …………………………（245）
图 11　Paramount 证券化交易架构（将来知识产权证券化）………（248）
图 12　实物众筹模式交易架构 …………………………………（250）

表 1　将来债权让与理论与知识产权证券化中的权利
　　　转让对照 ……………………………………………………（87）

目 录

导 论   1
  第一节 研究背景与动机   3
  第二节 研究思路与回答的问题   7
  第三节 研究范围与限制   11
  第四节 分析架构与章节   14

第一章 知识产权证券化综述   17
  第一节 知识产权证券化的定义、交易流程与发展   19
  第二节 知识产权证券化在融资上的优势   49
  第三节 知识产权证券化与传统资产证券化的差异比较   58
  第四节 知识产权证券化的内外部风险与投资人保护   65

第二章 内部风险之一
      ——权利转让环节的风险、对策与监管   75
  第一节 知识产权证券化中的权利转让   77
  第二节 知识产权的转让风险与投资人保护   89
  第三节 知识产权衍生权益的转让风险与投资人保护   95
  第四节 我国制度条件下对权利转让环节风险的监管   110

第三章 内部风险之二
      ——权利质押环节的风险、对策与监管   119
  第一节 知识产权证券化中的权利质押   121
  第二节 知识产权的质权设定风险与投资人保护   129

第三节	对知识产权衍生债权的质权设定风险与投资人保护	*142*
第四节	我国制度条件下对权利质押环节风险的监管	*159*

第四章　内部风险之三
——权利瑕疵担保环节的风险、对策与监管　*165*

第一节	知识产权证券化中的权利瑕疵担保	*167*
第二节	权利瑕疵担保环节的风险与投资人保护	*176*
第三节	风险的因应对策与知识产权保险制度	*183*
第四节	我国制度条件下对权利瑕疵担保的风险监管	*190*

第五章　外部风险之一
——制度所蕴含的道德风险、对策与监管　*195*

第一节	知识产权证券化的潜在道德风险	*197*
第二节	公共力量介入调节的需要与途径	*202*
第三节	我国制度条件下对道德风险与制约手段的监管	*206*

第六章　外部风险之二
——证券化违约所产生的公共风险、对策与监管　*209*

第一节	证券化出现非预期终止对公共利益的冲击	*211*
第二节	应对风险的对策之一——有效的变现机制	*217*
第三节	应对风险的对策之二——产权的持续利用	*221*
第四节	我国制度条件下对公共风险与制约手段的监管	*227*

结论与建议　*233*

附录　*239*

参考书目　*253*

导 论

第一节　研究背景与动机

一、证券化的关注焦点与全球趋势

我国的资产证券化交易制度正依托着两种并存的体制发展。第一种,是由央行、银监会主导的信贷资产证券化。这种体制以《信贷资产证券化试点管理办法》为交易框架,规范的是以信托为特设载体(SPV,以下混同使用)、以信贷资产为标的、而向机构投资者发行受益凭证的证券化交易。第二种,是证监会主导的企业资产证券化。这种体制以《证券公司客户资产管理业务实行办法》为交易框架,现正处于"先试点后立法"模式下的尝试阶段。[1] 在试点陆续成功后,目前各界关注的焦点,除了资产证券化交易的进一步扩容外,还包含如何在适格资产种类、特设载体形态以及投资人范围方面的进一步扩大。

关注的热点之一,是考虑"知识产权证券化"制度的构建。[2] 知识产权证券化的通常定义为:发起机构将其拥有的知识产权或其衍生债权(如权利金),移转到特设载体,再由此特设载体以该等知识产权或其衍生债权作担保,经过重新包装、信用评等以及信用增强后,发行在市场上可流通的证券,藉以获得资金的过程。

在全球范围内,知识产权证券化正凭借金融资产证券化的成功经验而迅速发展。美国知识产权证券化的交易规模在1997年时仅为4亿美元,到2000年时已经成长了6倍多,达到25亿美元。中国资产证券化起步较晚,从2005年初至2013年9月,中国累计发行175只资产支持证券,总规模达到1348.5亿元。[3] 由于其迅猛的发展势头,世界知识产权

---

[1] 洪艳蓉:《中国资产证券化的制度竞争与协调》,载《证券市场导报》2006年第9期。
[2] 李建伟:《知识产权证券化:理论分析与应用研究》,载《知识产权》2006年第1期;杨亚西:《知识产权证券化——知识产权融资的有效途径》,载《上海金融》2006年第10期。
[3] 张明、邹晓梅、高蓓:《中国的资产证券化实践:发展现状与前景展望》,载《上海金融》2013年第11期。

组织把知识产权证券化称作是一种"未来融资的新趋势"。[1]

二、证券化制度的供与需

这种新趋势证明知识产权证券化制度的确回应了某种人类经济活动中的新交易需求。在现今的经济活动中,传统生产要素成本占产品的比重越来越低,而产品价格越来越多地取决于其无形的价值。平均而言,土地、厂房、存货等传统人类经济体系中所认为的"资产"在私部门资产中的比例逐渐降低了。然而,传统的金融交易制度大多是建立在有形资产的基础上发展起来的,而当无形资产占经济体系价值的比重越来越高时,却得不到传统的金融交易制度的支持,急需找到一个制度的出口,因而产生了对知识产权证券化交易制度的需求。

日趋复杂化的金融创新提供了制度供给面的基础。在计算机技术的协助下,人类的经济行为扩展到前所未有的新领域,复杂财务分析变得可行,从遥远的未来、复杂的关系到未知的风险都可以用最原始的数字量化呈现。而互联网带来的信息流动,也让不同领域的专业人员能够在虚拟的时空中相会,从而得以"创造"出证券化的新制度。

在我国,这种制度供需创造出来的交易市场已初现端倪。[2] 但当今全球经济不可分割,我国作为全球经济的重要组成部分,不可能脱离这种交易的潮流而置身事外。随着资本流动国际化,在我国经济体系中活动的很多机构都有可能成为知识产权证券的买方或卖方,或是间接地受到其交易的影响。从这个角度来看,我们必然要把这个制度研究透彻。

三、一举两得的策略

探讨我国本土化的知识产权证券化制度还有以下积极的意义。首先,契合对未来所勾画的加强多层次资本市场建设、深化金融市场改革的

---

[1] WIPO, The Securitization of Intellectual Property Assets—A New Trend, November 12, 2006, http://www.wipo.int/sme/en/ip_business/finance/securitization.htm; last visit on June 8, 2007.

[2] 据报道,我国首个文化版权"类证券化模式"已在深圳诞生,涉及未来产值约1.3亿元人民币。交易架构等详细信息,参见中国经济网:《影视版权"类证券化模式"诞生 电影也能当股票卖》,http://www.ce.cn/culture/gd/201405/20/t20140520_2845798.shtml,2014年6月25日访问。

轮廓;同时,知识产权证券化的探讨,还有助于"完善知识产权投融资体制,拓展知识产权投融资渠道"[1],助力于国家知识产权战略的实现。推动知识产权证券化,必然会对金融体系下的各种既有的体系或制度形成冲击。既有的制度在经过冲击、调整后,概念、内涵得以扩充,体系得以完善,金融交易体系的框架得以延伸、产品更加丰富、整体上将会变得更为成熟。这一点在美、日的操作经验中可以得到验证。

反过来说,随着金融服务业的开放,金融市场的竞争将更为国际化。我国有被证券化潜力的知识产权,若在国内得找不到操作平台,可能将在境外由国际金融机构推出。此时,一方面会失去深化我国金融市场建设的契机,另一方面我国的资本市场也失去了提升资金利用效率的机会。我国事实上已经积累了相当具有商业潜力、能产生稳定现金流的知识产权。例如,强制性 KTV 版权使用费、少林中国功夫表演、传统中成药、扬名国际的餐饮字号等。

此外,探讨知识产权证券化制度的积极意义,还包括落实"建立自主知识产权"政策目标的实现。建立自主知识产权除了需要完善的法制平台、良好的人力素质外,充沛的资金更是不可或缺的要素。企业只有能够利用已取得、或正在开发中的知识产权进行资金融通,才有可能持续性地建立起自主的知识产权。建构知识产权证券化交易制度,可以说是实现此政策目标的最佳行动方案。

相反地,如果"建立自主知识产权"政策目标缺乏融资制度的支持,反而会使政策的推动出现悖论。因为,政策鼓励所预期的未来,是我国企业拥有知识产权占企业总资产的比例将逐渐提高。然而,如果他们达到了预期目标,政策的鼓励表面上成功了,但由于金融体系跟不上脚步,还只能支持实体资产(如土地厂房)的融资,则可能出现企业拥有越多自主的知识产权、越难进行融资的现象。与美、日等国的创新型企业在证券化市场得到的良好融资支持相比,我国企业将很可能由于在融资成本上处于不利地位而丧失竞争力。

推动知识产权证券化交易制度正是一种实现上述两种政策目标最佳

---

[1] 参见中宣部、发改委、财政部等多部门联合发布的《关于印发〈2010年国家知识产权战略实施推进计划〉的通知》(国知发协字[2010]23号)。

的"一举两得"的策略。建立知识产权证券化交易制度将能深化我国金融市场建设,引导民间充沛的储蓄投入企业知识产权建设,用以改变产业结构,与此同时还能促进金融体系资金利用的效率,提升国家的总体竞争力。

四、知识产权保护与公平正义

知识产权因社会群体的利用而产生价值,如果没有人群的认同与使用,知识产权的价值便无从体现。然而,在市场机制的作用下,知识产权的市场价值常只被积极参与市场运作的企业所独享,而提供智力成果的创作者并没有得到丰厚的报偿,特别是对呕心沥血的创作家而言,公平与正义经常没有在市场经济中得到体现。

然而,企业逐利的动机也不容抹灭。因为这种自私的驱动力,才使得企业积极地参与市场运行、承担风险。正如水能载舟亦能覆舟,市场机制只是一个载体,其间效率与公平的调和有赖于制度的设计,而知识产权证券化则或能成为可行的路径。首先,知识产权证券化产生的财富分散效果,能够使更多的知识产品使用者分享知识产品在受到人群认同后的增值。此外,证券化可以将未来预期的现金流转为当期的资金,为创新型企业及智力创作者的市场化行为提供融资,而不会丧失对知识产品的控制权。创作者能够直接受到市场的激励,将有动力产生更多更好的知识产品,如此不但更能实现公平正义,也形成了良性的循环。因此,从促进市场经济中公平正义目的追求的视角来看,知识产权证券化将成为一个可行的解决方案。

五、全球经济贸易下的知识产权保护

知识产权贸易已成为国际贸易的重要组成部分,然而知识产权保护经常是贸易摩擦的导火索。由于知识产权法有强烈的属地主义,要统一各国对知识产权的保护标准相当困难。即使国际间努力透过协商与谈判,来建立大多数国家所能接受的知识产权法制,但这毕竟不是在短时间内能够达成的工作。[1] 此外,滥用知识产权保护所形成的贸易壁垒,也

---

[1] 张云辉:《企业智慧财产权融资的可行性(上)》,载《企银报道》2004年1月。

成为影响贸易稳定和深化的因素,并且引起国际技术垄断,造成对国际贸易发展的阻碍。

归根究底,摩擦的根源来自于国家主权和经济利益的冲突,以及国家间经济地位和发展水平的落差。在这种大环境的限制下,既要推广知识产品给全人类使用求取对人类全体福利的提升,又要减少这个推广过程中产生的摩擦,成为两个看似矛盾的目标。

解决这种矛盾最好的方式,就是使知识产权贸易产生的利益能够为全球市场的参与者共享,而知识产权证券化则成为可行的解决方案。证券化的知识产权所代表的财产权,可以突破商品和服务贸易的枷锁,在国际间以资本的形态由大范围的投资人所掌握,从而弥补商品、服务以及知识产权流动的不足。换言之,即使国家间经济地位和发展水平不对称,投资于知识产权贸易输出国知识产权证券化证券产品的投资人,也能够分享知识产权贸易输出国在国际贸易中所得到的利益,成为利益共同体,进而带动知识产权贸易输入国在知识产权保护和推广上的主观意愿。从这个视角来看,探索知识产权证券化对全球经济的发展具有正面的意义。

六、投资人的保护

尽管知识产权证券化在很多方面带来优势,但这种前沿的金融创新同时也可能为市场带来风险。特别是知识产权证券化产品的专业程度较高、交易结构复杂,贸然推行不但无法实现这种金融创新带来的好处,还可能使得投资人承担极大的风险,甚至影响市场的稳定性。因此,探索知识产权证券化,必然也必须对其中蕴含的风险、控制风险的措施、以及相应保障投资人权益的制度设计予以等量的重视和发掘。

第二节 研究思路与回答的问题

一、金融创新的制度演化观

知识产权证券化被视为一种金融创新,但这种创新活动并不等同于无中生有的发明。语意上对创新的通常理解,是把过去分开存在的单元融合起来,成为具有功能性的结合体;在此之前,可能没有人预见到这些单元可以结合,或是无法达到结合后的功能性。

本书采用这种观点来观察金融创新,可以看到金融创新出来的制度,其实就是把过去分别存在的数个基础交易制度重新链接和构建,从而形成新的交易制度,以解决经济活动所产生的问题或需求。例如,住房贷款证券化交易制度在 20 世纪 70 年代的美国发展起来时,被视为是一种金融创新。但事实上,如果把这个交易制度拆开来看,可以发现它是数个既有基础制度的结合体,如:财产转让制度、抵押担保制度、信托制度、破产制度、证券交易制度等等。在这种"创新"还没有出现前,这些基础交易制度本来存在,美国政府与银行家在当时的社会经济背景下,把这些基础交易制度头尾融合在一起,解决金融体系的流动性问题,就形成了创新,成就了一种新的金融交易制度。

金融创新的过程对新制度而言是一种创造,但对既有的基础交易制度而言是一种演化。既有制度在融合创新的过程中不是简单加法,而是一个不断地互相冲击、调整的过程。在每一次的制度创新中,原有的基础制度的概念、内涵发生变化,获得扩充细化,从而能够与其他基础制度很好的结合,并发挥出结合体的功能。例如,在资产证券化的制度创新前,债权转让制度原本存在,破产制度也存在,但他们在证券化的功能性结合过程中产生了冲撞,于是债权转让的概念受到细化、扩充,从而出现了"真实销售"的概念,只有构成"真实销售"的权利转让才能完全脱离破产程序的干扰;而"买卖"的概念内涵,也变得更加丰富(参见下文图表 1)。

这些基础交易制度概念、内涵的变化及扩充,使其制度得以进一步细化且齐备及内涵得以更加丰富的过程,是为制度的演化。而这个过程在金融创新发生后并未终止,演化后的制度仍然继续在经济活动中与其他的制度产生碰撞。而因为这些基础制度内涵的增加及范围的扩大,更容易被人们观察到与另外一种既有制度相结合的可能性,从而产生另一个功能性的制度结合体,也成就了另一个金融创新。

从这个角度观察知识产权证券化制度创新的出现,可以看到基础性的财产转让制度、抵押担保制度、信托制度等,在资产证券化的金融创新过程中得到扩充后,还在人类的经济体系中活跃着,终于触及无形资产交易制度的边缘。于是,人们再次观察到将他们与知识财产权制

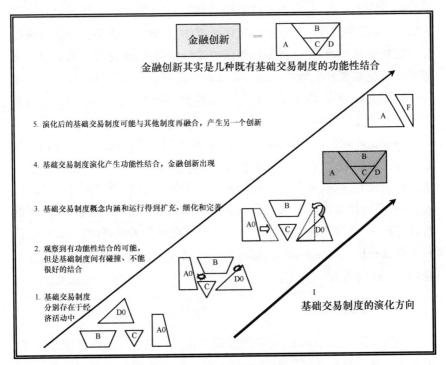

图 1 基础交易制度演化观点下的金融制度创新

度融合成另一个创新的可能性。基础制度间又再度的彼此冲撞、调整而作出功能性的结合,成为另一个名为知识产权证券化的金融制度创新。

本书以制度演化的观点研究知识产权证券化的金融创新,虽然少了一点创新的神秘性,却可以更好地掌握探索的脉络,这是一种基于法律制度发展的延续性观察。毕竟,任何的金融创新都不是从天而降,而是以人类经济社会中的经验和既有制度为基础而搭建出来的。

二、基础交易制度与知识产权制度的融合

基础交易制度在证券化的一连串创新中产生演化,但当创新来到知识产权的领域时,这种演化呈现出不同的面貌。

在触及知识产权证券化的领域前,证券化创新所涉及的基础交易制度内涵、概念或交易原理有较大的相似性,它们都是人类经济活动中自然

产生的财产或权利，比较容易被观察、掌握。因此在这一连串的创新过程中，基础制度并没有产生很多的演化。例如，从最早被创造出来的住房抵押贷款证券化开始，基础制度在创新的过程中演化，演化后的基础制度又不断与其他制度发生碰撞、融合，如消费贷款制度、设备租赁制度，而带来一连串的金融创新，出现了应收账款证券化、贷款类资产证券化、收费类资产证券化等。这些交易制度拥有一定的同质性。

而知识产权制度在很多特性上是截然不同于这些制度的。知识产权是一种无形的财产权，是一种人类透过法律制度、平衡各种目的而创造出来的精细权利，权利的范围与行使方式常常有所变动，因时因地而异。因此，当演化中的基础制度遇上了知识产权制度，在为"新功能"而产生融合的过程中，产生的问题是证券化创新的历史中从未出现的。相对的，这种融合过程中所产生的演化，也将为基础制度带来前所未有的内涵丰富化、精细化、完善化。

三、回答的问题

在制度演化的视角下，知识产权证券化不再是一种全新的交易制度，而是资产证券化交易制度的扩充与丰富。在金融创新的面纱后下，其实也就是既有基础交易制度的内涵、概念、运行得到了扩充、细化与完善后所产生的新功能性融合。因此，本书不过多地着墨于基础交易制度在证券化制度创新历史上已经发生过的演化，而是集中探讨在知识产权制度的创新中，基础交易制度产生新演化时的边际性问题。

基于这种观点，本书的目的就是要回答以下四个方面的问题：

第一，知识产权证券化的运作模式为何？与其他的资产证券化相比有何不同的议题？这些议题的面貌与成因是什么？产生了什么风险？

第二，这些风险在证券化中的哪些交易环节中表现出来？如何规范这些交易的法律制度的内涵、概念与运作？将来如何扩展、丰富、完善，才能够解决这些议题、消除这些风险并保护证券投资人的权益？

第三，当这些风险表现于交易外部时，对于整体金融环境和社会公益产生了什么潜在的不利影响？如何设计制度框架来减少这些不利的影响？

第四,如何设计监管制度,以有效管理知识产权证券化创新带来的风险?

第三节 研究范围与限制

本书在研究范围的选定上遵循以下原则:

一、专注于新议题

学者对于资产证券化的共通性议题已多有所探讨,所以,本书只专注于下述两种议题的探索:第一,专属于知识产权证券化所特有的议题;第二,虽然在其他资产证券化被注意到,但在知识产权证券化中,产生的风险更为实质而巨大甚至足以使证券化的架构失败。

如同其他资产证券化,知识产权证券化还涉及其他构面,例如:资产评估、真实销售、公司治理、信托等。固然这些问题极为重要,但从制度观点而言,在知识产权证券化交易中并非突出。因此,本书不以它们为探索的焦点。

二、知识产权的范围

按本书的思路,知识产权证券化的创新是既有交易制度与知识产权制度的冲撞与融合,因此研究范围涉及知识产权的界定。

知识产权是一法定的财产权,权利的范围与行使在不同的公共目的之间精细地平衡,而且还常常有所变动、因时因地而异。而在知识产权中,专利权、著作权和商标权可以说是现行经济体系中,权利范围、行使方式被规范得最为清楚的权利。然而,经济社会中具有交换价值的无形资产并不限于此,这可以形象化地比喻为一个光谱,最左边是比较固定、范围清楚的财产权,如专利权;光谱另一端是最为无形,但仍受到法律一定保护的权利。光谱的中间散布着各式各样的无形财产权,它们需要一定程度的智力投入才能形成,如集成电路布图设计权、商业秘密、域名等。

当知识产权制度与其他的交易制度碰撞与融合时,这些权利在光谱中的位置也移动着,而权利的概念、内涵得到的扩充、细化,权利的行使得到完善。具体的例子如域名,好听好记的域名被创造出来后,往往能够产生高的价值,甚者还形成一种新兴的交易市场,法律对其的运作,也就有日趋精细的表述。同样的,对人类生存与经济活动有巨大影响的农业与生物科技,也有类似的发展轨迹。现在一般各国,都有"植物新品种权"的产权制度。虽然在名称上它们是新的产权制度,但是从更基础的概念来说,它们其实就是创造性成果专有权的制度扩展。

然而,由于人类智力成果的丰富性和变动性,文章不可能对所有的权利种类予以等量深入的探索。因此本书将从以下视角来界定本书所探索的知识产权的范围。

第一,探索的客体必须可以被法律定性为权利,而非只是单纯的利益。[1] 显然,与人类智力成果有关的合法利益,不论是否为法律定性的权利,都可以被当作探索的课题。例如,创新型企业的创新泉源,最终是来自于经年累月所形成的创新文化,此可以视为企业珍贵的无形资产。这种创新文化蕴涵在以人为核心的组织中,而当他人利用不公平的竞争手段影响雇佣关系,破坏这种文化的存在和组成时,在一定程度上将受到法律的约束。然而,对于这种利益的保护,是由数个法律框架,如竞争法、劳动法等同时作用的结果,而非由法律所明确定性的权利所衍生出来。因而在证券化的探讨中,若对其进行分析探索,势必涉及庞杂且跨领域的研究,将失去探索的深度和系统性。

第二,法律已经为权利的行使提供清晰的操作框架。在种类丰富的智力成果中,有些客体虽然已经成为法律所定性的权利,但在实践上未必有明确的操作框架可供依循。例如,经营性标记、域名权和商号权等。纵然这些类型的权利,在实践上已经成为买卖交易的客体,但证券化的操作,在权利的产生、让与、登记、与担保方面,都涉及较为复杂精细的法律关系,必须有清晰的法律框架作为运行上的支持。在这个视角下,可作为探索对象的客体相对缩减。

第三,权利在主观和客观上具有可转让性。证券化的核心法律关系,

---

[1] 阙光威:《智慧资本的法律定性与智慧财产证券化的可行性研究》,载台湾《政大智慧财产评论》2004年4月。

在于将来现金流请求权的转让。因此,产生现金流的基础资产,不论是作为转让标的还是作为交易的担保品,都必须具有可转让性。这里所谓的主观,是指权利人愿意将其作为转让标的,然而由于商业上的考虑,很多极具商业价值的智力成果都未必能成为适当的客体。商业秘密是最明显的例子,以可口可乐的配方为例,纵然其具有极高的商业价值,在证券化过程所需进行的信息披露,将使企业的竞争优势丧失,因而权利人不可能愿意将其作为证券化的标的。而所谓客观上的可转让性,主要是受到法律对权利转让的限制,例如经营性资质、或必须由原权利人本人履行相对义务才能得到的权利。对于这些权利,即使权利人有意转让,也无法受到法律的支持。

第四,商业上的可行性。从最基本的视角看,被证券化的资产必然要能够产生一定数额的现金流,才能够抵消证券化交易所产生的成本。而知识产品所产生的价值,是由市场供需所决定的。当某一类别权利的利用、交易并不频繁,或是市场还没形成一定的规模时,该类别的知识产品自然无法成为理想的客体。例如,域名已经成为一个市场,而全球交易也日趋频繁,但从总体规模而言,其能产生的市场价值仍属有限。此外,如集成线路布局权也有类似的情况。

从以上的视角来看,本书很自然地将知识产权的范围聚焦于专利权、著作权和商标权等三个领域。然而,对于其他丰富的知识产品种类,虽然目前经济活动的实践还没有使其产生更为细化或丰富的演化,但可以预期的是,只要人类经济活动发展依然循着上一个世纪的轨迹,那么相关权利的内涵也必然继续扩充及细化,成为成长中的法律。因此,在此聚焦之外,本书也从学术和发展趋势的视角,对其进行若干探索。

三、研究基础素材的取得

目前知识产权证券化案例基本上是以私募的方式进行,公开的信息主要来自金融产业的通讯报道,交易的架构与法律关系安排较难由第一手资料取得,而是由报道出来的信息交互验证、判断而得。这种资料获取的方式难免无法精确,是本书研究的另一个限制。

第四节 分析架构与章节

本论文共分六章,架构的安排如下页图表 2 所示,各章具体安排说明如下:

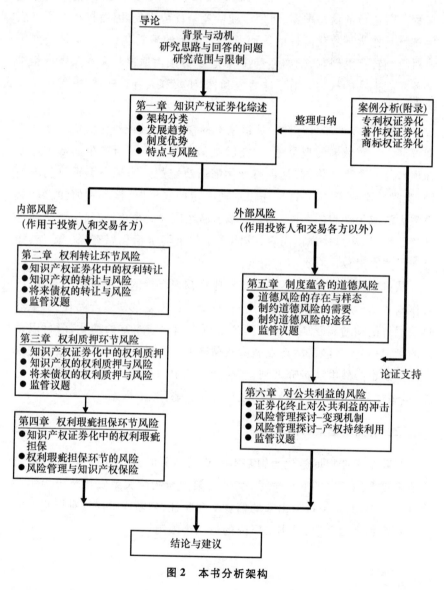

图 2 本书分析架构

第一章：知识产权证券化综述。本书聚焦探讨知识产权证券化不同于其他资产证券化的机会与风险。因此，本章首先对知识产权证券化做背景介绍，并分析其在融资上的优越性。接着阐述知识产权资产证券化的特点，并分析归纳因为这些特点而产生的风险。

本书将这些风险划分为作用于交易方的内部风险，以及作用于市场和社会的外部风险。接下来各章，便以风险可能的发生点为划分依据，展开对这些风险的成因与态样分析，并且探索在我国法制环境下，减少风险的制度设计与监管措施。

第二章：内部风险之一——权利转让环节的风险、对策与监管。被证券化资产从发起人转让到特设载体是证券化交易最重要的环节。本章首先针对知识产权证券化中可能发生的权利转让进行梳理，并且归纳出主要类别。然后，在此分类基础上，逐项探讨各种形态的权利在转让环节中可能产生的风险。本章对于知识产权所衍生的将来债权和权益，进行实践上与学理上的深入分析。并在此分析的基础上，提出对于监管制度的设计思路。

第三章：内部风险之二——权利质押环节的风险、对策与监管。本章首先探讨在知识产权证券化中权利质押的功能，以及权利质押的标的范围，接着分析因为知识产权的权利特性而造成在质押操作中可能出现的风险。本章深入分析，在我国法律环境下，以知识产权所衍生的将来债权或权益出质，有哪些可能的路径，以及相应的监管制度设计。

第四章：内部风险之三——权利瑕疵担保环节的风险、对策与监管。被证券化资产的质量是证券化中的关注焦点，也是交易各方协议安排以及证券定价的重要基础。然而此一环节由于知识产权的权利特性而变得复杂且难以掌握。本章首先阐述这些特性的成因，以及由其引发的风险态样。接着，探索在我国法律环境下，这些风险是否能够被控制。本章还介绍了知识产权保险制度，以作为对于权利瑕疵担保责任制度的补充。最后，在这些基础上，探索监管制度如何配合相关的风险控制措施和如何导入新制度。

第五章：外部风险之一——制度所蕴含的道德风险、对策与监管。本章与下一章探索的主题，是证券化交易作用于市场整体和社会环境的外部风险。本章首先界定道德风险的本质，然后阐述为何知识产权证券化中蕴含着道德风险。由于这种风险的外部性，有必要藉由政府的力量来调整。因此，本章接着探索可能的调整途径，以及各种途径下的相应监管措施。

第六章：外部风险之二——证券化违约所产生的公共风险、对策与监管。本章首先从知识产权的创作根源、权利产生以及网络效应阐述知识产权本身含有公共财性质，并且分析证券化交易失败对于公共利益所可能产生的负面影响，以及管理此类风险的路径和相应的监管措施。

附录。本书还包括一个相当篇幅的附录，主要对当今各国在知识产权证券化实践上的案例进行介绍。由于知识产权证券化在我国还未被广泛讨论，因此将案例整理分析清楚，有助于实务界仿效和学界的后续探索。此外，这些案例的各种分析视角，也是本书的分析论述的主要基础，广泛地用于支持本书的论点。

第一章　知识产权证券化综述

第一节 知识产权证券化的定义、交易流程与发展

一、知识产权证券化的定义与一般发行流程

如导言中所述,知识产权证券化的通常定义为:发起机构(通常为创新型企业)将所拥有的知识产权或其衍生债权(如授权的权利金)移转到特设载体,再由此特设载体以该等资产作担保,经过重新包装、信用评级以及信用增强后,发行在市场上可流通的证券,借以为发起机构进行融资的金融操作。[1]

从操作的视角来看,在知识产权证券化中,常见参与者主要是知识产权的授权方、被授权方、特设载体和投资人等四方。授权方通常是证券化的发起人,他把将来某一时段中可向被授权方收取的权利金(将来债权)一次性地转让给特设载体,然后由特设载体透过证券化操作,向投资人发行证券。特设载体将来在陆续收到权利金时,便根据约定扣除相关成本,余额以证券本息的形式向投资人按证券所记载的条件支付。

然而,自1997年第一宗知识产权证券化案例以来,知识产权证券化的发行模式、法律架构以及涉及资产等方面,都不断地在市场的驱动下求新求变,至今已经很难以单一的定义涵盖所有的知识产权证券化交易。特别是本世纪以来,知识产权证券化吸收资产证券化的经验,融入了更多创新元素。在此潮流下,美国证监会在2004年提出的一份草案中,尝试对资产支持证券提出的定义为:"一种主要由明确的资产池所产生现金流来偿付的证券,证券还代表了任何用以确保证券持有人及时获得支付或利益分配的任何权利或其他资产。资产池可以是固定的或循环性的,而其组成是在一定期限内根据相关条件会转换成现金的应收账款或其他金

---

[1] John S. Hillery, "Securitization of Intellectual Property: Recent Trends from the United States", *Washington Core*, June 30, 2005, p. 17; available at http://www.iip.or.ip/summary/pdf/WCORE2004s.pdf; last visit on June 8, 2007.

融资产。"[1]此定义或许也能适用于知识产权证券化,而其中的不同之处,则在于该定义中提到的资产池,主要是由知识产权和其衍生的权益所构成。

从美国的经验来看,即便资产证券化证券已经成为普及的金融商品,也无法对其进行准确的定义,可见证券化与发行架构在快速演化和不断创新,尝试对这种交易制度作出恰当完整的描述并不容易。因此,以下本书以典型知识产权证券化的流程为基础,并描述流程中若干步骤的变形,以求更为精确地解析知识产权证券化的概念。

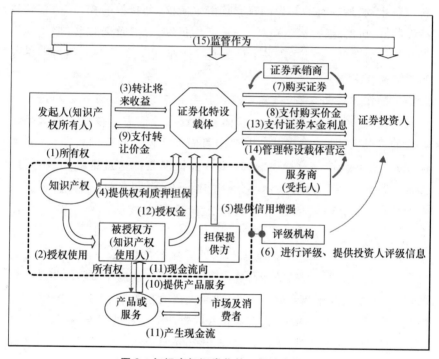

图3 知识产权证券化的一般流程图示

---

[1] The basic definition of "asset-backed security" would be "a security that is primarily serviced by the cash flows of a discrete pool of receivables or other financial assets, either fixed or revolving, that by their terms convert into cash within a finite time period, plus any rights or other assets designed to assure the servicing or timely distributions of proceeds to the securityholders; provided that in the case of financial assets that are leases, those assets may convert to cash partially by the cash proceeds from the disposition of the physical property underlying such leases." See Federal Register/Vol. 69, No. 93/Thursday, May 13, 2004/Proposed Rules, p. 26656; available at http://www.sec.gov/rules/proposed/33-8419.pdf, last visit on March 8, 2015.

1. 知识产权证券化的一般流程

结合上图,知识产权证券化的一般流程可表述如下:

(1) 知识产权的权利人取得具有商业化价值的知识产权;

(2) 知识产权的权利人与被授权人建立法律关系,同意被授权人对知识产权进行开发利用;作为对价,知识产权的权利人取得对被授人的权利金请求权(知识产权衍生的将来收益);

(3) 知识产权的权利人将这种将来收益的请求权转让给证券化的特设载体;

(4) 特设载体在知识产权上取得权利质权,作为该将来收益能够实现的担保;

(5) 第三方提供外部信用增强,如果将来产生的权利金不如预期时,向特设载体支付差额,以确保特设载体能够向证券投资人如期支付本息;

(6) 评级机构根据知识产权权利性质、将来授权金的产生、担保和外部信用增强等情况(方框虚线所涵盖的部分),提出证券的信用评级;

(7) 在证券承销商的牵头下,证券投资人参考信用评级,决定证券的购买价格与数量;

(8) 投资人向特设载体支付购买证券的价款;

(9) 特设载体汇集投资人支付的价款,按事先约定的价格,向发起人(知识产权权利人)支付取得将来收益的对价;

(10) 在接下来证券的存续期间,被授权方利用知识产权使用权,制造商品或提供服务,给市场及消费者;

(11) 市场及消费者购买商品或服务;

(12) 被授权方根据授权合同的约定支付授权金,因为原权利人已将该受益权转让给特设载体,因此被授权方转而向特设载体进行该等支付;

(13) 特设载体汇集各笔授权金,并扣除相关行政开支后,在每一个规定的偿付日,向证券的投资人进行证券的本息支付;

(14) 在证券的存续期间中,证券投资人将管理特设载体的权利托管给服务机构,由服务机构行使证券规定的权能,例如收取、记录产生的现金流,并将所有收入存入事先所指定的受托银行;

(15) 在证券化的架构、各个交易环节以及证券的存续阶段中,监管作为持续被实施;

(16)待证券的本息全部偿付完毕后,如果特设载体从被授权方汇集的权利金现金流有剩余,则将被返还给发起人,知识产权证券化的全部流程随即结束,在知识产权上所设定的担保权益亦解除。

2. 实践层面的变形

在实践中,上述的一般流程在各个步骤中都可能产生变形,导致法律关系的复杂化和交易风险的增加。本书以下结合实际案例,针对具有分析意义的变形,依序提出说明。

首先,证券化的发起人未必是知识产权的原权利人。例如,在 Royal Pharma 的药品专利权证券化[1],以及 Chrysalis 音乐著作权证券化案例中[2],发起人是专门管理知识产权的专业机构。这些专业机构采用的商业模式,是将大量相关的知识产权的使用权收集起来,透过资产组合方式,将单一知识产权的收益不如预期时所产生的风险降到最低。而被管理的资产池因为较为庞大,能产生较大的现金流,从而均摊了证券化交易的成本。

其次,实践中出现了在知识产权还没有开发完成前,发起人就已经将知识产权所能产生的将来收益进行证券化的交易。例如,在 Paramount 电影著作权证券化中[3],被证券化的现金流有部分是来自于还未开拍电影的将来票房收入;而在 Royal Pharma 的药品专利权证券化中,被证券化的现金流也有部分来自于还未被药物监管主管机关核准上市的药品。换言之,在上图所描述虚线方框中的交易流程,很多只是根据市场条件所作的预测而进行。

在一般情况下,将来收益是作为被转让的标的(步骤(3))。但在常见的变形中,将来收益本身也经常被作为设定担保权益的标的。这种安排的目的,主要用来减低因转让被认为不构成真实销售(true sale)时,投资人在发起人破产或重整时所可能面临的风险。在将来收益上设定担保利益,即使法院认定转让交易不构成真实销售,而将转让的将来利益划入发起人的重整资产或破产财团,投资人也能够取得第一顺位的请求权,不至于遭到重大的损失。

---

[1] 参见本书以下第二小节的案例介绍。
[2] 参见本书附录一的案例介绍。
[3] 参见本书附录三的案例介绍。

相对而言，知识产权本身常被作为设定担保权益的标的(步骤(4))，而非转让的标的。但在实践中，因为税务考虑、或为了达成真实销售，知识产权本身也可能从发起人转让到第一个特设载体中后，才由第二个特设载体进行证券化交易。例如在 Guess 案例中，采用的就是这种模式。[1]

在外部信用增强中(步骤(5))，知识产权证券化在第三担保方的担保提供方式上有所特色。例如，在 DreamWorks 的电影著作权证券化中[2]，提供担保的一方包括了提供完工保险的机构。完工保险是一种保障电影著作权完整存在的特有险种，本书在第四章也深入评述了其他各类型的保险形式和相关的议题。

在收取授权金(步骤(12))和支付证券本息(步骤(13))的流程中，特设载体也可能只将部分汇集的权利金，作为证券本息向投资人在偿付日发放。其他部分则在服务机构的管理下，依据原先各方的约定，用来继续购买新的将来收益，扩大证券化的资产池。这种所谓的循环结构(revolving structure)在信用卡应收账款证券化中首先被利用，之后在知识产权证券化中得到良好的实践。例如，在 Paramount 电影著作权证券化，Royalty Pharma 药物专利权证券化，以及 Chrysalis 音乐著作权证券化中，都采用了这种循环架构。在这种变形中，将来收益转让(步骤(3))和特设载体向发起人支付转让价金(步骤(9))在证券的存续期间，就有可能出现多于一次。

二、知识产权证券化案例

本书以下以真实案例为基础，分别就著作权、商标权和专利权证券化的案例进行深入评析，作为前述抽象架构的说明，以及以下各章分析的基础。

1. 著作权证券化案例——Bowie Bond 案例

一般认为 Bowie Bond 是知识产权证券化的滥觞。银行家 David Pullman 以知名歌手 David Bowie 音乐专辑产生的版税为基础资产，藉由

---

[1] 参见本书以下第二小节的案例介绍。
[2] 参见本书附录二的案例介绍。

资产证券化的基础架构,完成具有标志性意义的知识产权证券化的发行。

交易背景

出生于英国而在美国广受欢迎的知名歌手 David Bowie,为了要买下其前任音乐经纪人对其音乐著作上所掌握的少数权利,同时还要解决其所拥有英国豪宅的税捐争议,因而产生了大量的资金需求。[1] David Bowie 可以直接卖出属于他的音乐著作权,但取得价金将被课以 50% 的所得税,于是便向当时著名的投资银行家 David Pullman 寻求协助。当时 David Bowie 拥有的音乐著作权,全世界每年大约可销售一百万张专辑,以至于其来自著作权、授权合约唱片销售的权利金收益十分稳定且可预期,而且不存在有任何呆账的记录,风险相对受到控制。[2]

被证券化资产

证券化的设计者 David Pullman 以 David Bowie 可从其音乐著作中获取的将来权利收益作为被证券化资产。本质上,这是一种将来债权,而作为本案的特殊点在于它不同于不动产、抵押贷款债权或信用卡债权等传统上被证券化的资产,而是 David Bowie 二十五卷专辑(约三百首的歌曲)每年可产生的权利金。[3]

发行证券

本案发行的证券化总金额为五千五百万美元,票面利率为 7.9%,法定到期日为十五年,平均到期期间为十年。[4] 债券得到 Moody's Investor's Service(Moody)A3 级的评价。全部的证券由 Prudential Insurance Group 购得。因为此证券的发行并不构成《美国 1933 年证券法》第 4 节(2)下的公开发行,而 Prudential 同时还符合 D 条例和 144A 规则中获许投资者(accredited investor)和合格机构买家(qualified institutional buyer)排除条件,所以该发行未向美国证管会注册。[5]

---

[1] 陈月秀:《智慧财产权证券化——从美日经验看"我国"实施可行性与立法之刍议》,台湾政治大学法律学研究所 2004 年硕士论文,第 54—55 页。

[2] 冯浩庭:《智慧财产权利证券化之研究》,台湾政治大学智慧财产所 2004 年硕士论文,第 150—151 页。

[3] 同上注。

[4] 同上注,第 149 页。

[5] Teresa N. Kerr, "Bowie Bonging in the Music Biz: Will Music Royalty Securitization be the Key to the Gold for Music Industry Participants", *UCLA Entertainment Law Review*, Spring 2000, p. 389.

交易架构

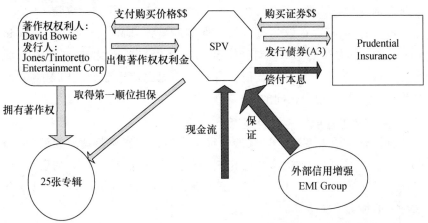

图 4 Bowie Bonds 证券化交易架构

报道一般指出 David Bowie 拥有相关的音乐著作权,但交易中实际的发起人是 Jones/Tintoretto Entertainment Corp.[1],其间具体的权属关系不得而知,但并不影响对交易结构的描述。事实上,因为 David Bowie 的名气,业界一般就把这个证券称为 Bowie Bond。

证券化的特设载体是一个信托(SPT;Special Purpose Trust)。与债券存续时间同期(15 年)、基于音乐著作权的将来权利金收益,以符合真实销售的要求被转让给了特设载体。[2]

架构上设计 SPT 取得相关著作权与将来权利金的第一顺位的担保权利。设置的方法是通过双重的公示方式设定担保利益:一是依据《美国统一商法典》(Uniform Commercial Code;或称"UCC")第 9 条向当地政府提出财务声明书;二是依据著作权法向著作权局办理登记的方式设定担保

---

[1] Von Alexander Kirsch,"Securitization of Intellectual Property as a Funding Alternative", *A Thesis for Master of Arts at HFB Hochschule für Bankwirtschaft Business School of Finance and Management*, March 16, 2005. Appendix I.

[2] Teresa N. Kerr,"Bowie Bonging in the Music Biz: Will Music Royalty Securitization be the Key to the Gold for Music Industry Participants", *UCLA Entertainment Law Review*, Spring 2000, p. 389.;Moody's May Lower 'Bowie Bond' Rating", *Wall Street Journal*—Eastern Edition, May 28, 2003, Vol. 241 Issue 103, Column 15.

利益。之所以需要如此,是因为有关知识产权担保利益的保全程序在美国法院实务界尚无统一见解,只好两者并行以降低风险。[1] 债券到期后且所有的支付都如期发生后,在相关著作权设定的担保自动解除。

该交易由 EMI 音乐公司提供外部信用增强,EMI 音乐公司与 David Bowie 就该二十五张专辑签订十五年的全球授权契约,授权金三千万美金,并且担保该债券本息之清偿。由于这个原因信用评等机构 Moody 评等为与 EMI 音乐公司相同的 A3 等级。[2]

Bowie Bond 证券化交易的评述

有评论者认为 Bowie Bond 的发行是为避税因素所驱动。如果 David Bowie 直接卖出属于他的音乐著作权,所得价金将被课以 50% 的所得税,但是透过证券化,在当时美国资产证券化制度下可以免税,因此可以享有赋税上的优惠。[3]

作为运用知识产权进行证券化的第一宗交易,Bowie Bond 从此成为知识产权证券化的代名词,现在亦常被认为是文创产业成功融资的先例。甚至被 David Pullman 所创立、专门从事娱乐业证券化融资事务的 Pullman Group 注册成商标。[4] 由于市场顷刻间察觉到此金融创新的潜力,为了占据有利市场地位,市场上出现了不少争议。例如 David Pullman 本身企图为证券化的商业流程申请专利遭驳回,经上诉法院后仍无法达到目的。David Pullman 也向本案的投资人 Prudential 提起诉讼,原因是 Prudential 见到商机巨大,转而与其他金融机构携手筹组类似的证券化交易,对此 David Pullman 认为 Prudential 有违协议,而将其一状告上法院。此外,各媒体、法学家也竞相对这种金融创新进行报道或提出探讨。从这些现象可以看出市场对此金融创新的关注与热情。

---

[1] 冯浩庭:《智慧财产权利证券化之研究》,台湾政治大学智慧财产所 2004 年硕士论文,第 72 页。

[2] Teresa N. Kerr, "Bowie Bonging in the Music Biz: Will Music Royalty Securitization be the Key to the Gold for Music Industry Participants", *UCLA Entertainment Law Review*, Spring 2000, p. 389.

[3] Von Alexander Kirsch, "Securitization of Intellectual Property as a Funding Alternative", *A Thesis for Master of Arts at HFB Hochschule für Bankwirtschaft Business School of Finance and Management*, March 16, 2005. Appendix I.

[4] 陈月秀:《智慧财产权证券化——从美日经验看"我国"实施可行性与立法之刍议》,台湾政治大学法律学研究所硕士论文,2004 年 7 月,第 54—55 页。

评论者一般认为 Bowie Bond 发行成功的原因有二:第一,对于著作权或者其权利金权益证券化来说,最复杂的因素就是权利主体的混合性。[1] 音乐权利金收益需要分配给著作权人、表演者、发行者等,这种混乱的权属状态容易成为证券化的障碍。不同于一般歌手,Bowie 身兼写歌人、表演人与发行人,亲自创作大多数的音乐作品。因此他享有著作权法所赋予的一切权能,从而能在架构证券化的发行上取得自主性。第二,在于其著作的稳定获利表现。一般而言,证券化的标的基本上都需要有现金流量的历史记录。[2] 对投资者来说,这个记录最少应该覆盖 3 到 5 年的时间。[3] 本交易中的 Bowie 为知名的经典级歌手,其在全世界每年都可以销售约一百万张专辑,其中的著作权、授权契约与唱片销售的权利金收益十分稳定且可以预期,足以支持证券化交易。且因其证券化的专辑早以风行二三十年,有着充足的稳定收益历史资料,能让投资人清楚预测未来的现金流量。[4]

然而,音乐著作权证券化的表现不如预期理想。在本案发行后,David Pullman 乐观地预测音乐权利金证券化的市场高达四亿美元,事实上 2001 年度音乐著作权证券交易的实际规模仅有二亿五千万美元,远不如传统的不动产抵押债券市场。2004 年 3 月 Moody's 信用评等公司宣布,因为网络免费下载和盗版问题日益严重,使得音乐产业整体财务表现下滑[5],EMI 唱片公司营业收入三年跌了 85%[6],因此 Bowie Bonds 信用

---

[1] Ronald S. Borod, "An Update on Intellectual Property Securitization", *Journal of Structured Finance*, Winter 2005, p. 68.
[2] Von Alexander Kirsch, "Securitization of Intellectual Property as a Funding Alternative", *A Thesis for Master of Arts at HFB Hochschule für Bankwirtschaft Business School of Finance and Management*, March 16, 2005. p. 77.
[3] Ronald S. Borod, "An Update on Intellectual Property Securitization", *Journal of Structured Finance*, Winter 2005, p. 68.
[4] 但此因素在今日未必成为知识产权证券化交易的充要条件,综观近年来的知识产权证券化案例,有愈来愈多的交易,基础的知识产权根本还没有产生现金流量,甚至知识产权本身还没有形成。
[5] Mairin Burns, "Bowie Bonds On Watch", *Investment Dealers' Digest*, June 2, 2003, Vol. 69, Issue. 22 (see Database: Business Source Premier # 00210080).
[6] Cora Daniels, "Ground Control To Bowie Bonds", *Fortune Magazine*, June 16, Vol. 147, Issue 12(see Database: Business Source Premier # 00158259).

等级从 A3 降到 BBB3。[1]

2. 商标权证券化案例——Guess Inc. 证券化案例

交易背景

Guess 为颇有历史的知名服饰名牌。掌握此品牌的 Guess Inc. 位于美国洛杉矶市,主营业务就是品牌经营,专注于研发、市场营销、渠道管理。其自身不进行产品的制造业务,而是将商标使用权授权他人制造手表、鞋、手袋、服饰和眼镜等衣物或装饰配件。虽然这个品牌本身具有很高的价值,Guess Inc. 本身却因为经营问题,产生了长期的沉重债务,造成 Guess Inc. 本身的企业评级低下。[2] 这种情况下,不论举债或增资,资金的成本都会很高。为解决长期的负债问题[3]、改善财务结构,Guess 靠证券化操作来为其商标制造流动性、产生更高的价值。

被证券化资产

被证券化资产是 Guess Inc. 所拥有的十二个美国国内授权契约与两个国际授权契约在所发行证券存续期间所产生的授权金。其每个授权契约要求被授权人支付的授权金为预定的最低金额(minimum payment),或按销售比率(范围从 6%—10%)计算出的金额中两者较高者。根据历史记录,授权金的实际收入都高于最低金额许多,且十分稳定,在证券化后的五年中,预期这些授权金每年可产生约四千万美元的现金流。[4]

发行证券

本案发行的证券只有一组,没有次顺位证券之安排,总价值为七千五百万美元,附有 6% 利率;证券存续期为 8 年,法定到期日为 2011 年 6 月。

---

[1] Mairin Burns, "Bowie Bonds On Watch", *Investment Dealers' Digest*, June 2, 2003, Vol. 69, Issue. 22(see Database: Business Source Premier # 00210080).

[2] Ronald S. Borod, "An Update on Intellectual Property Securitization", *Journal of Structured Finance*, Winter 2005, p. 20.

[3] John S. Hillery, "Securitization of Intellectual Property: Recent Trends from the United States", *Washington Core*, June 30, 2005, p. 17; available at http://www.iip.or.ip/summary/pdf/WCORE2004s.pdf; last visit on June 8, 2007.

[4] Bonnie McGeer, "Profile: Guess Deal Viewed as a Model for IP Sector", *Asset Securitization Report*, November 17, 2003; 转引自冯浩庭:《智慧财产权利证券化之研究》,台湾政治大学智慧财产所 2004 年硕士论文,第 148 页。

经 Standard & Poor's 评级为 BBB；Moody's 评级为 Baa2。[1] 债券由 JP Morgan Securities 承销，依据 Rule 144A 规定以私募方式销售。[2]

交易架构

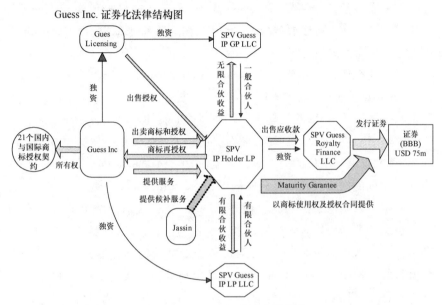

图 5　Guess Inc. 证券化交易架构

Guess Inc. 是本案实际上的发起人，然而出于破产隔离的考虑，Guess Inc. 将证券化的基础资产，包含产品商标权，授权合同和相关应收账款多次重组，以真实销售方式转移而集中于 Guess IP Holder LP 之中。Guess IP Holder LP 是一个合伙企业，其有限合伙人（limited partner）为 Guess IP LP LLC，无限合伙人（general partner）为 Guess IP GP LLC。Guess IP LP LLC 是 Guess Inc. 的独资子公司，而 Guess IP GP LLC 是 Guess Licensing 的独资子公司，后者又是 Guess Inc. 的独资子公司。

转让的架构是，Guess Inc. 将其商标依照真实销售的标准，向 Guess IP Holder LP 直接转让。Guess Inc. 将授权契约和相关应收账款转让给

---

[1] Ronald S. Borod, An Update on Intellectual Property Securitization, *Journal of Structured Finance*, Winter 2005, p. 20.

[2] 参见 Kevin Donovan, "Wide Array of Assets Represented: Focus on Earnings", *Asset Securitization Report*, January 27, 2003, p. 5.

Guess Licensing，其再依照真实销售的标准转让给 Guess IP Holder LP。而为了使 Guess Inc. 能继续从事其继续经营 Guess 此品牌，Guess IP Holder LP 又将商标使用权返授权给 Guess Inc.。

这一番重组的净结果，是 Guess IP Holder LP 取得所有 Guess Inc. 原先所持有的 Guess 商标权、授权合同以及相应的将来债权，而 Guess Inc. 拥有 Guess 商标的使用权。

证券化架构以特设公司 Guess Royalty Finance LLC（SPC；special purpose company）为特设载体。IP Holder LP 将授权契约所产生的全部应收账款（不包括商标和授权契约）转移给 Guess Royalty Finance LLC，由 Guess Royalty Finance LLC 发行证券。而相关商标及授权契约被 IP Holder LP 设定成第一顺位的完成担保权益（first perfected security interest），作为证券发行提供法定到期日还本的保证（Maturity Guarantee）。[1]

架构中以超额担保和利息储备金的方式，达成信用增级的目的。[2] 账户于交易之初必须有六个月的利息金额，且当有超额权利金收入时，该现金流将注入该储备账户中，直至达到十二个月的利息金额。当出现现金流量低于预测流量时，储备的资金量便释放出来支付到期的利息。[3] 此外，信用增级还来自于其他的授权合同支持，Guess 在当时约有 21 个美国与国际的商标授权契约，但只有其中的 14 个契约项下的权利金利益被证券化。依照约定，在必要时 Guess 可以将其他授权契约加入资产池，以维持稳定的现金流量。

该交易由 Guess Inc. 担任服务机构。本架构还同时还指定了独立候补服务机构，由流行与零售顾问公司 Jassin-O'Rourke Group LLC 担任。指定候补服务机构的目的，在于万一 Guess Inc. 破产，候补服务机构还可以继续维持账款的收取与品牌管理，并于必要时寻求新的被授权人，以应对

---

[1] Ronald S. Borod, "An Update on Intellectual Property Securitization", *Journal of Structured Finance*, Winter 2005, p. 17.

[2] John S. Hillery, "Securitization of Intellectual Property: Recent Trends from the United States", *Washington Core*, June 30, 2005, p. 18; available at http://www.iip.or.ip/summary/pdf/WCORE2004s.pdf; last visit on June 8, 2007.

[3] 冯浩庭：《智慧财产权利证券化之研究》，台湾政治大学智慧财产所 2004 年硕士论文，第 147 页。

该证券化的本息支付。[1]

信用评级机构认为,该交易的法律架构风险较小、资产品质较佳、并拥有专业的候补服务机构等因素,因而使所发行的证券获得高于 Guess Inc. 本身的信用评级。[2]

评述

此宗证券化交易可以观察证券化交易与破产法间的角力痕迹,特别是对破产制度下非实质合并(non-consolidation opinion)概念细化的尝试。在本案之前,美国出现了颇受瞩目的 Days Inn 破产案,在该案中用来支持证券化交易的资产,被法院裁定为破产母公司的"核心资产"(core asset)而拟被并入母公司的破产重组之中。虽然在最后,这个裁决因为相关方的和解而被撤销[3],但在 Guess Inc. 的架构设计上成为一种隐患,如果 Guess 商标以及几个重要的授权合同在 Guess Inc. 破产时被视为其核心资产,根据《美国破产法》Chapter 11 的规定[4],Guess Royalty Finance LLC 所拥有的资产就有可能被并入 Guess Inc. 进行重组,债券投资人的权益便不保。

本案通过结构设计解决上述风险的问题。实务上解决的方式,投资人对 IP Holder LP 所持的商标和授权均不享有权利,证券唯一的抵押物就是转移给 IP Holder LP 的授权契约所产生的应收账款,而不包括商标和授权本身。[5] 首先,S&P 的法律专家认为,即使 Guess 一案符合《美国破产法》Chapter 11 的情况,由于母公司的商标和授权都以"真实销售"的方式转移给破产隔离目的的 SPV,故不会构成欺诈性转让,所以母公司的

---

[1] John S. Hillery, "Securitization of Intellectual Property: Recent Trends from the United States", *Washington Core*, June 30, 2005, p. 18; available at http://www.iip.or.ip/summary/pdf/WCORE2004s.pdf; last visit on June 8, 2007.

[2] Bonnie McGeer, "Profile: Guess Deal Viewed as a Model for IP Sector", *Asset Securitization Report*, November 17, 2003; 转引自冯浩庭:《智慧财产权利证券化之研究》,台湾政治大学智慧财产所 2004 年硕士论文,第 148 页。

[3] Ronald S. Borod, "An Update on Intellectual Property Securitization", *Journal of Structured Finance*, Winter 2005, p. 1.

[4] 参见美国《破产法》第十一章,载于 www.uscourts.gov/bankruptcycourts/bankruptcybasics/chapter11.html. 2007 年 6 月 8 日访问。

[5] Ronald S. Borod, "An Update on Intellectual Property Securitization", *Journal of Structured Finance*, Winter 2005, p. 70.

债权人对已经转移的资产不享有权利。这种立场,等于对 Chapter 11 在破产程序中的适用范围划出了边界,认为在 Chapter11 规范的制度框架与真实销售的冲突中,Chapter11 规范的制度必须让位。

S&P 的法律专家同时还认为,2001 年 Guess 的商标和授权业务收入仅占其净收入的 5.4%,就其比例而言,并不应该构成"核心资产"。[1] 这就等于尝试为之前 Day Inn 案件中出现的"核心资产"裁决进行补充,以所占比例来界定"核心"。

评论者却认为,这只是一种尝试性的提法,以上的立场还未经破产法庭测试,能否站住脚还很难说。[2] 但从制度演化的观点而言,这种论点事实上对制度演化方向提供了一种可能的诠释。

此外,本案对证券化制度中的服务机构制度上所出现的创新,可以被视为是一个破产制度与证券化的服务机构制度所发生碰撞、调和产生的一种制度运作上的完善。

依照证券化交易的惯例,发起人通常被指定为服务机构,因为发起人对于应收账款的收取程序已经熟悉,能够为特设载体减小账款收取的成本。而依照真实销售的要求,特设载体必须有随时撤换服务机构的权利,以彰显对被证券化资产的真实控制权。在这种安排下,投资人购入证券时并不知道,当服务机构被撤换时,新的服务机构要多久才会被重新指定、或能否妥善的提供服务。

在知识产权证券化交易中,这种安排更加使投资人担心。因为,知识产权所产生权利金收益的模式,随着知识产权种类的不同而有很大差异,不像银行贷款有比较高的一致性,由谁来收取差别不大。此外,如果撤换原服务机构的原因是因为发起人破产,则除非有良好的替代者出现,知识产权的市场价值将在很短时间内滑落(见第六章的分析);此时即使特设载体行使抵押权,能获得的利益也很有限。

因此,本案在证券化的发行时,就指定流行与零售顾问公司 Jassin-O'Rourke Group LLC 担任候补服务机构,消除投资人对这种风险的顾虑。

---

[1] Marie Leone, "The Whole Truth", April 15, 2004, available at http://www.cfo.com/article.cfm/3012345/c_2984411? f = singlepage; last visit on June 8, 2007.

[2] Ibid.

事实证明,本证券也因此获得较高的信用评等。

3. 专利权证券化案例——Royalty Pharma 证券化案例

交易背景

制药业向来被视为是高资本投入、高风险、高报酬的产业。研发产制一种新药往往需要数十年的时间,因而药商一般面临很长的投资回收期,也因此需要短期的流动性支持。Royalty Pharma 公司就是从这一点切入市场,它自己不研究、不开发、不生产或营销任何药品,而是以向药品相关专利权人购买将来权利金的收益的方式来参与制药业。Royalty Pharma 将这些专利收益权组成资产池,以不同的产品线产品来分散风险,并进行积极的管理来产生稳定报酬。在创造自身盈利的同时,协助了只有单一药品专利的研发机构或厂商克服流动性问题、并降低开发的风险。而证券化的操作,就是管理其资产池的方式之一。[1]

在本宗证券发行前,Royalty Pharma 早在 2000 年就已将其资产池中的将来专利权利金进行过证券化,为全球首例专利权利金证券化。[2]

被证券化资产

本案证券发行的基础资产,是涉及十三个生技药的专利权利金权益组成的资产群组,这些药物都是治疗重大病症,如心脏病、糖尿病等病症的。其中九种药品已经上市一段时间,销量占市场领先地位,在 2002 年整年中该九种产品的权利金收入将近五千万美元。[3] 另外的四种,则尚未经过美国食品及药物管理局(FDA;Food an Drug Administration)审核的最后阶段,但预计通过后将能产生稳定的权利金收益。

本案为证券化的循环交易模式,规定了三年的循环期,在循环期内,发起人可以将新的药品专利权利金收益,持续加入证券化的资产池中。[4] 同时,在循环期间内,发起人还可以替换资产池中表现不良的资

---

[1] 该公司的经营形态可参见 http://www.royaltypharma.com/overview/ov-main.html,2007 年 6 月 8 日访问。
[2] 参见冯浩庭:《智慧财产权利证券化之研究》,台湾政治大学智慧财产所 2004 年硕士论文,第 144—145 页。
[3] 同上书,第 145 页。
[4] John S. Hillery, "Securitization of Intellectual Property: Recent Trends from the United States", *Washington Core*, June 30, 2005, p. 39; available at http://www.iip.or.ip/summary/pdf/WCORE2004s.pdf; last visit on June 8, 2007.

产,以维持现金流的稳定。因此,被证券化资产处于变动的状态。事实上,在证券化交易的半年后,Royalty Pharma 又以二亿六千三百万美元购买新专利权益金权益,并将其加入资产池中。[1]

发行证券

2003 年 7 月,Royalty Pharma Finance Trust 以上述十三个药品专利的权利金权益作为证券化资产,发行二亿二千五百万美元的浮动利率证券。[2] 证券的预定到期日为 2010 年 7 月 31 日。从 2003 年 10 月起开始摊还本息,每季支付一次。[3] Moody's 与 Standard & Poor's 两家信用评等机构均给出最高投资等级 AAA 的评价。[4] 该交易由 Credit Suisse First Boston 构架,以私募的方式销售给投资人。

事实上,由于资产池在证券流通期间的权利金收益超出预计甚多,在循环交易模式下,Royalty Pharma 不断加入新的权利金收益权于证券化资产池中,到 2006 年为止,资产池已经增加到能够支持 6 亿美元的证券发行。[5]

交易架构

在交易前,Royal Pharma 从各处购得的权利金收益权集中在其海外全资子公司 Pharmaceutical Royalties International(Cayman)Ltd. 的手中。因为税务的因素,这些资产先被转让给一家爱尔兰信托公司 Trust & Custodial Services(Ireland)。

证券发行的特设载体,是一个在美国达拉瓦州成立的信托 Royalty Pharma Finance Trust。爱尔兰信托公司的资产,转售给 Royalty Pharma Finance Trust,然后由其进行证券化的发行。由于 Royal Pharma 一开始就只

---

[1] John S. Hillery, "Securitization of Intellectual Property: Recent Trends from the United States", *Washington Core*, June 30, 2005, p. 32; available at http://www.iip.or.ip/summary/pdf/WCORE2004s.pdf; last visit on June 8, 2007.

[2] 参见冯浩庭:《智慧财产权利证券化之研究》,台湾政治大学智慧财产所 2004 年硕士论文,第 144 页。

[3] John S. Hillery, "Securitization of Intellectual Property: Recent Trends from the United States", *Washington Core*, June 30, 2005, p. 31; available at http://www.iip.or.ip/summary/pdf/WCORE2004s.pdf; last visit on June 8, 2007.

[4] Jay H Eisbruck, "Royalty Succession: The Evolution of IP-backed Securitization, Building and Enforcing Intellectual Property Value", *Moody's Investor Service*, 2007, pp.17—19.

[5] Ibid.

Royalty Pharma Finance Trust 交易结构图

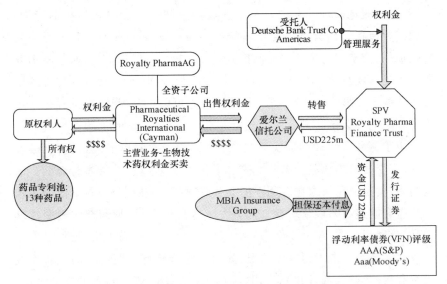

图 6　Royalty Pharma 证券化交易架构（将来知识产权证券化）

拥有专利授权权利金权益，而非专利权或是授权合同本身，因此在转让的过程中，并没有对专利权与授权合同进行转让，或是就专利或授权合同设定担保权益的安排。

该交易由资信优良的 MBIA Insurance Group 提供保险，保证本息按照时间表支付、并保证于法定到期日之前清偿证券本息。MBIA 是一家专注于金融交易保险的公司，在业界享有盛誉，因而直接提升了本案证券的评等。此外，本交易也以超额担保的方式提供信用增强。

Deutsche Bank Trust Co. Americas 担任受托人，负责授权金的管理与分配。[1] Royal Pharma 担任证券发行的服务机构，为特设载体的资产池提供管理服务。[2]

---

[1] 冯浩庭：《智慧财产权利证券化之研究》，台湾政治大学智慧财产所 2004 年硕士论文，第 155 页。
[2] Jay H Eisbruck,"Royalty Succession: The Evolution of IP-backed Securitization, Building and Enforcing Intellectual Property Value", *Moody's Investor Service*, 2007, p.21.

评述

本案例至少在两方面上揭示了知识产权证券化的演化与创新。

首先,演化来自于专利权利金的收益不同于一般将来债权的特性。知识产权授权合同具有高度待履行性(executory contract)。其他类型的将来债权,其实现通常只需时间因素[1],发起人可以消极等待,并不需要积极主动地履行合同义务。但是专利权授权合同,通常赋予许可方若干实质义务[2],如果许可方未履行,被许可方可以抗辩,结果是证券化产生不了预期的现金流。[3]

由于这种特性,根据《美国破产法》第365条的规定,当授权人破产时,破产受托机构或是债务人,都可以否决(reject)这种待履行合同。而其结果,就是原授权人在合同下的义务终止了,而被授权方剩下的请求权却只有合同违约赔偿请求权。如果发生这种情况,原来预期的现金流就会受到影响。

美国破产法考虑到这种情况:如果该等待履行合同的标的是著作权或专利权(不包含商标权),适用《美国破产法》第365(n)条的例外规定。具体而言,即使授权方因破产而无法继续履行义务,只要被授权人仍然履行合同项下的义务,则授权人可以选择继续利用该专利权来获得收益。[4] 这么一来,即使在证券化的发行中无法对专利权移转或设定担保,相关的风险仍然可被控制。因此,相对专利权本身也移转的安排,投资评等并不会因只转移了专利的权利金收益而降低。[5]

此外,从本案还可以观察到政府机构的职能与证券化交易的互动。本案证券发行时,资产池中有四种药物还没有得到美国食品药物管理局的核准,亦还未产生任何现金流,因而有评论者指出本案的创新之处在于

---

[1] 学者称其为附期限的债权。参见陈月秀:《智慧财产权证券化——从美日经验看"我国"实施可行性与立法之刍议》,台湾政治大学法律学研究所2004年硕士论文,第136页。
[2] 实务上常见的条款如,授权人在合同期间内持续提供技术咨询的义务,持续提供技术升级的义务,提供协助争议解决的义务等等。
[3] 彭冰:《资产证券化的法律解读》,北京大学出版社2001年版,第21页。
[4] Ronald S. Borod, "An Update on Intellectual Property Securitization", *Journal of Structured Finance*, Winter 2005, p.70.
[5] 冯浩庭:《智慧财产权利证券化之研究》,台湾政治大学智慧财产所2004年硕士论文,第155页。

"将来知识产权"的证券化,或称"开发型"的资产证券化。[1] 事实上,美国的药物监管制度颇为严厉,没有通过审核的新药绝对无法在市面流通、甚至无法制造生产,因而也就无法产生任何现金流。不同于传统证券化交易中的债权,这种将来债权,不仅无法从历史信息预测现金流,甚至还受到行政审批权限的因素影响,因而产生了转让有效性的问题。而本案在实务上的解决,是透过循环型的证券化架构安排来避开这个问题。[2]

值得注意的是,Royalty Pharma 对其有兴趣的专利权都会进行最严密的尽职调查,并排除任何有无效风险和诉讼挑战的专利权;它还同发明人签订担保条款,要求发明人赔偿权利金收益因为被授权人主张抵消所造成的损失。[3]

4. 众筹案例分析——BAMBOOM 竹制高端运动自行车项目分析[4]

案例来源:大家投

交易背景

苏州天健竹业科技有限公司是 2012 年 8 月成立于苏州国家科技园企业园的,其主要从事高端竹制运动自行车研发和销售的公司。其 BAMBOOM 竹制自行车的创意在于利用速生可再生资源竹子为原料,主要由竹皮卷制成竹皮卷管,与轻质合金部件组合而成,打造国际高端 BAMBOOM 竹制运动自行车。

根据该公司在众筹网站上的陈述,目前,在知识产权方面,该公司已申请与以竹制品为材料的相关实用新型专利 6 项(如竹压重竹板材后叉片,专利号为 201220495954.0)及发明专利 5 项(如一种新型节能环保竹压板材自行车管架部件的制造方法,专利号为 201210363427.9)。此外,该公司还正在申请相关的商标(截至案例分析时,该商标已获得受理通知

---

[1] 参见谢福源:《智慧财证券化之创新意义与发展趋势》,载《智慧财产季刊》2005 年 9 月期(第五十四期)。
[2] 陈月秀:《智慧财产权证券化——从美日经验看"我国"实施可行性与立法之刍议》,台湾政治大学法律学研究所 2004 年硕士论文,第 73 页。
[3] John S. Hillery, "Securitization of Intellectual Property: Recent Trends from the United States", *Washington Core*, June 30, 2005, p. 31; available at http://www.iip.or.ip/summary/pdf/WCORE2004s.pdf; last visit on June 8, 2007.
[4] 案例选取时间为 2014 年 6 月 6 日,后文中有关专利判断、融资进展等情况,均截至该时间点。

书)。在市场开发方面,产品已通过欧盟标准检测,且公司正处于培育国内市场阶段,同时,公司以欧盟为主要目标市场,商谈欧盟总代理事宜;在供应链方面,目前正在与竹材、零配件、组装企业形成稳定合作关系。[1]

出让的股权

公司现有股权结构[2]:

姓名	职务	所占股份	实际出资额(万元)
周某	董事	10%	52
金某	执行董事	90%	68

交易架构:股权众筹模式的一般模式

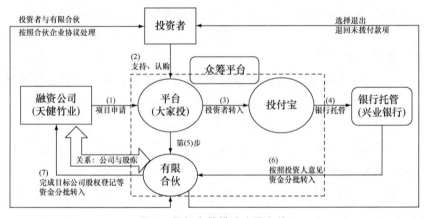

图7 股权众筹模式交易架构

按照众筹平台(大家投网站)的要求[3],在投资方式方面,大家投要求投资者在线下组成有限合伙企业,然后再以有限合伙企业的名义入股融资公司。在本案例中,在项目完成之后,投资者就需要完成线下的一系列程序(有限合伙的注册、登记等),以取得有限合伙企业的登记,并入股苏州天健竹业科技有限公司。在以有限合伙名义入股后,融资公司与有限合伙办理股权变更登记。

---

[1] 资料来源于大家投网站,http://www.dajiatou.com/project-1131.html,2014年6月6日访问。
[2] 同上注。
[3] 资料来源于大家投网站,http://www.dajiatou.com/index.php? m=content&c=help&catid=14,2014年6月6日访问。

同时,在有限合伙退出机制方面,众筹平台建议[1]融资公司让有限合伙在5年内退出,并且设置相应的退出机制,如上市、被并购、后续新投资人进入后转让老股东股份、回购等。当然,有限合伙是否愿意退出以及采取何种方式退出应适用公司法相关的规定,因为有限合伙与融资公司之间是股东与公司之间的关系。

此外,从投资者关注点看,本案例中,苏州天健竹业科技有限公司融资的特色在于其为世界首家运用竹子材料作为自行车生产原料的企业。投资者关注的是该公司在竹制自行车领域中的领先地位,虽然发明专利及商标尚未取得相应的授权,但目前已拥有一定的实用新型专利和商标。更确切地说,投资者更关注的应该是该公司未来有关发明专利等知识产权或知识产权的运用所产生的产品能够给公司带来丰厚的收益。

这与典型意义上的将知识产权的收益转移至特殊载体的知识产权证券化并不完全相同:一是,在典型知识产权证券化的架构中,基础资产的所有人与证券发行人并不为同一个主体,两者之间存在破产隔离、经营范围等区别;二是,一般意义上的知识产权证券化中现金流主要源自于知识产权所产生的衍生收益,如知识产权实施许可所产生的许可费等,而非知识产权本身作为投资交易的标地性资产。因此,该案例并不属于典型意义的知识产权证券化融资方式。

然而,本案很好地凸现出本书中讨论的几个基础法律问题。公司强调其众多的知识产权,意图就是说明投资回报的主要来源,就是以知识产权为基础资产。进一步去分析其知识产权池的组成,可以看到实用新型专利为数不少,该等专利类型的授权没有经过实质审查,权利的不稳定性高,存有一定的权利瑕疵风险。而申请中的发明专利,可归纳为"将来的知识产权"。因此,作为分析我国在知识产权证券化融资实践中的基本性风险,是具有指标性与参考价值的一种态样。

评述

上述交易方案设计是现代文创企业相对常用的融资模式,适用于中小微企业,其优点在于:(1)通过设立有限合伙的方式,并以有限合伙的

---

[1] 资料来源于大家投网站,http://www.dajiatou.com/index.php? m=content&c=help&catid=14,2014年6月6日访问。

名义入股目标公司,这有助于减少目标公司股东的数量,避免超过股东数量的上限。同时,通过有限合伙的方式,有助于形成统一的意志,更易于形成合力,维护各投资者的合法权益。(2)在资金拨付方式方面,设立投付宝(第三方监管账户),并通过银行托管的方式,保障资金的安全;另外,通过设立投付宝,投资者将其资金投入到投付宝后,投资者即不能撤回,以保障其他投资者及融资公司的权益。通过分批拨付的方式,减少资金风险。如选择退出时,投资者可退回尚未拨付的款项。因此,此股权众筹的模式,其特点在于通过设立有限合伙的方式,并通过银行托管、分批拨付的方式,保障资金安全。

股权众筹的风险仍然在于非法集资。依据最高人民法院颁布的《关于非法集资的司法解释》(法释[2010]18号)第1条的规定,在同时满足如下四个条件时,除刑法另有规定外,可以认定为"非法吸收公众存款或者变相吸收公众存款罪":(1)未经有关部门依法批准或者借用合法经营的形式吸收资金;(2)通过媒体、推介会、传单、手机短信等途径向社会公开宣传;(3)承诺在一定期限内以货币、实物、股权等方式还本付息或者给付回报;(4)向社会公众即社会不特定对象吸收资金。本案例中的股权众筹模式在形式上似乎同时满足了上述四项条件:股权众筹未经有关部门批准擅自在平台上向不特定对象发布筹资信息,并给予投资者间接的股权回报(透过有限合伙的方式进行持股)。这种透过有限合伙间接持有融资公司股权的方式与直接持有融资公司股权的方式并无本质区别,是否会被认定为上述非法集资中的"股权回报"具有很大的不确定性。因此,股权众筹模式最大的风险仍然在于非法集资。

5. 其他交易案例

知识产权证券化在Bowie Bond的出现后,在其他知识产权领域,如专利、商标等,陆续出现了各种交易案例。随着新交易需求的产生及互联网等新技术的广泛运用,相对简单的融资交易结构亦被新兴的文创企业利用。本研究选取其中具有代表性的案例,从交易背景、交易架构、发行证券进行整理分析,并且予以评述,以作为本书分析的基础素材。这些案例除本节中所评述外,还涵盖以下载于附录中的内容:

音乐著作权证券化。见附录案例一:Chrysalis证券化案例。

电影著作权证券化。见附录案例二:DreamWorks证券化案例,以及附录案例三:Paramount 证券化案例。Paramount 证券化案例同时也是"将来知识产权证券化"的典范。

三、知识产权证券化的发行模式

综合学者的研究,知识产权证券化交易的分类如下:第一,知识产权直接证券化模式;第二,知识产权间接证券化模式;第三,知识产权担保贷款模式。[1] 这种分类法侧重在基础交易的层次上把知识产权证券化进行有意义的分类,所以在实务上,可能会在一个证券化案例中,出现两个或更多模式的组合。以下本书依次对各种模式进行深入分析。

1. 知识产权直接证券化模式

在直接证券化模式下,被证券化的资产是知识产权本身。也就是发起人把既有或将来知识产权转让给证券化架构中的特设载体,然后由特设载体以这些经济利益支持证券的发行。以纯粹知识产权进行证券化的案例较少,因为创始机构会失去对知识产权的控制权,无法再对知识产权进行商业利用或后续开发。此外,投资人主要关心知识产权所产生的现金流,因此,直接证券化模式还可进一步区分为两种变形。[2]

(1) 单纯真实销售模式

在直接知识产权证券化的架构中,发起人将知识产权转让给具有破产隔离效果的特设载体。达成这个目的的具体途径,随法律制度不同有不同做法,有时候可能会极其复杂。例如在附录案例二的 Chrysalis 案例中,为了达成破产隔离,在不同的司法管辖地中,必须以真实销售、浮动抵押担保、或是登记公告的一种或多种方法来完成。

有论者认为在这种模式中发起人失去对知识产权利用或管理的权利,因此认为只有在被证券化的知识产权不是发起人积极利用中(actively used)的资产才可能被使用。[3] 然而事实上,知识产权的权利组成存在

---

[1] Von Alexander Kirsch, "Securitization of Intellectual Property as a Funding Alternative", *A Thesis for Master of Arts at HFB Hochschule für Bankwirtschaft Business School of Finance and Management*, March 16, 2005, pp. 87—96.

[2] Ibid., pp. 87—96.

[3] Von Alexander Kirsch, "Securitization of Intellectual Property as a Funding Alternative", *A Thesis for Master of Arts at HFB Hochschule für Bankwirtschaft Business School of Finance and Management*, March 16, 2005, pp. 87—96.

很多种分割的可能性。以著作权为例,著作权的财产权就包含了播送、展示、演出、改作等权利。其中部分权利,如播送,还可以依照不同的地理区域作划分,并分别转让。例如《英雄》一片的海外发行权就被转让给海外发行公司;Dream Work 的证券化案例中[1],被证券化的知识产权就不包括国内影院和电视的收益。

(2) 售后返授权模式

售后返授权模式本质上类似于上述的单纯真实销售模式。所不同的是在知识产权转移后,发起人与特设载体又签订了一个反授权合同,因而发起人对于已经转让给特设载体的知识产权还可以进行商业利用。

授权使用的时间长度,通常不短于发行证券的存续期,以确保特设载体现金流的流入。这种架构形态也被称为合成架构(synthetic structure),因其在交易前后控制权的移转是人为制造出来的。[2] 实务上,这种交易架构往往还要搭配其他的架构配合,共同组成完整的知识产权证券化架构。例如在附录案例一 Guess 证券化案例中,Guess Inc. 原来持有的商标在转让给第一个特设载体 Guess IP Holder Inc 后,又返授权给 Guess Inc. 使用,就是一例。

2. 知识产权间接证券化模式

不同于直接知识产权证券化,在知识产权间接证券化的架构中,被证券化资产是知识产权所产生的权利金权益,一种"特定金钱债权",如医药专利的授权使用费、电影播放的播放费、加盟店的加盟权利金等。有学者称其为"知识产权债权证券化"。[3] 这种模式是知识产权证券化的主流模式,根据投行人士分析,这种模式占迄今知识产权证券化交易的61%,连同混合模式(也就是架构中同时结合了直接模式和间接证券化模

---

[1] 参见本书附录二的 DreamWorks 案例分析。
[2] Von Alexander Kirsch, "Securitization of Intellectual Property as a Funding Alternative", *A Thesis for Master of Arts at HFB Hochschule für Bankwirtschaft Business School of Finance and Management*, March 16, 2005, pp.87—96.
[3] 参见陈月秀:《智慧财产权证券化——从美日经验看"我国"实施可行性与立法之刍议》,台湾政治大学法律学研究所 2004 年硕士论文,第 78 页。

式)共为81%以上的交易所采用。[1]

在这种模式下,知识产权并不直接转让给特设载体,但可能当作担保品以提升发行证券的信用评等。其原因在于,一旦真实销售的破产隔离效果产生,投资人将失去对发起人的非证券化资产的追索权。特别是,知识产权授权合同一般具有高度履行性(见本书第二章第三节中的将来债权分析),被转让的将来权利金权益是否能顺利转化为现金流,与发行人的经营有一定关系。在这种情况下,投资人自然希望有更多的保障。而对发起人而言,即使知识产权被设定担保权利益,仍旧可以继续使用、控制或进行后续开发,所以两者间的利益可以藉由抵押担保制度得到调和。

3. 知识产权担保贷款模式

在此模式下,证券化的发起人并非知识产权人,而是提供给知识产权人担保贷款的金融机构。金融机构将担保贷款与担保品(如知识产权的质权)一并转移给特设载体发行证券。1998年美国音乐家Rod Stewart 音乐著作权证券化案例中,投资银行Nomura Capital 采取的就是这种交易模式。[2]

如果把这种模式的两个端点拆分来看,可以很好地说明本书所说的金融创新是既存交易制度的融合这个观点。从特设载体这个端点来看,这种架构类似于企业贷款证券化,可被视为信贷资产证券化的一种模式。从知识产权人与金融机构这个端点来看,其本质是属于担保贷款。但如果把两个端点进行功能性的结合,可以看到知识产权人透过这种证券化交易制度,向投资人发行证券的过程。

因为这种模式与金融资产证券化的类似性高,所以较少被作为知识产权证券交易制度来讨论。[3] 但本书基于以下原因将其列为一种有意义的知识产权证券交易分类模式。

第一个原因是,在特定的经济环境与制度条件下,这种既有交易制度的简单结合,可能正好提供经济活动中所需要的制度供给。例如,本书在前面的分析中指出,我国的创新型企业对知识产权证券化制度有高度需

---

[1] Von Alexander Kirsch, "Securitization of Intellectual Property as a Funding Alternative", *A Thesis for Master of Arts at HFB Hochschule für Bankwirtschaft Business School of Finance and Management*, March 16, 2005, pp.87—96.

[2] Ibid.

[3] Ibid.

求,但在制度上缺乏良好供给,或者由于制度供给的价格过高而导致企业无法负担(因而由海外证券化进行替代)。以现阶段发展来看,知识产权抵押贷款的技术门槛、价格门槛较低,实务上知识产权抵押贷款也已经出现。金融机构逐步在这块领域展开探索,但由于相关经验限制,使其无法大开阔步地前进。此时如果利用此种模式,以证券化交易制度来转移、分散风险,这块业务便可以较快地发展起来。

第二个原因是基于本书的探索观点。本书认为知识产权证券化的制度创新,可以从观察基础交易制度的演化来分析。不论知识产权证券化以哪种模式进行,在基础交易制度上产生的议题是相同的。举例而言,在权利质权制度的探索中(见本书第三章的分析),不论知识产权人设定担保利益的受益人是金融机构还是特设载体,出现的议题都会相同。另外,在破产清算制度下,不论执行这项质权的主体是金融机构或是特设载体,也会面临相似的议题。

四、知识产权证券化的过去与未来

1. 证券化制度的演变

知识产权证券化的发行在世界各国被复制,但进一步观察发生在各国的知识产权证券化交易,可以发现各国的发行框架间存有差异。

(1) 美国

美国的知识产权证券交易主要是透过交易各方任意规定、合同架构以及市场信息披露、专业人员行为准则等监督机制,辅以有效率及具有经验之法院提供事后救济而发展起来的。法律上框架是适用于证券市场的一般框架,如:① 联邦法规与州法规,包括《1933年证券法》《1934年证券交易法》《1940年投资公司法》各州的"蓝天法案"(State Blue Sky Laws)及《破产法》等;② 会计法规,主要是 FAS125 及 FAS140 对真实销售的认定;以及 ③ 税务法规。这些法律框架能为各种证券化的基础资产提供操作平台,在这种条件下,制度的演化具有很大的弹性,也因此才能不断出现各种知识产权证券化的金融创新。

需要特别强调的是,随着互联网技术的发展,众筹等小额公众融资模式逐渐兴起,为文创产业利用知识产权进行融资提供了契机。2012年4月5日,美国总统签署了《创业企业融资法案》(Jumpstart Our Business

Startups Act〔1〕，下称《Jobs 法案》），其中第三章专门规定了小额公众融资模式（Crowdfunding）。由于公众小额集资是通过网络向不特定的公众筹集资金，投资者数量众多且不特定，构成了证券公开发行〔2〕。所以，《Jobs 法案》从小额公众筹资发起人、筹资门户（Funding Portal）、投资者（Funder）三个角度分别进行调整，以规范小额公众筹资的行为，豁免了小额公众筹资行为的部分监管，提高中小企业的融资效率。

小额公众融资模式的确立对于文创融资具有重要意义，其原因在于目前这种小额公众融资模式主要是借助互联网平台进行操作，而目前互联网上现有的小额公众筹资平台（一般称为众筹平台）中进行筹资的项目主要以文化创意相关的项目为主；同时，由于创新和创意是文化创意产业的核心所在，那么知识产权也顺理成章地成为文化创意产业的重要资产。因此，通过对小额公众融资设置安全港规定，允许进行小额公众筹资，一定意义上而言，有助于知识产权证券化的发展，是一种新的知识产权融资模式。

由于证券化与发行架构的快速演化，尝试对这种交易制度作出恰当完整的描述并不容易。美国证监会在 2004 年提出的一份草案中，尝试对资产支持证券（ABS）提出定义："一种主要由明确的资产池所产生现金流来偿付的证券，证券还代表了任何用以确保证券持有人及时获得支付或利益分配的任何权利或其他资产。资产池可以是固定或为循环性，而其组成是在一定限期内根据相关条件会转换成现金的应收账款或其他金融资产。"〔3〕

---

〔1〕 有关《Jumpstart Our Business Startups Act》的具体条文，原文可参照 http://www.gpo.gov/fdsys/pkg/BILLS-112hr3606enr/pdf/BILLS-112hr3606enr.pdf，2014 年 6 月 20 日访问；国内亦有对此法案的翻译，参见荣浩、顾晨：《Jobs 法案翻译》，http://www.finlaw.pku.edu.cn/hulianwangjinrongyufalv/guokanDetail/4251，2015 年 1 月 22 日访问。

〔2〕 袁康：《互联网时代公众小额集资的构造与监管——以美国 JOBS 法案为借鉴》，载《证券市场导报》2013 年 6 月期。

〔3〕 The basic definition of "asset-backed security" would be "a security that is primarily serviced by the cash flows of a discrete pool of receivables or other financial assets, either fixed or revolving, that by their terms convert into cash within a finite time period, plus any rights or other assets designed to assure the servicing or timely distributions of proceeds to the securityholders; provided that in the case of financial assets that are leases, those assets may convert to cash partially by the cash proceeds from the disposition of the physical property underlying such leases." See Federal Register/Vol. 69, No. 93/Thursday, May 13, 2004/Proposed Rules, p.26816；原文见 http://www.sec.gov/rules/proposed/33-8419.pdf, last visit on March 8, 2015. 2015 年 3 月 8 日访问。冯浩庭：《智慧财产权利证券化之研究》，台湾政治大学智慧财产所 2004 年硕士论文，第 72 页。

此定义对于知识产权证券化或许也能适用。

（2）英国

英国在担保融资业务传统上有着很强的基础，而在这种基础上发展出来的证券化交易制度，相对于美国而言，也就呈现出较多的担保融资架构。特别是英国衡平法下的浮动抵押制度，使得债券持有者即使在基础资产转让没有构成真实销售的情况下，也能够透过管理人的指派制度，来保障投资人的利益。[1] 因此知识产权证券化的发行，也就变得灵活而多样性。

（3）日本

日本除了吸收欧美的证券化模式，以专利、电影或线上游戏进行证券化融资外，还在其特殊产业条件与法制环境下发展出资金管理型态（fund management style）的证券化制度。以日本的"音乐基金证券化交易"为例，这种基金的发行中基础法律关系并非投资信托，而是《日本商法典》第535条规定的隐名合伙契约关系。基金的特征是以某艺人为对象，就其音乐作品的创作、制作费用、发行而所需的资金，向歌手的爱好者及投资人募集，并根据唱片销售的损益而分配的基金[2]，整个隐名合伙财产系由艺人专辑著作权和著作邻接权为担保。[3] 这种形态的证券化在日本受到一定的欢迎。

（4）对我国的启示

世界各国在知识产权证券化制度上的发展轨迹，对于中国建立知识产权证券化交易制度乃至建立资产证券化交易制度都有所启示。各国在证券化制度创新中，皆是以本国较为成熟的制度为基础而逐步展开，走出自己的道路。本书认为，知识产权证券化创新是基础交易制度的功能性组合，目的就是使知识产权实现在资产负债表中所无法展现的价值，使证券本身获得高于发行人的评级，从而解决创新型企业融资困难的问题，尤其是解决文创产业融资难题。这种功能的达成，不一定有真实销售环节，不一定采用何种形态的特设载体，只要能在我国法律框架中达成这种效

---

[1] 参见何小峰主编：《资产证券化理论与案例》，中国发展出版社2007年版，第110页。
[2] 谢福源：《智慧财证券化之创新意义与发展趋势》，载《智慧财产季刊》2005年9月期（第五十四期）。
[3] 参见陈月秀：《智慧财产权证券化——从美日经验看"我国"实施可行性与立法之刍议》，台湾政治大学法律学研究所2004年硕士论文，第66页。

果,回应市场对制度的需求,就可以成为本土化的金融创新。照搬国外的制度不仅有本土化的困难,也未必能产生预期的效果。从目前我国出现的一些知识产权证券化或简单的知识产权融资交易的案例可知,我国现有的以知识产权为核心的文创产业融资交易架构具有一定本土化的特点。如在"类电影证券化"中,其交易架构中以文化产权交易所(下文简称文交所)为核心,通过文交所连接银行、保险、风投、担保等金融机构,而另一边则连接出版社、传媒企业等文化艺术机构,并通过对即将上映的电影、电视、音乐等作品进行评估后进行证券化拆分。[1]

目前,我国文交所在知识产权融资中有一定的产品创新,一些文交所相继推出了融资产品,如广东省南方文化产权交易所推出了"文商贷",通过质押登记服务、网络信息推荐服务协助交易商会员向有融资咨询及服务能力的机构申请融资服务的业务。[2] 虽然,目前多数文交所的融资产品以有形资产为主,如广东省南方文化产权交易所以钱币等收藏品为抵押物进行融资,以及相关知识产权的转让(主要是版权的转让),暂未涉及未来知识产权的转让或质押等融资,但不可否认的是文交所通过构建知识产权融资平台,同时完善自身的登记制度,并借助平台或外部机构进行信用强化等,以提供融资服务。这些先行先试的经验积累,为未来发展无形资产融资提供了重要参考。

2. 知识产权证券化的发展趋势

纵观世界各国在知识产权证券化方面交易的现状,可以观察到以下几个趋势:

(1) 基础资产的扩展

知识产权证券交易中的基础资产从最早的1997年音乐作品开始,逐渐向商标、加盟经营扩张,在2000年出现了以专利为基础资产的证券化。而从支持证券发行的现金流来观察这种基础资产扩张的现象,可以看到出现了三个阶段:首先是现存而且稳定的现金流,然后逐渐出现不太稳定的现金流,最后是还没有出现金流的知识产权也可能进行证券化交易。

---

[1] 参见中国经济网:《影视版权"类证券化模式"诞生 电影也能当股票卖》,http://www.ce.cn/culture/gd/201405/20/t20140520_2845798.shtml,2014年6月25日访问。

[2] 参见广东省南方文化产权交易所网站,http://www.cnscee.com/wsd/intro.shtml,2015年4月14日访问。

这说明了证券化的操作技术逐渐成熟,市场对知识产权证券化产品的接受度逐渐在提升。

(2) 从真实销售到担保融资

从现有稳定现金流到将来未知现金流的变化中,还可以观察到市场在证券化交易中对于风险认知的变化。例如,真实销售可以为证券化架构达成破产隔离效果,但是越来越多的知识产权证券化交易却在是否构成真实销售方面存疑,甚至在明知不是真实销售的情况下发行。从 Paramount 证券化起的一系列电影收入证券案例中可以看到,越来越多的证券化投资人承受着更多的市场风险与发行人的履行风险,而且由于交易并未构成真实销售,投资人还承担着发起人的破产风险。因而有评论者认为,这种架构已经变成是一种风险分享的结构。[1]

但是,这种融资架构可以与担保融资区隔开来,而被视为"真实销售证券化"和"担保融资"之外的第三种形态。透过美国完成担保(perfected security)制度,还有提前偿还机制(triggered early amortization)等制度,投资人在发起人财务状况转差、但距离破产边缘尚远的时候,就可以全身而退,或转而要求担保人履行担保义务。可以说在这种结构下,投资人因为发起人破产而遭受损失的几率不大。这点可以信用评等机构对交易作出的评级为佐证,对于担保融资证券,信用评级一般只会高出发起人一个单位,但是在证券化交易制度下所发行的证券却可以高出更多。[2]

(3) 公开发行的可能性

若干发行机构在多次证券化交易中累积了足够的经验后,开始考虑如何以优先股的方式公开发行知识产权支持证券。这个趋势代表知识产权证券化交易制度的重大转变,因为至今知识产权证券化都是以私募方式进行。如果这种操作能够展开,则代表知识产权证券化的制度成为成熟的交易制度。[3]

---

[1] Jay H Eisbruck, "Royalty Succession: The Evolution of IP-backed Securitization, Building and Enforcing Intellectual Property Value", *Moody's Investor Service*, 2007, p.17.

[2] Jay Eisbruck, "Rating Future Film Securitization", Asset Sales Report by *Moody's Investors Service*, November 27, 2000, Vol.14 Issue 46, p.10.

[3] John S. Hillery, "Securitization of Intellectual Property: Recent Trends from the United States", *Washington Core*, June 30, 2005, p.41; available at http://www.iip.or.ip/summary/pdf/WCORE2004s.pdf; last visit on June 8, 2007.

（4）先收购再发行

所谓先收购再发行,是指发行人不是原始知识产权人,而是知识产权专业管理的机构。这个专业机构向知识产权人收购其知识产权或权利金收益,组成资产池后,再以资产池所能产生的现金流进行证券化。透过此资产池风险分散的效果,可以使基础资产产生的收益稳定,消除了单一知识产权所存在的风险。[1] 例如,Royal Pharma 案例中的专利管理公司,就是向发明人、小型生物制药公司、大学或研究机构收购生物制药专利的权利金收益权。此外,也有如 Crystal 案例中的管理公司,跨国大量地买入音乐著作权的部分发行权,然后进行证券化交易。

第二节 知识产权证券化在融资上的优势

一、交易各方的观点

1. 发起人的需求观点

资产证券化制度可以提供一般发起人其他融资方式所没有的优势,而对于知识产权占资产比例较高的企业或个人,尤其是现代银行等债权人不愿意给予新兴的轻资产的企业或个人融资,因而证券化制度还能解决因持有知识产权而产生的特有资金需求。

知识产权证券化在融资上的优势,包含资产证券化既有的一般性优势,以及知识产权证券化的特有优势。

（1）资产证券化提供的一般性融资优势

<u>表外融资效果</u>。证券化的融资可以是非负债型的表外融资。发起人可将风险性资产移出资产负债表,而代之以流动资产(如现金)的增加。如此一来,各种财务比率产生良好的调整,对于企业的经营能够产生正面效果,同时也降低了融资的成本。

<u>部分披露</u>。由于破产隔离的效果,投资人与信用评等机构不必完全

---

[1] John S. Hillery, "Securitization of Intellectual Property: Recent Trends from the United States", *Washington Core*, June 30, 2005, p. 22; available at http://www.iip.or.ip/summary/pdf/WCORE2004s.pdf; last visit on June 8, 2007.

依赖公司整体的资信状况,发起人也就不用大范围地披露公司财务或经营状况。因此,融资过程不会对企业的经营产生过多干扰,还能节省融资的行政成本。

<u>资金使用弹性</u>。在传统融资制度下,提供融资的金融机构为了控制风险,一般都会限制企业使用资金的用途(use of proceeds)。然而,对于企业而言,如此将无法对贷得款项作出灵活运用。相对而言,以证券化取得的资金相当等于发起人账户中的现金,发起人较能自由运用。

<u>税务减免</u>。还随着各国的不同税制,证券化融资有可能达到税负减免的效果。虽然发起人在证券化中"卖出"债权,但如果构成"真实销售"的条件,则证券化取得的资金,尽管在概念上是买卖所得,却可以不用课税。[1]

(2)知识产权证券化提供的特有优势

此外,利用知识产权证券化融资,还有以下的特有优势。

<u>资金需求模式</u>。财务金融领域的专家学者观察到高新技术企业在实施科技产业化的过程中,对于资金的投入有一种"离散投入,连续产出"的特点。也就是说,研发过程的技术设备等投入是离散的,但如果技术创新转化成功,则产出是连续的。由于这种特性,新高科技企业与一般企业在资金需求上有不同的模式,需要更强大的资金实力和顺畅的融资渠道。然而,这些高新技术企业的资产中,无形资产的比例高而实物资产较少,以传统融资担保渠道获得资金的可能性较小。[2] 以我国为例,目前我国高新技术企业的知识产权转化率不到10%,学者研究认为就是由于传统融资方法的局限所造成的。[3]

<u>避免稀释股权</u>。当债权融资的渠道对创新型企业封闭,传统融资渠道只剩下权益融资。然而对创新型企业而言,最看重的就是知识产权在未来能够迸发的潜力,因此即便是对资金有强大需求,对于引入风险投资

---

[1] John S. Hillery, "Securitization of Intellectual Property: Recent Trends from the United States", *Washington Core*, June 30, 2005, p. 13; available at http://www.iip.or.ip/summary/pdf/WCORE2004s.pdf; last visit on June 8, 2007。

[2] 叶红雨:《基于知识预期收益的高新技术中小企业融资》,载《经济问题探索》2006年第9期。

[3] 参见杨亚西:《知识产权证券化——知识产权融资的有效途径》,载《上海金融》2006年第10期。

基金或股票市场资金仍多有顾虑,因为权益融资将稀释将来可能获得的巨大利益。而证券化融资对此类创新型企业便提供了一种新的选择。

保有产权自主性。以知识产权证券化进行融资,不仅不会稀释企业原始股东的权益,还可使企业保有知识产权的所有权。由于知识产权证券化的基础资产可以是知识产权的授权合同或其权利金收益,而可以不是知识产权本身,因此,透过证券化制度来融资,发起人仍然能够掌握和利用知识产权。就创新型企业而言,这点特别有意义,因为这种方式保留了充分挖掘知识产权价值的机会,使发起人还能对其进行进一步经营或开发,持续提升其内涵价值。[1]

释放隐藏价值。在一般会计原则下,知识产权较少以资产入账,而即使入账,基于会计上的"保守原则",入账的价值是以成本计算,其数值可能就是部分开发成本以及申请、登记或维护等程序性作业费用的加总,而非知识产权的真实的市场价值。创新企业的经营者对这种现象最感无奈,即使对拥有的知识产权深具信心,市场反响也很好,但就是无法把这部分的价值在现有的财务制度中体现出来。知识产权证券化制度提供了释放这种隐含价值的一个管道。

杠杆效应。一旦创新型企业有这个融资渠道,知识产权支持证券化还可能因其流动性而为企业创造更好的融资条件。流动性增加可以在不改变资产内涵价值的情况下增加资产市场价值,此原理同样适用于知识产权证券化制度。举例而言,根据国外投行研究,在知识产权担保贷款交易中,贷款—价值比一般低于65%;而运用证券化制度可达75%。以最近国内备受关注的首例专利权担保贷款为例,此案虽可称突破,但事实上,贷款—价值比只有25%。[2] 如果是以证券化进行融资,则对发起人而言将更具优势。此外,统计资料也指出通过知识产权支持证券的票面利率,通常能比知识产权担保贷款的利率低22%到30%。[3] 所以知识

---

[1] 参见叶红雨:《基于知识预期收益的高新技术中小企业融资》,载《经济问题探索》2006年第9期。

[2] 贷款人的发明专利权的评估价值为600万元,而银行只能对其发放150万的贷款。参见李琳:《智取150万元贷款》,载《国际融资》2007年2月。

[3] 参见杨亚西:《知识产权证券化——知识产权融资的有效途径》,载《上海金融》2006年第10期。

产权证券化制度可以发挥知识产权的杠杆融资作用,最大化实现知识产权价值。

保险功能。在国外知识产权证券化的实践中,证券化还被发现可能以前所未有的方式,满足创新型企业在经营上长久存在的制度需求。从发行人的资产负债表上来看,知识产权证券化的过程,实际上就是把将来的或有收入转化为现金的过程。这个"或有",实际上在很多情况下是超出发行人所能控制的范围,可能是因为被授权方违约,还可能是因知识产权被撤销、侵权,甚至还可能是市场大环境的变动而造成。例如 Bowie Bond 在 1997 年证券发行时,人们并未预期网路下载、随身播放器(如 MP3)将对音乐产业的经营产生巨大影响,而发起人 David Bowie 却早已经在证券化交易中锁定其获利。当然,投资人在购买债券时已经把这种风险计算在内,并透过风险溢价反映在购买价格或债券利率之上。但对发行人而言,手中的"或有"换成现金后,即使风险发生,经营活动也不会受影响。从这个角度来看,有学者认为知识产权证券化交易为发起人起到了实质保险(de facto insurance)的效果。[1]

2. 投资人的需求观点

(1) 满足资产组合需要

知识产权支持证券的投资人大多是机构投资者,他们在投资上有资产组合的需求。随着目的的不同,资产组合可能需要包括高报酬、高风险的资产,如股票,也要包括低报酬、低风险的资产,如政府债券。而在这两种极端之间,证券化产品提供了一个良好平衡,可以用以丰富资产组合,降低资产组合的整体的风险、提高收益。此外,学者的研究还发现,因为知识产权证券化的折扣率(超额担保)较其他证券化产品还高,如果提供的保证的公司信誉良好,则投资知识产权支持证券的风险并不会比买债券高,而报酬却比债券高,相对而言是一种划算的交易。[2]

(2) 集中投资知识产权

由于证券化制度中破产隔离的设计,被证券资产与发起人的经营、财

---

[1] John S. Hillery, "Securitization of Intellectual Property: Recent Trends from the United States", *Washington Core*, June 30, 2005, p. 13; available at http://www.iip.or.ip/summary/pdf/WCORE2004s.pdf; last visit on June 8, 2007.

[2] Ibid;李建伟:《知识产权证券化:理论分析与应用研究》,载《知识产权》2006 年第 1 期。

务、债信产生隔离。因此,对于某一特定专利或创作有兴趣的投资人,可以在证券化制度下直接投资看好的技术或著作,不必担心发起人的经营状况。事实上,风险投资中常称投资的不是产品,而是一组"团队",这就是因为好的创新技术或著作可能因为经营的因素而无法发挥出来。知识产权制度为投资标的的切割提供可能性,能够满足投资人在投资上的需求。[1]

(3) 快速退出机制

知识产权证券化制度能够提供投资人流动性较高的证券化产品。如果投资人以担保贷款形式借款给企业,即使借款有担保品,但要退出这项投资必须转让债权以及担保品,这个转让在任何法律制度下都是一件繁琐的事情。而当证券化制度把投资转化为可流通的证券后,其变现性提高,可以提供投资人更快的退出路径。[2]

(4) 税负减免

各国为了鼓励证券化制度的发展,通常还有设计配套的税负优惠政策,以引导资金的流向。特别是以发展知识产权为国家战略目标的美国或日本,都可明显地看到这种措施。在这种条件下,知识产权支持证券的投资人,受到分离课税或税负减免等税收优惠政策吸引,自然增加对此制度的需求。

3. 其他参与者

对于知识产权证券化制度中其他参与者而言,最直接的好处就是带来新业务与收入的来源,这些参与者包括银行业、信托业、证券业,还有其他中介机构,如信用评等机构、律师与会计师等。随着知识产权证券化交易的增加,这些参与者逐步累积经验,将能够进一步掌握其他更复杂的金融制度创新。

---

[1] John S. Hillery, "Securitization of Intellectual Property: Recent Trends from the United States", *Washington Core*, June 30, 2005, p. 13; available at http://www.iip.or.ip/summary/pdf/WCORE2004s.pdf; last visit on June 8, 2007;李建伟:《知识产权证券化:理论分析与应用研究》,载《知识产权》2006年第1期。

[2] 陈月秀:《智慧财产权证券化——从美日经验看"我国"实施可行性与立法之刍议》,台湾政治大学法律学研究所2004年硕士论文,第45页。

二、市场整体的观点

市场架构者的观点代表一个较为宏观的观点,这个观点不是来自证券化交易的参与者,而是制度的设计者或政策的制定者,从战略性角度对知识产权证券化交易所作出的考虑。

1. 资源最佳配置与效率市场建立

根据经济学的效率前缘理论,效率市场中高报酬的资产必伴随高风险,而低风险的资产只能提供低的收益。每一个交易主体对风险有不同偏好,有的主体能承担比较高的风险,希望在市场中找到能够与之匹配的高风险资产;有的主体对于风险有趋避性,所以愿意持有报酬较低的资产。这些不同偏好的交易人通过市场进行交易,满足各自效用的最大化,从而提升了整体经济的效用水平。知识产权证券化制度提供的正是这么一种能提升整体经济效用水平的渠道。

知识产权证券化也符合经济学的分工理论。对于掌握知识产权的企业而言,透过证券化制度,能够以投资者愿意承受的价格,将风险资产转移出去。转移发生后,从企业端来看,企业能够更专注于创新的工作;从投资者端来看,投资者专长风险管理,通过其掌握的资产组合,可以分散证券资产的风险。如此一来,在专业分工中,经济体系产出的总量得以提升。

知识产权证券化还会对经济体系的资金循环利用产生外部性利益。例如,就风险投资或产业基金而言,退出机制的选择是首次公开发行、并购、股权回购或是清算。一般而言,首次公开发行和并购能够带来较佳的回报,但通常要有年限与各种条件配合。如果现有的制度或市场不能提供良好的退出机制,风险投资或产业基金行业的发展一定受限,直接影响资金在经济体系中的循环流动。知识产权证券化制度,能够提供加速回收资金而且报酬优厚的渠道,为风险投资或产业基金行业创造活动空间,进而提升资金利用效率。[1]

2. 制度深化改革的动力

本书在以上的分析中观察到,金融创新的探索和实践伴随着基础交

---

[1] 陈月秀:《智慧财产权证券化——从美日经验看"我国"实施可行性与立法之刍议》,台湾政治大学法律学研究所 2004 年硕士论文,第 44 页。

易制度的演化。基础交易制度在冲撞与融合中扩展、丰富和完善了其概念、内涵及运作。然而,这些基础交易制度的演化不是凭空出现,而是必须在解决某一个问题的情况下,才有可能发生本书所说的"功能性结合"。因此,知识产权证券化制度,对于基础交易制度的改革完善,可以产生正面的效果。

3. 自有知识产权战略的实现

当发展知识产权形成一种政策时,这种政策需要有制度平台来传递,才能落实在经济活动之中。而在市场经济的体制下,影响最大的平台自然就是市场。在市场交易中透过法律框架及财税优惠的倾斜,将资源导向政策目标上,是达成政策目标的可行方式之一。而知识产权证券化交易所形成的市场,就是这么一个良好的平台。

三、全球经济体系的观点

全球经济体系的观点代表的是一个更为宏观的视角,代表超越地区限制、将全人类的经济活动和生活福利视为一个整体的观点。从这个视角检视当前知识产权制度在全球经济发展中遭遇的挑战,以及知识产权证券化的特点,可以发现知识产权证券化在促进市场经济下的公平正义,以及国际贸易壁垒的消弭等两方面,带来了前所未有的机会。

1. 促进市场经济下的公平正义

知识产权因社会群体的利用而产生价值,如果没有人群的认同与使用,知识产权的价值便无从体现。相对地,一旦得到了大众的参与,知识产权的价值提升便无所限制,还可能进一步地向全球推展开来,成为人类社会永久的共同资产。关于这一点,从隽永的歌曲、经典的艺术创作以及改善人类生活的科技中都可得到证明。这种特质,是知识产权与传统有形资产最大的不同。

然而,在市场机制的作用下,知识产权的市场价值常只被积极参与市场运作的企业所独享。企业凭借其优势的资源,将这种价值的增长牢牢地掌握手中;虽然这是市场参与者受法律保障的权利,但基于直观的思考,原始权利人,特别是对呕心沥血的创作家而言,公平与正义常常没有在市场经济中得到体现。

因此在国内,从事智力创作者有"十五的月亮十六元"的说法,感叹市场经济运行下对知识产权价值增长分享机会的缺乏，以及个体在市场机制前无力改变现状的事实。[1] 在国际经济舞台上，则是出现了知识产权保护"人本主义"的呼声。回顾知识产权保护的起点，主要在于刺激创新，提供更多更新的产品与服务，为人类创造更大的幸福。然而，市场经济的运作却不保证结果的公平。发达国家凭借其经济技术优势，掌握绝大多数知识产权的创作和商品化流程，垄断高新科技和艺术传播，从而限制发展中国家经济技术的发展和进步，以及文化发展上的话语权。为此，以"人本主义"为出发点的知识产权保护趋势浮出水面，以求减小这种差距，追求人类整体的共同进步与和谐发展。[2]

然而，追求公平正义和人本主义的伸张，并不意味着必须透过牺牲市场的效率来达到。事实上，正是因为自私的驱动力，才使得企业积极地参与市场运行，承担风险，将知识产权推向更广阔的舞台。正如水能载舟、亦能覆舟，市场只是一个载体，其间效率与公平的调和有赖于制度的设计，而知识产权证券化则成为可行的路径。首先从所有权的角度来看，知识产权证券化的财富分散效果，有如企业将股权公开上市，由大众投资人分担风险、共享利益；不同点则是知识产权证券化是以知识产权或其衍生权利为标的，而非对于盈利法人的剩余请求权。知识产权因为人类全体的使用而产生价值，而证券化则可使群众分享这种增值的利益，而非使其被少数企业所独占，从而可以达到更多的公平。

此外，证券化可以将未来预期的现金流转为当期的资金，为创新型企业及智力创作者的市场化行为提供融资。很多智力创作者在耗尽心血，开发出具有商业潜力的知识产品后，往往因为缺乏进一步将智力成果市场化的资源，无法进一步地将其推广，因而必须将大多数的权益让与在资源上具有优势的市场参与者。证券化的交易可以解决这种困境，提供创新型企业和智力创作者将智力产品市场化的所需的资金，并保有其对知识产品的控制权，如此不仅公平正义更能达成，而且使创作者受到市场直接的激励，从而产生更多更好的创作，形成了良性的循环。

---

[1] 陈维光：《"音乐著作权集体管理"带来希望——十五的月亮将不再十六元》，载《音乐世界文摘》1993年第10期。
[2] 陈卓：《国际贸易领域内知识产权保护的趋势及对我国的影响》，载《时代金融》2007年5月。

2. 国际贸易壁垒的消弭

知识产权贸易已成为国际贸易的重要组成部分。以技术转让、版权许可、高技术含量产品的贸易等为代表的包含知识产权的货物与技术贸易已成为国际贸易的重要组成部分,而且其增长速度也远远高于一般货物贸易。如今,知识产权贸易、货物贸易与服务贸易一起构成了世界贸易体系的三大支柱。[1]

在此大环境下,可以观察到几种明显的趋势。首先,是被交易的知识产品的范围不断扩大、深度不断加深。科学技术和知识产权保护,在市场机制的作用下相互推动,导致传统知识保护的类别不断扩大,而同一类别则不断加深。著作权法从传统版权,电子版权,延伸到网络版权。专利权从工业产权到生物、药品、化学物质、甚至扩大到抽象的商业流程。商标权也从原来单一的商品商标,扩大到服务商标,从统一对待到现在对驰名商标的区别对待。[2] 这些扩大或深化后的类别,都能成为知识产权保护的客体而进入世界贸易体系的范畴。

然而知识产权保护经常成为贸易摩擦的导火索。由于知识产权法有强烈的属地主义,要统一各国知识产权的保护标准相当困难,即使各国一直努力透过协商与谈判,建立大多数国家所能接受的知识产权法制,但这毕竟不是短时间能够达成的工作。[3] 在此大环境下,各国对于知识产权保护的力度和标准不一,对知识产品采取高度保护的国家,承担比低度保护国家较高的成本。而这种成本反映在产品价格上便使得产品的国际竞争力下降,由此便间接导致了国家间由于知识产品保护差异造成的贸易摩擦。

此外,滥用知识产权保护所形成的贸易壁垒,还同时成为影响贸易稳定和深化的因素,并且引起国际技术垄断,造成对国际贸易发展的严重阻碍。学者观察到这种阻碍经常体现在两方面,第一,是利用国际多边协定的"模糊性"和执行上的"自主性",以牺牲他国利益的方式保护本国利益。第二,是利用内部化交易,或是透过法律限制具有本国核心竞争力的

---

[1] 陈卓:《国际贸易领域内知识产权保护的趋势及对我国的影响》,载《时代金融》2007年5月。
[2] 同上注。
[3] 张云辉:《企业智慧财产权融资的可行性(上)》,载《企银报道》2004年1月。

技术出口,减少自主知识产权的漏出,从而保有本国竞争优势。[1]

归根究底,种种贸易摩擦的根源,来自国家主权和经济利益的冲突,以及国家间经济地位和发展水平的差距。在此条件下,既要推广知识产品增加人类全体的福利,又要减少推广过程中产生的壁垒摩擦,成为看似矛盾的目标。

解决这种矛盾最好的方式,就是使知识产权贸易产生的利益能够为全球市场的参与者共享,而非仅由输出国所截取。知识产权证券化在这方面提供了可行的解决方案。证券化的知识产权所代表的财产权,可以突破商品和服务贸易的枷锁,在国际间以资本的形态由大范围的投资人所掌握,从而弥补商品、服务以及知识产权流动的不足。换言之,即使国家间经济地位和发展水平不对称,购买知识产权贸易输出国知识产权证券化产品的投资人,也能够分享知识产权贸易输出国在国际贸易中因其优势地位所得到的果实,成为利益共同体,进而带动知识产权贸易输入国在知识产权保护和推广上的主观意愿。在另一方面,对于因顾虑技术外泄而失去竞争优势的国家,透过证券化融资,不仅能够保有对于知识产品的控制地位,还能在国际经济体系中使知识产权的价值最大化。

第三节 知识产权证券化与传统资产证券化的差异比较

以美国证监会对资产支持证券的尝试性定义为参照,知识产权支持证券可以尝试性地被描述为"一种主要由明确资产池所产生的现金流所偿付的证券,以及附加于其上、用来确保证券持有人及时获得支付或利益分配的任何权利。前述的资产池可以是固定性或为循环性,而其组成是基于知识产权所产生的权利金权益,该权益在一定限期内将根据相关条件转换成现金"。[2]

---

[1] 陈卓:《国际贸易领域内知识产权保护的趋势及对我国的影响》,载《时代金融》2007年5月。
[2] See Federal Register / Vol. 69, No. 93 / Thursday, May 13, 2004 / Proposed Rules;原文见http://www.sec.gov/rules/proposed/33-8419.pdf,2015年3月8日访问。

具体来说，可以从以下几个方面对知识产权证券化在理论上或实务上与其他资产的证券化制度进行区隔，从而看出其主要的差异所在。

一、发行架构上的差异

1. 被证券化的资产

知识产权证券化的基础资产涉及知识产权及其衍生的权益，特别是专利、商标与著作权。由于知识产权具有无形资产的特性，在权利转让的交易环节可能涉及不同的交易制度，或者呈现出与其他实体资产交易不同的风险，从而衍生出不同的问题。

2. 支付本息的现金流

在知识产权证券化制度中，支付本息的现金流是来自于知识产权的权利金收益，而非知识产权本身的销售或让与。而其他资产证券化，例如金融机构应收账款证券化，本息支付则是来自于应收账款的实现。这两者看似相同，但事实上在知识产权证券化中，中间还多了个债权行为，知识产权透过授权合同（如专利使用）或一般交易习惯（如买电影票，口头合同在履行同时成立），才能产生权利金收益。也正因为这个债权行为，知识产权证券化产生了若干在其他资产证券不存在或是虽然存在但更为突出的风险。

3. 转让的标的物

在其他资产证券化的发行中，证券化架构中的权利转让一般涉及债权与物权。例如，在不动产信贷证券化或汽车贷款证券化中，对于债务人的权利都有担保品，如房屋产权或汽车所有权，而在证券化时，债权与担保物权同时转移到证券化的资产池中。这些财产权的权利人为债务人；而债务人以其财产权担保向发行人借款，发起人以借款行为产生的债权进行证券化交易。[1]

在知识产权证券化交易中呈现不同的权利转让模式。知识产权的"财产权"为发起人所有，发起人授权债务人使用知识产权，而将授权衍生的合同债权证券化。发起人可能在知识产权上设定担保权益，将质权

---

[1] 参见冯浩庭：《智慧财产权利证券化之研究》，台湾政治大学智慧财产所2004年硕士论文，第137页。

设定给发行人或投资人。但这时发起人的行为是出质,而非信贷资产证券化中的转质。

此外,在知识产权证券化交易中,除了权利金权益,知识产权以及相关的授权合同也可能发生转让。

二、被证券化资产的本质

1. 将来债权存在基础的待履行性

知识产权授权合同是将来债权存在的基础,而该类型的合同往往具有高度的待履行性(executory contract)。对照来看,以企业应收账款或住房按揭为基础的将来债权,其生效通常只是时间因素,并不需要许可方(发起人)积极主动地履行合同义务,学者因而称其为"附期限的债权"[1]。但是一般的知识产权授权合同通常赋予许可方若干实质义务[2],如果许可方未按合同履行,被许可方可以抗辩,结果是证券持有人无法获得未来权利金收入。[3] 当然,在某些证券化模式中,发起人也需要投入一定资源,例如中国联通 CDMA 网络租赁费等证券化案例中,发起人必须持续管理电信网络方能实现收益。[4] 但是在发起人的履行程度以及相关方抗辩权行使上,这一模式显然与知识产权授权在程度与性质上不同。

2. 基础资产的可重复利用性

知识产权的可重复授权性使其不同于其他的证券化资产。知识产权在每次授权中,都可以产生新的合同债权。这种无形且可以无限重复利用的性质,一方面是知识产权潜力之所在,但另一方面,却也能产生其他资产证券化所没有的风险。倘若发起人在证券化交易后进行新的授权[5],虽然对发起人而言可以获得新现金流,但却可能使原有的被授权

---

[1] 陈月秀:《智慧财产权证券化——从美日经验看"我国"实施可行性与立法之刍议》,台湾政治大学法律学研究所 2004 年硕士论文,第 136 页。
[2] 实务上常见的条款如,授权人在合同期间内持续提供技术咨询的义务,持续提供技术升级的义务,提供协助争议解决的义务等等。
[3] 彭冰:《资产证券化的法律解读》,北京大学出版社 2001 年版,第 21 页。
[4] [日]古川令治、张明:《资产证券化手册》,中国金融出版社 2006 年版,第 145 页。
[5] 阙光威:《智慧资本的法律定性与智慧财产证券化的可行性研究》,载台湾《政大智慧财产评论》2004 年 4 月。该文认为此种特性若能妥善管理,则可为知识产权证券化的有利机会。

方面临竞争,从而使证券化的现金流量降低,损及投资人的权益。

在信贷资产证券化中,如果某一个债务人发生违约,则这笔应收账款可能无法回收,但在知识产权证券化制度下,由于无形资产不存在被消耗或用尽的情况,在证券化资产池包括知识产权本身的情况下,发行人可以透过服务机构寻找新的被授权方,使知识产权产生新的收益。例如,在Athlete's Foot 证券化案例中,发起人以商标授权和550个加盟合同作为基础资产进行证券化交易。在发行一年后,最大的被授权人(占20%加盟店数量)意外破产,但这个事件却未影响到投资人利益。其中的原因,就是原先被授权人经营的门市店在很短时间内就被新经营者接手,特设载体与这些新经营者再次签订授权加盟合同,因而能够创造出新的现金流。这种特性是在其他资产证券化中不存在的。[1]

与重复利用类似的特点还有知识产权的可分割性。这种特点是由于知识产权本身的特性所造成的。一个以上的权利主体可以对同一知识产品分享利益,也就是同一个知识产品上拥有若干权利主体的可能性。各种权利主体可以在各自的有效区域内行使权利,主体地位彼此独立,权利互不干涉。例如,著作权的发行权、复制权或表演权可以分属于不同人,或者分属于国内或国外的两方。而这种对权利范围的划分,可以简单的由授权合同决定,合同如何描述,就可能产生出什么样权利来。在证券化交易案例中,常见以这种切割为基础的证券化交易。例如,在 Chrysalis 的案例中,发行人只取得著作权中的发行权,但其可以将这项权利在将来的可能产生的收益进行证券化。另外,在 DreamWorks 的案例中,发行人将其国内戏院与电视频道的收益权保留,而将其他的著作财产权切割出去进行证券化。

3. 产权范围的不稳定性

知识产权权利的本质,是基于国家权利的作用,赋予个人在某中知识产品上的独占权利。换言之,知识产权的存在是法律作用下的人为结果,而不是在经济活动中自然出现的。因此,知识产权权利的原始取得以及

---

[1] Athlete's Foot 证券化交易的案例,参见 Von Alexander Kirsch, "Securitization of Intellectual Property as a Funding Alternative", *A Thesis for Master of Arts at HFB Hochschule für Bankwirtschaft Business School of Finance and Management*, March 16, 2005, p. 88.

权利范围的界定,势必以国家认可或授予为条件。然而,人为的行政不可避免地受到知识、经验与资源的限制,可能出现漏查或不够周延的情况。如此一来,不论是审查程序还是审查程序外的确权诉讼行为,随时都可能造成知识产权的权利范围变化或权利消灭。

以专利权为例,国家知识产权局在审查发明专利的实质审查过程中,需经过新颖性与进步性审查的程序。在新颖性检索中,必须未发现该技术在国外发过或曾在国内公开使用;在进步性的审查中,审查员必须以其专业,主观判断技术进步的程度已经达到授予专利的标准,因而不可能排除人为的限制。而对于实用新型和外观设计的审查更是如此,因为对这两类专利的授权,只经过形式审查,未经实质审查,其专利更是具有很大的不确定性。[1] 这个特性可以说是无形资产制度必须有国家机构的行政权参与的必然结果。

换言之,即便基于利用知识产权产生的应收账款笔数多到足以透过统计方式估算将来现金流的数量与风险,如果作为交易标的的知识产权出现任何权利上的瑕疵,应收账款收益权的法律基础便会受到影响,甚至可能消失。一旦原来产生现金流的第三方基于法律或合同权利停止支付行为,证券本息的偿付就会受到影响。

这种特点在知识产权证券化交易中别有意义。在传统资产证券化交易中,对于这类基础资产质量中蕴含的风险是透过律师和会计师的尽职调查来掌握的。然而这种做法对知识产权证券化中权利瑕疵的判断未必有效。对于知识产权而言,侵权或无效案件的判断都具有高度专业性,也有很多模糊地带,在技术上很难通过一般法律尽职调查有效辨明。即使相关领域的专业人士配合进行调查,有时也未必能绝对确定权利的范围。例如,实务上屡屡出现知识产权人无法认定其权利范围是否与他人的权利范围互有重叠,因考虑到这种不确定性的存在会导致将来营运活动的不可预知性而必须诉诸司法、进行"确权之诉"来辨清权利范围的案例。这说明了知识产权权利范围的界定,在很多情况下属于知识产权制度下

---

[1] 例如,我国《专利法》第40条规定,实用新型和外观设计专利申请经初步审查没有发现驳回理由的,由国务院专利行政部门作出授予实用新型专利权或者外观设计专利权的决定,发给相应的专利证书。

的不可能,必须藉由其他制度的协助来完成。因此,在诉讼还没有真正来到前,没有人能够保证知识产权确实而完整的权利范围,或是存在第三方主张在同样范围中享有权利的可能。

4. 产权的公共财性质

一项具有高度应用性的知识产权可以是数个产业发展的重要支柱,能够造就出了巨大产值。因此,从社会整体的效益而言,或许可以允许知识产权人的破产,但却很难承担某些知识产权消失造成的影响。特别是对于推动产业发展的重要工业技术、维持民生健康的药品专利或是源远流长的民族品牌等。这种公共财的特性,使得知识产权证券化的发行与其他资产证券化的发行产生了有意义的区隔,也就是知识产权证券化必须要考虑到交易的外部性。

此外,其他资产证券化交易产生的融资效果,影响的可能是少数市场参与者,例如金融机构或土地开发企业;而知识产权证券化的融资效果,却能影响不特定的社会多数。知识产权证券化交易可以比喻为一种制度机器,这种制度产生的杠杆效果,使得制度使用者能扩大知识产品的影响范围。如果发起人将这种融资方式用于有害社会安定、秩序或是存有争议的知识产品,则知识产权证券化制度便成为一种扩大风险的制度。例如,日本已经将证券化制度应用在电脑游戏软件的开发上。然而在我国,电脑游戏产业存有进一步探讨的空间:有人主张学龄使用者过分沉迷于电脑游戏将产生社会问题;有人主张开发此类游戏能够提升信息产业技术水平,应该予以鼓励。那么如果知识产权证券化的融资目的在于开发这种有争议性的软件,则其外部性的效果必须予以考虑。

5. 产权价值的不确定性

知识产权及其衍生权利的价值受潜在消费者、市场条件、替代品等因素的影响极大,市场的价值可能在很短的时间内产生变化。例如,当大众消费的口味发生改变,曾经很受欢迎的著作可能变得乏人问津。而某一项技术,在替代性技术出现后,可能在很短的时间中从市场上消失。

知识产权市场价值的不确定性,其实是前面提到的几种特性在人类经济活动中发挥作用的结果。例如,由于知识产权的权利授予是法律作用以及政府机构行政的人为结果,所以权利的本质产生不确定性,一旦出现挑战,则价格就会滑落。又如,知识产权价值的实现,来自于对知识产品拥有某些权利而不同主体间的分工,这些权利主体的权利可能彼此独立,也可能互有联系。在这个分工体系中,一旦其中某个主体发生变化,可能影响分工体系能够实现的总价值。

因此,这种价格上的不确定与其说是一种特性,不如说是一种知识产权特性表现于外的一种现象。但价格作为市场经济的枢纽,贯穿了所有知识产权证券化中的基本交易制度,如转让、出质担保、破产清算等,因此其本身具有实质的意义。特别是在破产清算上,市场价值的不确定性,使得涉及知识产权的资产在破产变现程序中与其他资产证券化存在有意义的区别。首先,根据国外学者的统计,在破产变现程序中,知识产权通常都得到极高的折现率,且其每月价值的降幅可达2%到5%,远远高于土地或其他实体资产。[1] 此外,拍卖的事实本身足以对知识产权的市场价值产生重大负面影响,一旦破产拍卖消息传出,相关资产的市场价值立刻受到冲击。

其次,知识产权的价值往往与发起人本身的市场规模或掌握的其他资源密切相关。被授权人愿意向发起人取得授权的原因,在很多情况不只是因为知识产权本身内涵的价值,还因为发起人本身的市场规模、经营团队或所能掌控的相关资源。因此,纵然某一项知识产权授权能产生庞大的现金流量,但当相关知识产权与发起人隔离拍卖时,能够变现的价值可能相当有限。[2]

6. 将来产权证券化的可能性

在 Royalty Pharma 与 Paramount 案例中,出现了在将来债权还未形成,甚至基础知识产权尚未存在的证券化交易安排。以 Royalty Pharma 案例为例,在13项医药专利权利金组成的资产组合中,有4项新药必须经医药主管机关核准才能产生权利金收入。在 Paramount 案例中,未开拍影片将来所能收到的权利金被进行证券化交易。[3]

---

[1] Weston Anson, "Valuing and Monetizing Intellectual Property in Bankruptcy", *The Secured Lender*, May/June 2002, p. 14.
[2] 参见阙光威:《智慧资本的法律定性与智慧财产证券化的可行性研究》,载台湾《政大智慧财产评论》2004年4月。
[3] John S. Hillery, "Securitization of Intellectual Property: Recent Trends from the United States", *Washington Core*, June 30, 2005, p. 20; available at http://www.iip.or.ip/summary/pdf/WCORE2004s.pdf; last visit on June 8, 2007.

这种将来权利的证券化,如果不是基于一个既有的商业框架,则证券化无异于"梦想的证券化"。[1] 例如,一个牛奶工厂把出售牛奶的应收账款进行证券化是可行的;而如果没有牛奶,但是有牛,则预售将来卖出牛奶所得的应收账款,也符合交易的常理。然而,如果没有牛奶,也没有牛,却要出售应收账款,未免太不真实。从实务上的风险观点来看,一个拥有油田的石油公司,把将来开采出来的石油出口后取得的账款进行证券化是可行的;而一个钢铁炼制厂,要把卖出将来炼好的钢筋所能取得的账款证券化,就含有很高的风险。

从本书研究的案例来看,在所谓"将来知识产权证券化"的证券发行中,权利转让的标的并不是简单的"以将来知识产权为基础的将来债权",而是维系于一种类似于担保融资的架构。然而,对于这种权利转让模式的讨论仍然具有现实的意义。特别是此类的交易很好地说明了知识产权证券化交易架构的多变性与广大的可能性。此外,这种复杂的创新,自然地将知识产权证券化和其他传统资产的证券化区隔开来,产生了新的议题、风险以及探索法律与交易制度如何支持此类创新的需要。

第四节 知识产权证券化的内外部风险与投资人保护

由于以上特点的存在,知识产权证券化产生了与其他资产证券化不同的风险。本书的目的,就是探索这些风险在证券化交易中的具体表现、态样、对应的措施与监管作为。而为了进行此探索,首先须对风险的可能发生点进行系统化的梳理。本节的目的就是对此进行归纳分析,并将分析结果作为本书发展的脉络,并为以下各章深入探讨的纲要。

由第一节介绍的各个交易案例可以总结出,构成证券化交易的核心交易环节主要有三:第一,发起人将被证券化资产转让给特设载体的环节;第二,为证券投资人的利益,在证券化资产或其他基础的知识产权上设定担保利益的环节;第三,发起人自身或第三方,对证券化资产质量或

---

[1] Vinod Kothari, "Securitization of Future Flows", available at http://www.vinodkothari.com/futureflows.htm, last visit on June 6, 2007.

现金流量,提供保险或保证的信用加强环节。

在这些环节中,风险出自于交易本身而作用限于参与交易的各方。从这个角度看,可谓是证券化交易的内部风险。相对而言,由于前述的知识产权公共财性质,知识产权证券化交易还可能产生作用于整体市场和社会环境的风险,此可谓外部风险。本节以下分析乃至于本书以下各章的发展脉络,便是以这种区分展开对风险点的梳理、探讨。

一、证券化交易的内部风险

1. 权利转让环节的风险

"知识产权证券化"一词是实务界的习惯说法,事实上在大部分的案例中,知识产权证券化的标的是知识产权衍生的权利金,而不是知识产权本身。例如,在 Bowie Bond 案例中,支持证券本息支付的现金流是来自 David Bowie 与 EMI 唱片公司签署的授权合同项下的权利金。[1] 知识产权衍生的权利金本身就是一种将来债权,发起人将其通过真实销售转让给特设载体,产生破产隔离效果而实现证券化交易。从这个角度来看,知识产权证券化似乎并不异于其他资产(如住房按揭)的证券化。

但从前一节的分析可以看到,以知识产权授权合同为基础的将来债权在"将来债权存在基础的待履行性""基础资产的可重复利用性""产权范围的不稳定性"等方面都显示出与其他资产不同的特性。因此,在权利转让环节中,如何确保转让标的的清晰、权利转让的有效性以及可执行性,对交易各方自然形成一种挑战,这也是风险发生的所在。此外,实务中出现"将来产权证券化"操作的可能性。其将尚不存在的权利套入证券化架构,进行证券化的发行,更是提高了在此权利转让环节的风险程度。

2. 权利质押环节的风险

在知识产权证券化交易中,知识产权本身以及衍生债权,常被作为担保品来发挥信用增强功能。[2] 由于较高的信用评等可以招徕机构投资

---

[1] 参见冯浩庭:《智慧财产权利证券化之研究》,台湾政治大学智慧财产所2004年硕士论文,第148—151页。
[2] 阙光威、陈月秀:《智慧财产证券化可能的经营模式法制面探讨》,载台湾《月旦法学》2004年8月期。

者,还可以提升证券价格,因此权利质押成为知识产权证券化操作中的重要手段。而其目的,就是保证投资人或特设载体能在破产清算中首先获得清偿。

然而,知识产权证券化交易,具有"将来债权存在基础的待履行性""基础资产的可重复利用性""产权范围的不稳定性"等特性,使得若干风险在此一交易环节突显出来。在其他资产的证券化中,担保品通常是有形资产或以有形资产为基础的债权。这类的权利担保制度在悠久历史的演化中,已经发展得较为完善,不论是法律框架或在经济活动中累积的实践经验,都能为交易各方提供明确的依循与预测性。相对而言,以无形资产所为之担保,特别是以知识产权为标的的担保,是在近年才发展起来的制度,即便是发展较快的国家如美国、英国,在知识产权担保交易制度也存有若干待解决的问题,是一个快速发展的法学领域。

具体而言,在知识产权证券化的权利质押环节中,有以下特别的风险产生点:第一,是以将来知识产权设质,例如 DreamWorks 及 Royalty Pharma 两个案例中的类似操作。第二,是以将来债权设质。对于这些权益,如何确保担保品的标的物清晰以及质权设定的有效性和可执行性,在学理上存有巨大的争议,在实务上自然也是风险点发生的所在。[1]

3. 权利瑕疵担保环节的风险

上节提到,在其他资产证券化的发行中,大体都能藉由尽职调查,或者是分析历史资料,来掌握被证券化资产的品质或瑕疵率,然后在定价或信用加强措施中反映风险溢价。然而,知识产权的权利存在、侵权判定或无效案件的判断都具有高度专业性,也有很多模糊地带,因此技术上很难通过一般法律尽职调查有效辨明,甚至即便有专业人士配合进行调查,有时也未必能绝对确定权利的范围。

面对这种风险,发起人一般负起所谓的"瑕疵担保责任"。所谓瑕疵担保责任,是在买卖合同中,出卖人就其所移转标的物担保不受人追夺,以及不存在未告知权利负担的一种法定责任。具体而言,随着知识产权证券化中转让标的的不同,发起人可能负有不同的瑕疵担保责任。例如,如果标的是知识产权衍生的债权,当债权存在瑕疵时,发起人须承担对债权

---

[1] 许多奇:《债权融资法律问题研究》,法律出版社 2005 年版,第 62 页。

的瑕疵担保责任。如果标的是知识产权本身,当知识产权存在瑕疵时,发起人须承担对知识产权的瑕疵担保责任。

实务上交易方可能以特约、限制或加重权利瑕疵责任来调整这种责任。然而,这种合同安排可为交易各方接受的前提是有一个清晰的法律框架可供遵循。由于权利瑕疵担保责任是法定的责任,如果法律规定不明,则交易方自然无法确知如何藉由合同调整风险分担。此外,如果法律不够明晰,合同相关条款的法律效果可预测性就会降低。如此一来,证券化的架构稳定性也就大打折扣。

二、证券化交易对市场及公共利益的外部风险

1. 制度蕴含的道德风险

知识产权证券化制度在融资上具有巨大杠杆效应,并且存在以"将来知识产权"为证券化交易基础的可能。换言之,发起人可以透过相对较少的资源,开发出尚未存在的知识产品。然而,一旦这种制度机器被滥用,鉴于可能产生的丰厚报酬,发起人便有可能由于自身"经济人"思维,将庞大的社会资源引导投入到存有争议、甚至对社会安定存有不利影响的知识产品的开发。由于知识产品具有公共性,能够广泛地影响不特定的多数,因此,这种制度无形之中就有可能成为风险的放大器。

2. 证券化交易对公共利益的风险

知识产权具有的公共财性质,还表现在其维持重要工业技术、民生药品、文化财产或是源远流长的民族品牌的存续上。一旦因证券化的发行意外失败而使知识产权卷入破产、重整或清算程序之中,知识产权权利者行使的缺位,将阻碍社会整体利用知识产权发展的可能。甚至,知识产权还可能出现非预期的扩散,遭受误用、滥用的情况,造成对民生安全的危害及无法弥补的伤害。

三、知识产权证券化中对投资人的保护

1. 探索对投资人保护的必要性

证券市场上信息的分布并不对称,特别是在证券投资者和发起人与之间,由于地理、传播环节、社会身份以及知识结构等差异,投资者所能取得的信息量远低于证券发起人。在此条件下,证券发行人因信息垄断而

占据着交易中的优势地位。发起人从自身利益的角度思考,利用这种优势,减少披露成本而尽量不披露或少披露信息,使得投资人承担着较高的风险。[1]

这种信息不对称的情况在知识产权证券化中更为明显。这主要是因为知识产权证券化涉及的资产,是一般人在日常生活中较少接触、驾驭的无形财产,它们的存在是法律作用的结果,不如有形资产来得直观及容易掌握。此外,评价知识产权,不论其权利客体是技术专利、商标还是著作权,常常需要一定程度的专业知识。而知识产权证券化在交易结构上,远比股票公开发行上市来得复杂,其间的法律关系往往也不是一般的投资人所能理解。

特别是,就我国的现状而言,不论是个体投资人或是机构投资者,在信息搜集和风险管理方面,都还未积累足够多的经验,市场上也缺乏足够的征信和信息汇集的渠道。因此,要投资人对知识产权证券化发行人的背景、经营状况、发展前景作出正确的分析和判断是不现实的。由于缺乏这些基础性的资料,投资人便很难准确评定证券的投资价值,导致其在投资选择上的盲从。[2]

然而,要求发行人披露所有的信息显然不是解决问题的方法。要求全面的信息披露、甚至过多的信息披露,都可能扼杀市场的活力,最终使得所有参与者都无法透过市场机制来寻求自身效用的极大化。例如,美国对于《萨班斯—奥克斯利法案》所带来的巨大合规成本有所讨论。《萨班斯—奥克斯利法案》要求增加财务报告真实性、透明度和及时性,这就要求发行证券的公司对其预算、报告和决策支持系统进行重建,由此带来额外的成本。这种效应,也对证券发行和投资咨询服务的成本产生影响,从而改变证券和投资咨询服务的价格,相对减少投资者的剩余。此外,这种效应也使得若干潜在证券发行人转向其他市场寻求交易。[3] 次贷危机之后,为恢复民众对金融的信心及降低金融系统性风险,美国颁布继

---

[1] 牛松、王建平:《我国证券市场信息披露的问题及对策研究》,载《安徽大学学报(哲学社会科学版)》2007年7月期。
[2] 同上注。
[3] 蔡伟宏、邵学言:《开放条件下证券监管的成本效益分析——以〈萨班斯—奥克斯利法案〉为例》,载《国际经贸探索》2003年8月期。

《萨班斯—奥克斯利法案》之后更为全面、更为严厉的《多德弗兰克法案》,进一步提高了信息披露的要求,加强对金融的监管。但是,政府过度监管带来了融资成本上升和资本市场竞争力下降等问题,有着自由经济传统的美国政府经过反思,于2012年又通过了《Jobs法案》,旨在减轻融资负担,为企业融资提供便利,从而激活市场活力,为美国经济走出困境、资本市场持续繁荣发挥了巨大的作用。[1] 从"蓝天法"到《创业企业融资法案》的演变,"折射出美国自由主义经济与政府职能扩张的拉锯与博弈,反映了政府与市场之间关系的平衡与把握,美国证券信息披露体系的演变表明了对保护投资者和方便公司筹集资本这两个价值取向的平衡"[2]。因此可以见到,如何在投资人保护和市场机制的运行活力间寻求品衡点,才是问题的核心焦点。

2. 对投资人保护的探索途径

对此议题,本书认为应该从两方面进行探索。

第一,应该先梳理知识产权证券化交易中真正的风险所在,并聚焦于在该风险前如何保护投资人的利益,而非要求大范围的揭露和全面的监管。具体的方法,就是根据前第一所述,依循着证券化交易的重要环节,逐一展开对风险的控制方法和配套监管作为的探索。

第二,是根据投资人掌握信息的能力,以及风险事件的潜在规模,探索如何制订合适的投资人保护措施。这种思路可以美国证券发行的私募和豁免注册制度为借鉴。

美国证券私募和豁免注册制度的核心,是以协调效率和公平为价值取向的。从制度设计的目的来看,这种制度的思维是为了保护投资者的安全,同时又兼顾发行人的筹资权利,进而实现资本市场的稳健、安全、自由运行,最终促进经济的繁荣发展。[3] 正如有学者总结的,美国私募的立法修订与监管者正是秉持了"公平与效率的协调"[4]。具体而言,制度设计一方面考虑证券发行人的利益,促进融资的便利,另一方面保护投资

---

[1] 参见李文莉:《证券发行注册制改革:法理基础与实现路径》,载《法商研究》2014年第5期。
[2] 廖凡:《钢丝上的平衡:美国证券信息披露体系的演变》,载《法学》2003年第4期。
[3] 周晓刚:《美国证券发行注册豁免制度研究》,载《证券市场导报》2001年4月号。
[4] 李建伟、王啷人:《美国证券私募发行豁免规则的修正及启示》,载《证券市场导报》2008年9月号。

者的利益,尽量减小信息不对称造成的风险。在效率价值和公平价值的平衡中,当证券发行对保护投资者这一公平价值的需求小于对促进融资便利这一效率价值的需求时,即可以适用私募发行。一旦适用私募发行,发行人的发行行为就可适用"安全港"规则,也即发行人便享有豁免注册,而无须履行繁琐的登记程序,也不用支付与注册相关的费用。这样就降低了发行人的发行成本,缩短了发行的时间,提高了发行的效率。

这种制度主要彰显在信息披露不同层次的要求和市场行为的规范上。信息披露有利于证券市场公平价格的形成、防止证券欺诈,并进而保障投资人的权益。虽然私募发行中的信息披露要求不及公开发行严格,但其披露信息仍需遵循类似于公募信息披露的有关规则,都必须受到禁止虚假陈述、误导性陈述等规定的约束,所披露之信息必须真实、完整且准确。

原则上当私募发行的对象是法律规定的"获许投资者"时,法律不对发行人作强制信息披露的要求。[1] 其背后的逻辑是,在符合私募的条件下,发行人与"获许投资者"大都透过直接谈判促成交易,在这一过程中,发行人需要提供有关发行的介绍材料以获取"获许投资者"的了解与信任,"获许投资者"也有较多的机会,根据自己决策的需要要求发行人提供信息。因此,制度对私募发行中的信息所包含之内容不作固定要求,发行人与"获许投资者"也可以以合同方式明晰双方披露信息的范围。[2] 这样发行人省去了因披露信息而需要花费的资源,从而降低了发行成本,减少了因违反信息披露要求而导致的合规风险,也降低了监管的成本。[3]

当私募发行的对象包括"获许投资者"和非"获许投资者"时,发行人需承担信息披露义务。在美国,非"获许投资者"并非指所有的"获许投资者"以外的投资者,而是仍然应当符合"成熟标准",即该投资者应当拥有一定的金融知识和经验,并能借此评估投资的风险与收益。这点与我

---

[1] D 条例中的 506 规则豁免了《1933 年证券法》针对证券发行的要求。See 17 C. F. R. § 230.506.
[2] 胡芬:《证券私募发行法律制度研究》,西南政法大学 2006 年硕士论文,第 44 页。
[3] 牛元元:《美国证券法下私募发行的界定标准》,对外经济贸易大学法学院 2007 年硕士学位论文,第 8—9 页。

国合格投资者制度中"因财务状况良好因而被认定为合格投资者"比较类似,发行人对该类投资者应"负有强制性的信息披露义务"[1]。

美国私募和豁免注册制度另一点值得借鉴之处,在于对于发起人的市场营销行为规范上。例如,当证券的发行对象是"获许投资人"或成熟的投资人时,不得采用公开劝诱和广告的发行方式;而当购买者是非"获许投资人"时,其人数不能超过35人等。这种思维是一种透过不同制度设计来实现公平价值的体现。

根据以上的评述,本书将在以下各章节中,依据这种协调效率和公平的视角,聚焦于产生风险的交易环节,展开知识产权证券化中对投资人权益保护的探索。

本章小结

本章的主旨是介绍与解释知识产权证券化交易制度,分析其不同于其他资产证券化交易的特点,并且对这些特点所可能产生的风险点进行系统化的梳理,为以下各章的深入分析进行铺垫。

本章首先对知识产权证券化的滥觞——Bowie Bond进行全面的分析。有鉴于知识产权证券化的研究是相对新兴的领域,本书将部分的探索基础建立于实际案例的分析之上,涵盖了专利、商标和著作权等知识产权范畴证券化。在这个基础上,本书总结了知识产权证券化交易的三种抽象架构,说明了其带来的融资优势,以及在发展上中所呈现出来的架构日趋变化的趋势。

而知识产权证券化不同于其他资产证券化之处,可以从发行的架构和被证券化资产的特性等方面进行比较。首先在发行架构上,知识产权证券化的被证券化资产是无形知识产权及其衍生的权益,较难套用有形资产的思维。其次,证券化的现金流,来自于知识产权的权利金收益,知识产权本身并不发生转让。相对而言,其他资产证券化中的权利转让一般涉及债权与担保物权,而在证券化时,债权与担保物权同时进行转移。

---

[1] 梁清华:《论我国私募信息披露制度的完善》,载《中国法学》2014年第5期。

在被证券化资产的特性上,本章总结出被证券化资产的特性共有六点,分别是:第一,将来债权存在待履行性;第二,基础资产的可重复利用性;第三,产权范围的不稳定性;第四,产权的公共财性质;第五,产权价值的不确定性;第六,将来产权证券化的可能性。

由于这些特点,知识产权证券化蕴含了不同于其他资产证券化的风险。本书对风险的可能发生点进行梳理,将该等风险划分为作用于交易各方的内部风险,以及作用于市场整体和社会的外部风险。参照证券化交易的交易环节和风险性质,本书归类出以下三种类型的内部风险和两种类型的外部风险,他们依次是:权利转让环节的风险;权利质押环节的风险;权利瑕疵担保环节的风险;制度蕴含的道德风险;证券化交易对公共利益的风险。

此外,由于知识产权证券化涉及无形资产以及复杂的交易结构,发起人与投资人间信息不对称的程度较高,因此对于投资人的保护成为重要的议题。本书认为在这个议题上,可以借鉴美国在证券监管方面协调效率和公平的观点,聚焦于产生风险的交易环节,展开知识产权证券化交易中对投资人权益保护的探索。

此一系统化的分类架构,同时也成为以下各章的分析脉络。从下章开始,本书将深入依次探索这些风险的形成与态样,以及相关的法律或制度设计应该如何扩展、丰富、完善,才能消除这些风险?此外,探索如何设计监管制度,以有效管理该类风险,并且保护投资人和维护市场安定?

此外,本书从案例的总结中也提出,各国在知识产权证券化的发展轨迹,对于我国建立本土化知识产权证券化制度的所启示。各国在证券化制度创新中,皆是以本国较为成熟的制度为基础而逐步展开,走出自己的道路。而知识产权证券化创新的意义,在于使知识产权实现在资产负债表中所无法展现的价值,使证券本身获得高于发行人的评级,从而解决创新型企业融资困难的问题。特别是,在面对国际知识产权贸易争议和知识产权保护"人本主义"的呼声中,知识产权证券化还能够提升公平正义和消弭贸易摩擦。而这种些功能的达成,不一定有既定的模式,只要能在我国法律框架中达成这种效果,回应市场对制度的需求,就可以成为本土化的金融创新。照搬国外的制度不仅有本土化的困难,也未必能产生预期的效果。

第二章 内部风险之一
——权利转让环节的风险、对策与监管

第一节　知识产权证券化中的权利转让

一、权利转让在证券化交易中的目的

1. 权利转让与真实销售

证券化交易中可以观察到很多权利转让环节,而其中最重要的就是权利从发起人转让到特设载体的这个环节。由于这个转让环节在证券化中扮演着枢纽的角色,在证券化的创新过程中,促成了买卖概念的细化,出现所谓"真实销售"的概念。然而判断真实销售并非是法律上的严格定义,而是在一系列制度演化中所探索所出来的一些准绳。这些准绳随着司法管辖地而不同、也不断地在演进,但是普遍而言,都考虑到了利益、风险与控制权在权利转让过程中的移转与分配。达成真实销售的法律结果是,转让的客体不再是发起人的财产,在发起人破产时,不会纳入破产财团,具有破产隔离的法律效果。

如果一项原本被认为是真实销售的权利移转,被破产法院认为不是真实买卖,那么证券化的投资人就面临了重大的灾难。可能的情况是,投资人被当成是担保贷款人、无担保贷款人,甚至在贷款文件不足的情况下,连无担保贷款人都不是,而仅是衡平法上的权利人。[1] 在实务上,为了避免前述第二或第三情形的出现,证券化的架构一般都采取法律措施,使投资人或特设载体取得被证券化资产的第一优先权的担保利益。但这种做法,仅能算是减低风险,而无法完全隔离风险,例如在《美国破产法》下,破产的申请将自动停止债权人行使其在担保品上的权利,甚至还允许在这些财产上,为新的债务设立担保。[2] 此外,根据一般破产制度的精神,如果发起人向特设载体或投资人的利益提供了足够的保护,法院有可能允许债务人将原本用以支付证券本息的现金流,用于债务人的经营流动资本。在这种情况下,即使投资人最终的权益得以保住,但在破产

---

[1] 洪艳蓉:《资产证券化法律问题研究》,北京大学出版社2005年版,第56页。
[2] 参见美国《破产法》第362—363节;彭冰:《资产证券化的法律解读》,北京大学出版社2001年版,第84页;李文:《中国资产证券化的基础法律问题简论》,载 www.globallawoffice.com.cn/upfile/2006/2006615171331179.pdf,第4页,2007年6月8日访问。

程序中,权益还是会受到一定的限制。个风险在财务上所反映出来的,就是担保贷款架构下所发行的证券的信用评等一般低于真实销售所发行的证券的信用评等。

然而,也应注意到知识产权证券化在近年的发行中,越来越多是在明知权利转让不构成"真实销售"的情况下进行。而从其结构上来看,也不是传统的"担保融资"。对此创新趋势的内涵和风险,在下文中有更为深入的分析。

2. 真实销售与权利转让的合法性

抽象来看,权利的转让在真实销售的环节上有两个层次的问题:第一是合法性问题;第二是可执行性问题。[1] 所谓的合法性问题,即权利的转让本身是否合法。而所谓的可执行性问题,即被转让的权利是否会成为破产财产。也就说,真实销售必须同时具备转让的合法性以及转让的执行性;而转让合法性是真实销售的必要条件。

从观察基础交易制度的视角看,本书关心的是第一个问题。因为如果权利的转让不具合法性,则除了真实销售根本上无从成立外,连转让存在都可能被挑战,因此第一个问题是证券化架构的基础性问题。关于第二层次的可执行性问题,代表的是权利转让制度与破产制度的调和问题,其只有在第一个基础问题成立,才有讨论的空间。

二、权利转让的模式分类

本节基于对知识产权证券化的案例观察,总结出证券化架构过程中出现的权利转让模式,并对这些模式进行描述与分析,然后探寻关于债权让与的理论与这些权利转让模式的联系,目的在于为下一节关于合法性的讨论提供分析的学理基础。

从本书研究案例的观察,可以归结出在知识产权证券化交易中,转让涉及的权利可以分为六类:

第一类:既有知识产权;

第二类:将来知识产权;

---

[1] 李文:《中国资产证券化的基础法律问题简论》,载 www.globallawoffice.com.cn/upfile/2006/20066151713311179.pdf,第 4 页,2007 年 6 月 8 日访问。

第三类:以既有知识产权为基础的将来合同债权;
第四类:以既有知识产权为基础的将来非合同债权;
第五类:以将来知识产权为基础的将来合同债权;
第六类:以将来知识产权为基础的将来非合同债权。
以下是对各种模式的逐一描述:

1. 既有知识产权的转让

这是指在证券化过程中,将知识产权如专利权、商标权或是著作权向证券化特设载体进行的权利转让。例如,在 Guess 的证券化交易中,Guess Inc.将其商标权转让给第一级的特设载体 Guess IP Holder LP。此外,本书在"知识产权证券化发展趋势"一节中,介绍了越来越多的创新型企业的经营形态,是建立知识产权的"资产池",然后运用包含证券化制度的手段管理这个资产池来使之增值,例如在 Chrysalis 案例和 Royalty Pharma 案例中的发起人就具有代表性。这类企业所进行的权利转让交易就牵涉到既有知识产权的转让。

2. 将来知识产权的转让

首先要说明的是,在被若干学者称为"将来知识产权证券化"发行的制度中(例如 DreamWorks 案例以及 Paramount 案例),将来知识产权的转让并未在知识产权还未形成时发生,而是在其完成后,才完成转让的程序而加入证券化的基础资产中。所以名为"将来知识产权证券化"发行的制度,应该归类为以下第三种或是第四种模式来进行讨论。

虽然将来知识产权的转让未必是"将来知识产权证券化"的交易环节,但却是这种证券发行能成立的重要交易制度。例如,在电影产业中有很多的"预售制度"就是在以这种制度进行交易。而 Royalty Pharma 案例中的发起人建立专利资产池时,也处理了很多将来专利权转让的交易。在现有的文创融资中,许多创意产业的企业借用正在研发、尚未注册的知识产权进行融资,亦是将其未来可能获得的知识产权进行转让。

3. 以既有知识产权为基础的将来合同债权的转让

以知识产权授权合同为基础的将来债权,是指因专利、商标或著作权的许可使用,知识产权人以授权人的身份,向被授权人收取权利金的权利,这是一种权利金的收益。在证券化的交易中,发起人通常就是许可使用合同中的授权人,发起人将其对将来权利金的收益权,转让给证券化中的特设载体。特设载体以在证券的流通期所实现的权利金收益,向投资人支付证券的本息。

这种权利转让的交易模式是知识产权证券化中被使用最多的交易模式。在 Royalty Pharma,Guess Inc. 还有 Bowie Bond 中 EMC 充作保证用的授权合同本质上都是这种权利转让的模式。

4. 以既有知识产权为基础的将来非合同债权的转让

这种交易模式与上述第三种交易模式的差别,在于权利转让时并没有授权合同的存在。这种现象的出现可以分两种情况来理解。

第一种是出于经济活动的惯例。利用知识产权的权利金,已经与经济活动中其他财货(如服务或商品)相结合;而在购买服务或商品时,使用知识产权对价的支付与合同的成立同时发生,因此转让此种权利收益时,基于生活上的一般习惯,授权人(知识产权权利人)并不会与被授权人(商品或服务的购买者)签订授权合同。这类的例子如 DreamWorks 或 Paramount 从电影院或付费电视(pay per view)频道上取得的收益。有学者将其称为现金收入(cash receipts)或真正的"未来现金流"(future cash flow)。[1]

第二种是基于一种交易的预期。例如在 Royalty Pharma 案例中,若干新药专利因其疗效比其他药物好而被预期有广大的市场,虽然还没有药厂来签订授权使用,但可以预期其发生的必然性。此外,在 Guess 的证券化案例中,由于 Guess Inc. 本身的经营模式就是专注于商标品牌的经营,所以可以合理地预期它将来的活动就是与他人签订商标授权和加盟合同,然后收取权利金。

5. 以将来知识产权为基础的将来合同债权的转让

这种转让的模式牵涉学者所谓的"开发型的知识产权证券化"或"将来知识产权的证券化"。[2] 从这种交易制度的表象上来说,证券的发行是以将来知识产权产生的未来现金流来支付证券本息。以 Paramount 案例为例,从投资人一端看,投资人所期待的支付来源,就是在将来电影制作完成(成为既有知识产权)而在电影院或电视频道上播放所收取的权

---

[1] 李文:《中国资产证券化的基础法律问题简论》,载 www.globallawoffice.com.cn/upfile/2006/2006615171331179.pdf,第 5 页,2007 年 6 月 8 日访问。
[2] 参见陈月秀:《智慧财产权证券化——从美日经验看"我国"实施可行性与立法之刍议》,台湾政治大学法律学研究所 2004 年硕士论文,第 130—137 页。

利金。而从发起人这一端看,发起人取得资金的对价,就是把这部分的将来权利给转让出去。把这两个端点连接起来,中间套上金融制度创新的面纱,最后看到的就是一个"将来知识产权证券化制度"。

然而,在"将来知识产权证券化交易"中,并没有"以将来知识产权为基础的将来合同债权的转让"的交易发生。从本书所研究的相关案例可以看到,在证券发行时,知识产权尚未存在,都是在开发完成后才加入基础资产池。而在加入的时候,实际是上述第三种或第四种权利转让的模式。从交易的实质来看,更像是一种选择权的买卖,而非债权的转让。

虽然"以将来知识产权为授权合同基础的将来债权转让"并未在将来知识产权证券化交易中发生,但是此种探讨并非只是抽象的学理讨论。鉴于全体业务资产证券化(whole business securitization)发行的存在,这种模式具有实质的意义。而如果这种发行中的发起人是创新型的公司,如IBM或Intel,就有可能出现这种权利转让的模式。对这类企业而言,开发中的知识产权占经营业务的比重极高,则对这种企业进行全体业务资产证券化交易,就会产生这种权利转让的模式。又如,美国的专利制度是发明人申请制度,发明人如因职务发明规定而必须由雇主取得专利,则发明人在研究工作开始前,往往就要把申请专利的权利给转让出去,这时从权利转让的观点来看,以将来知识产权为基础的将来收益权就发生了转让。

6. 以将来知识产权为基础的将来非合同债权的转让

此种权利转让的模式,本质上是在第五类模式的一种变形。出于经济活动的习惯或是出于特定预期情况,对于将来可能产生的债权或其他收益权,可能在没有基础合同存在的情况下转移。这种变形,类似于上述模式三(以既有知识产权为基础的将来合同债权的转让)与模式四(以既有知识产权为基础的将来非合同债权的转让)的区别。

三、各类模式与债权让与理论的联系

1. 债权让与的理论体系

(1) 理论上的二分法与三分法

从理论上看,学者对将来债权的归类有二分法和三分法。

采用二分法的学者认为,将来债权分为广义和狭义。狭义的将来债权是"无成立之基础法律关系,仅有事实存在的将来债权",例如,对于工

厂排放废水所可能产生的损害赔偿请求权。而广义的将来债权是指"以将来可能之法律关系所生之债权,或待一定实事发生或期间经过后始能清偿之债权"。[1]

有的采用二分法学者还引入期待权的概念,把将来债权分为"有基础的未来债权"和"无基础的未来债权"。前者如附停止条件或始期的债权,以及现存之长期债之关系,如租赁、雇佣之债权;后者如甲乙约定,甲将未来所得均转让与乙。两者最重要区别在于,有基础的未来债权在让与时,受让人取得期待权,就算嗣后让与人破产,已转让于受让人之期待权不属于破产财团,且债权于未来发生时,不经过辗转取得而直接由受让人(期待权人)取得债权;反之无基础的未来债权,因为尚未有可供移转之期待权产生,当让与人破产时,受让人不受保护。[2]

有学者采用三分法,把将来债权分为:第一,发生债权之基础法律关系现已存在,将来依特定之事实而发生之债权。例如,合伙人之利益分配请求权,其将来债权是否发生,并不确定。第二,发生债权之基础法律关系现不存在,但是成立债权之要件已有部分存在,俟将来补正其要件即可发生。例如将来行使撤销权解除权所发生之返还请求权。第三,发生债权之基础法律关系现不存在,而将来可能发生者,例如以将来可能成立之借贷关系。[3]

目前国内学者采用比较多的观点是以下把将来债权分为三类的路径[4]:第一,是附生效条件或附始期的法律行为所构成的将来债权,即附生效条件或始期的合同债权,此种合同债权已经成立但尚未生效,必须待特定事实产生(如条件成熟或始期到来),才能成为现实的债权。第二,是已有基础法律关系存在,但必须在将来有特定事实的添加才能发生的债权,如受委托将来为委托人处理事务支出费用得请求偿还的债权、将来

---

[1] 陈月秀:《智慧财产权证券化——从美日经验看"我国"实施可行性与立法之刍议》,台湾政治大学法律学研究所 2004 年硕士论文,第 136 页。
[2] 黄立:《民法债篇总论》,中国政法大学出版社 2002 年版,第 615 页。
[3] 孙森焱:《民法债编总论》(下册),台湾三民书局 2006 年版,第 964 页。
[4] 刘绍猷:《将来之债权的让与》,载郑玉波主编《民法债编论文选辑》(中),台湾五南图书出版公司 1984 年版,第 883 页;大陆学者持同样分类法如申卫星、许多奇等,参见许多奇:《资产证券化中的债权让与法律问题》,载《武汉大学学报(哲学社会科学版)》2004 年 1 月期;申卫星:《试论合同权利转让的条件》,载《法律科学》1999 年第 5 期。

的租金债权等。第三,是尚无基础法律关系存在的将来债权,被称为纯粹的将来债权。[1]

(2) 实务上对未来应收款的分类

如果把债权的范围缩限在金钱债权,则将来债权就是未来的应收款。据此,实务界人士对"未来的应收款"分为三类的看法:第一,已经签署但尚未履行的合同所形成的应收款,即合同已经生效,但是债权人(收取现金之人)尚未向债务人提供合同约定的服务或产品,例如,当事人已经签署但尚未交付货物的买卖合同。注意到此种权利与应收款(receivables)的区别。所谓的应收款,是指合同的债权人已经履行完毕所有与收取款项相关的义务,只待债务人履行支付义务,该支付义务是现在的应收款,而不是未来的应收款。第二,预期未来可能签署的合同所形成的应收款。虽然合同尚不存在,但是就发起人的日常经营而言其发生却是必然而可预期的,所以被称为"未来的无合同应收款"。第三,将来的现金收取(cash receipt)。这是一项收取钱款的权利(a right to payment)。权利人有权要求债务人在到期日支付款项。此类应收款的支付与合同的履行几乎同时发生,当事人之间不需要签署合同。例如,高速公路收费、电影院或剧院的收入可归入此类。这一类未来应收款被人视为真正的称为"未来现金流(future cash flow)"。[2]

2. 各类模式与理论体系的对应探讨

(1) 以既有知识产权为基础的将来合同债权的转让

此类债权中基础的法律关系就是授权合同。而被授权人是否产生支付的义务以及义务的范围(支付的金额),很大的程度取决于授权合同的内容。最简单的一种可能,就是授权人以一固定的金额(lump sum payment)许可被授权人使用知识产权,授权人不需要履行任何其他合同项下的义务。在这种情形中,如果合同于签订时生效,则被授权人支付的义务立刻产生,那么这种债权就成为应收账款,而不是上述的任何一种将来债权,在此应作个区分。

---

[1] 黄立:《民法债篇总论》,中国政法大学出版社2002年版,第616—617页。
[2] 李文:《中国资产证券化的基础法律问题简论》,载 www.globallawoffice.com.cn/upfile/2006/20066151713311 79.pdf,第5页,2007年6月8日访问。

实务中,上述简单的情况通常并不存在。授权金的结构一般包含期初的一次性支付(front payment)和后续性支付(running royalty)。后续性支付一般是依照知识产权被使用的程度(如货物的销售量或电影的播放次数)来决定。此外,实务上常见授权人必须履行一定义务,例如提供技术交底、采取知识产权保护行为等。在后续性支付将届日,如果授权人履行了合同义务,被授权人才有相应的支付义务;而其义务的大小(金额)依照使用程度来计算,当完全没有使用时,就有可能不产生支付义务。

这样的一种关系,依照上面主流的三分法来看,授权合同就是"基础的法律关系",而授权人对合同义务的履行或者知识产权的使用程度,就是"特定事实的添加",当这些要素存在,被授权人所担负的"债权"就确定下来,所以符合第二类的将来债权。而依照实务界三类"未来的应收款"的分法来看,这种关系符合文字意义上对于第一类"已经签署但尚未履行的合同所形成的应收款"的描述。

(2)以既有知识产权为基础的将来非合同债权的转让

"以既有知识产权为基础的将来非合同债权的转让"与"以既有知识产权为基础的将来合同债权的转让"的差别,在于证券化过程中被转让的权利并没有合同基础。如上所述,如果没有签订合同的原因是出于交易的习惯,则其形态就是"未来的应收款"三类分法中的将来的现金收取(cash receipt)。例如在DreamWorks案例中,"既有知识产权"就是拍摄完成的电影,"将来的收益"就是电影在戏院播放的收益,这些收益实际上就是来自观众的进场门票,按照合同一般原理的诠释,观众买票的一刹那,合同要约、承诺与支付在同时成立,而对应的履行就在相对短的时间内完成。

而如果没有合同的原因不是出于交易的习惯,而是授权人本身预期但尚未进行合同的缔结,则这种关系就成为"未来的应收款"三类分法中的"未来的无合同应收款"。例如在Royalty Pharma案例中,众多的药厂期待与发明人签订授权合同,推出革命性的新药,所以授权人可以合理地预期将产生权利金收益。在主流的三分法里面,此种关系直观上属于第三类:尚无基础法律关系存在的将来债权(纯粹的将来债权)。因为在权利转让时,"基础法律关系"并未存在,所以是尚无基础法律关系存在的将来债权。

然而再进一步看,在实际的经济活动中,此类模式也可能出现主流分类法中第一类和第二类的情况。倘若权利转让者之间签订有授权合同,但合同的生效时间设定为将来的时间点,则权利在转让时,并没有"有效的授权合同",只有"成立的授权合同",那这个关系就是"有始期的合同",债权在合同规定的将来时间出现,符合第一类的将来债权的描述。

而在前述例子中,如果在合同生效后,授权人还要履行若干义务,被授权人才产生支付的义务,那就成为主流分类法中的第二类将来债权。

(3) 以将来知识产权为基础的将来合同债权的转让

在实务上,例如 Royalty Pharma 的营运模式中使用一种选择权合同,其支付合同对价而取得一个选择权[1],选择权的内容是:如果某一项制药技术通过专利审查让程序、以及食品药品管理局的检测程序而取得上市执照,则 Royal Pharma 可以支付一个固定的金额来取得利用专利权的权利。如果 Royal Pharma 在证券化的操作中,将这个选择权所可能衍生出来的收益进行转让,这种将来债权的转让如何归类?

这种分析可以从"未来的应收款"三分法来观察这种模式。首先是从第一类的分法(已经签署但尚未履行的合同所形成的应收款)观察,这种将来债权的实现,需要至少二个参与方一系列义务的履行:原发明人必须完成合格的发明;Royalty Pharma 履行选择权合同下的支付义务;发明人对 Royalty Pharma 履行许可使用的义务,这是第一层将来债权的实现;而第二层将来债权的实现,是 Royalty Pharma 把这个可能发生之债权的部分或全部,转授权给药厂进行药物生产,Royalty Pharma 履行义务后,药厂的支付义务就产生了。如果在一开始 Royalty Pharma 就把这个第二层的将来债权给转让出去,当然可以视为"已经签署但尚未履行的合同"存在,但这种两层的债权转让已不属于原来分类法所考虑的情况(对于这种

---

[1] 这是根据 Royal Pharma 公司在网络上的公开信息所作出的学理推论,并没有材料直接证明它以何种方式进行证券化交易;合同载于 http://contracts.onecle.com/ligand/royalty.pa.2003.10.01.shtml,2007 年 6 月 8 日访问。

多层次将来债权的进一步分析请见第以下第三节）。

同样的道理，以第二类的分法（预期未来可能签署的合同所形成的应收款）来观察这种交易关系，Royalty Pharma 可能没有与他人签订第二层的授权合同，但预期未来可能签署，虽然符合"预期未来可能签署的合同所形成的应收款"，但也不是这种两层的债权转让考虑的情况。因此，实务上对于未来应收款的三分法，对于这种权利交易的模式，已经无法很好地分类。

相对而言，主流的将来债权三分法使用比较抽象的语句，所以可以涵盖这种交易的模式；但也因为其抽象语言，可以把经济的现实进行多于一种的归类。

首先，以第二类（已有基础法律关系存在，但必须在将来有特定事实的添加才能发生的债权）的将来债权来观察这种交易模式。如果一系列的合同，如选择权合同、授权合同和转授权合同都已经签订生效，则或可视为"基础法律关系存在"而被归纳为此类。

然而，如果转授权合同甚至授权合同都不存在（即上述第二层的将来债权），而只有选择权合同，那么能否被视为基础法律关系存在？如果可以，那可以视为是附生效条件或附始期的法律行为所构成的将来债权，也就是第二类"必须待特定事实产生才能产生的将来债权"。这里的特定事实，可以是一连串的经济活动的个别或集合。例如，发明人完成了发明或 Royal Pharma 行使了选择权，签订并履行了授权合同以及转授权合同。如果单纯的选择权合同还不足以构成基础法律关系，则这种关系就形成了第三类"尚无基础法律关系存在的将来债权（纯粹的将来债权）"。

（4）以将来知识产权为基础的将来非合同债权的转让

如果继续使用上面的例子进行探讨，可以视为第一层的授权合同和第二层的转授权合同因为交易上的习惯，或基于经营上的合理预期，而还没存在。如此一来，上述对于"以将来知识产权为基础的将来合同债权的转让"中交易关系的分析就可以同样地适用于此模式。

上述讨论可以归纳出如下表的对应结果。

表1　将来债权让与理论与知识产权证券化中的权利转让对照

本书分析的权利转让	将来债权转让*	将来应收款转让**
第一类:既有知识产权的转让;	不适用(非债权)	不适用(非债权)
第二类:将来知识产权的转让;	不适用(非债权)	不适用(非债权)
第三类:以既有知识产权为基础的将来合同债权的转让;	第二类	第一类
第四类:以既有知识产权为基础的将来非合同债权的转让;	第三类为主;但视经济活动的实质,有可能是第一或第二类	第二类或第三类
第五类:以将来知识产权为基础的将来合同债权的转让;	皆有可能(视经济行为决定)	无法很好分类
第六类:以将来知识产权为基础的将来非合同债权的转让。	皆有可能(视经济行为决定)	无法很好分类

* 分类为:
第一类:附生效条件或始期的合同债权
第二类:已有基础法律关系存在但必须在将来有特定事实的添加才能发生的债
第三类:尚无基础法律关系存在的将来债权。
** 债权缩限为金钱债权,分为:
第一类:已签署未履行的合同所形成的应收款
第二类:未来的无合同应收款
第三类:将来的现金收取

四、各类转让模式涉及议题概述

1. 关于知识产权转让的议题背景概述

对于第一类(既有知识产权)与第二类(将来知识产权)等权利转让模式的讨论,事实上等于是在知识产权制度的范畴中进行。虽然知识产权转让制度并非证券化交易的枢纽,但作为一种基础性的交易制度,其在金融创新的探索中便具有高度的价值。知识产权证券化的制度创新,就是一系列基础交易制度的功能性组合,以求将静止性的资产转变为可流通性资产,藉此达到资金融通、知识产权价值发现的目的。从案例分析可以看到,这种功能性的组合在每个国家的方式未必相同。直接移植他国成熟的金融创新,不见得能够在本国的法律环境中很好的本土化,因而必须以相关基础的交易制度为起点,思考如何在本国的基础制度上建立自己的金融创新。

2. 关于债权转让的议题背景概述

对于第三类(以既有知识产权为基础的将来合同债权)、第四类(以既有知识产权为基础的将来非合同债权)、第五类(以将来知识产权为基础的将来合同债权)及第六类(以将来知识产权为基础的将来非合同债权)等转让模式的讨论,则是属于探索债权转让的范畴。特别是将来债权的转让问题,一直是法学家讨论不休的领域。而知识产权制度本身也是个快速演化中的制度,这两个制度产生碰撞,可以预见将产生大量制度融合的问题。

债权让与的制度演化在人类经济历史中由来已久,而且方兴未艾。早期罗马法中是没有债权让与制度的。债权转让是被禁止的,因为理论上认为债是连结债权人与债务人的法锁,变更其任何一端,都将使债的关系失去同一性。这种制度在经济活动比较原始简单、以商品交易为主的经济体系下,并不会产生问题。但是,随着帝国的扩大,交易的范围从城邦与城邦之间扩大到帝国与帝国之间,这样的制度就不足以支持所有经济活动的运行。

经济活动对制度提出了新的需求,促进制度的演化,先是在不违背债权不得让与原则的前提下,以债的更改进行债权的移转。但是,如此一来消灭旧债而创设新债,割裂了新债与旧债之间的连续性和同一性,不能完全满足经济活动提出的制度需求。继之在实践操作中,人们认识到物权与债权同为财产权的相同特性,而考虑到物权既然可以转让,债权为何不能。从理论上来说,如果债权让与限定在不变更债的内容与范围内,那么"权利人是谁"对债的关系影响不大。渐渐地,法锁的观念被摒除,而债权让与制度被确立。[1]

萌芽之后的债权让与制度不断地演化。债权让与具有融通资金、活泼经济的功能,随着人们对债权价值认识的加深和融资需求的增强,债权让与制度的概念、内涵和运作,不断地得到细化、丰富和完善。当经济活动呈现出从特定人之间的行为到社会性行为的发展态势时,债权转让制

---

[1] 申卫星:《试论合同权利转让的条件》,载《法律科学》1999年第5期,第94页。

度也表现为一个从偶然到必然、从分散到集中、从粗疏到细致的演化过程。[1]

终于债权让与制度演化来到了知识产权制度的边界,和它发生了碰撞。罗马法以来的财产权制度,是以实体物为基础而发展起来的,因此传统的财产权制度不把知识权作为调整的对象,债权转让的制度自然也不脱离这个框架。而在知识产权证券化制度创新中,这个问题却成为焦点。本章以下各节将对这些议题进行深入的分析。

第二节 知识产权的转让风险与投资人保护

本节讨论的是转让"现有知识产权"与"将来知识产权"可能产生的风险,也就是前一节中第一类与第二类的转让模式。

知识产权是一种法定的财产权,权利的范围与行使在不同的目的之间精细地平衡,而且还常常有所变动,因时因地而异。专利权、著作权和商标权可以说是权利范围、行使方式被规范得最为清楚的权利。但经济活动中具有交换价值的无形资产并不限于此,这可以想象成是一个"权利光谱",最左边是比较固定、范围清楚的财产权,如专利权;光谱另一端是最为无形、但仍受到法律一定保护的权利。法律框架对于这些不同权利的转让,也有不同的规定。

一、专利权、著作权与商标权的转让

对专利权、著作权与商标权的利用是上世纪后期人类经济活动中的主轴。在实践中,这三项权利制度的概念、内涵与运作得到较好的扩展、细化与完善。然而,在不同的法域中,还存在着演化程度不同的问题。演化的速度未必能赶上经济活动的需要,因而与其他基础交易制度无法充分融合,可能的风险也因此而产生。特别是,在知识产权人和投资人间,因为消息不对称和知识结构的落差,由此产生的风险将主要由投资人承担。处于不利地位的投资人,更需要从制度中得到更多地保护。

---

[1] 许多奇:《资产证券化中的债权让与法律问题》,载《武汉大学学报(哲学社会科学版)》2004年1月期。

1. 专利权的让与

(1) 专利权让与的特征

所谓专利权的转让是指专利权人将其发明创造专利的所有权在收取对价后让渡给对方。一般认为专利权的让与具有以下特征:第一,转让的标的是一种无形财产权。与其他的财产权不同,其权利的存在、范围与行使是由国家机关的行为与法律架构所决定的,因此必须遵循法律规定。第二,专利权的转让是专利的专有权的转让。专利转让后,原专利人的专有权属于受让人。之所以区别这点,是因为无形财产权的标的为非物质形态的精神产物,在一定的时空条件下可以被多数的主体所占有、使用。无形财产权可以用授权使用的方式在不同的地域范围内同时进行,被授权人能在各自的有效区域内行使权利,主体地位彼此独立,权利互不干涉。第三,转让以书面合同的方式实现并且需要履行法定手续。由于专利权本身的无体性,其转让的行为决定专利权的归属并且受到国家机关行为的制约,因此必须有固定的格式与程序。

(2) 专利权的部分让与

专利转让制度演化至今,还缺乏部分让与的概念与运作方式。所谓部分让与,是把专利权的不同利用方式(如制造权、销售权或进口权)让与不同方,或是将专利权的利用依照地域的划分,转让给不同方。世界知识产权组织在制定示范法时采用了这种禁止性原则,各国在这种指导原则下,一般不承认部分转让。

这种禁止对于融资或证券化发展的潜在影响是,一项资产能否产生流动性的要素,是将其适当的切割而重组为投资人所需要的风险与报酬,著作权证券化的操作就是一例。从这个角度来看,或许有一天经济活动的需要会对这种制度提出挑战。然而今日的金融创新尚未到达这个阶段,故在此只是演化方向上的一种趋势探讨。

(3) 将来专利权的让与

专利转让制度一般支持将来知识产权转让的可能。例如,根据我国还有若干其他国家专利先申请制度下,专利申请权被视为一种权利,法律对申请权的定义与行使作出规定。[1] 而实行先发明制度的国家如美国,

---

[1] 例如,我国《专利法》第10条规定,专利申请权和专利权可以转让。

在职务发明情景中的一般操作,是由发明人签署转让合同,一旦专利局颁发专利,就自动的转让到雇主。这些安排有等同于转让将来专利权的效果。

不论是何种情况,这种转让可以视为有条件的转让,而在此所谓的条件则是政府机构的行为,其与一般的公司并购或股权买卖合同履行中,以取得工商主管部门的批文为前提条件下属于同一种概念。因此,本书认为专利让与的制度存在将来知识产权让与的可行性,而且这种转让的基础是比较稳固的。

2. 著作权的转让

(1) 著作权转让的特征

著作权的转让是指著作人将其作品使用权的一部分或全部在法定有效期内,有限期或无限期地移转给他人,而取得一定利益的法律行为。著作权的转让具有以下特征:第一,著作权转让的客体是著作财产权。一件作品的著作权包含著作财产权和著作人身权。后者与创作者的人格永久紧密相连,不能分割或转让。第二,转让导致著作主体变更的多样可能性。对有形财产而言,财产的原始所有人与继受人不可能同时对一标的物享有独立的权利。但著作权的转让制度中,著作权的原始主体和继受人可能对同一作品各自分享利益。第三,由于无形资产的特性,著作权的转让标的可以是著作财产权的多种分割。著作权人可以将著作财产中的不同权能,如复印权、发行权、出租权、展览权、表演权、翻译权等,分别转让给不同继受人,只要不在同一期间、同一地域将完全相同的权利转让给不同的人,权利就不会发生抵触。

著作权转让制度在不同法制中呈现的多元化发展,能很好地说明制度演化如何受到文化社会环境的影响。早期东欧国家与苏联的立法者认为,为了充分保护作者权利,著作权必须牢牢地被作者所掌握,所以禁止转让。但显然随着经济活动的日趋频繁,立法者认识到,当著作权流动起来时,虽然会让著作人的权利暴露在风险之中,但同时可以创造更多利益;而其中如何权衡可以由个人的自由意识决定。俄罗斯联邦在1993修订的著作权法就不再对著作权的转让作出禁止规定[1],这就反映了前述

---

[1] 吴汉东、胡开忠:《无形财产权制度研究》,法律出版社2005年版,第84页。

思想。同样的，著作权转让制度在概念和内涵上的扩展和丰富化历程也在我国有所体现，我国著作权法在 2001 年修法前，仅对著作权的许可使用作出规定。但是这种制度无法满足大量版权贸易对制度提出的新需求，所以 2001 年的修正案明确了著作权的各项权利均可转让的规定。[1]

（2）著作权的部分转让

由于著作权转让制度在演化过程中参考了物权转让制度的逻辑，有学者认为著作权权利的转让就本质而言应该是处分权能的转移。所谓"部分转让"或"有限地域的转让"是使用权的移转，而非处分权能的移转。因此，为了避免引起实践中的混淆，在理论上应该区隔权利的全部转让与许可使用，也就是说，全部著作财产权的转让才能称为著作权转让；而"部分转让"或"有限地域的转让"应该由许可使用的制度来规范。[2]

从知识产权证券化交易制度的观点来看，本书并不赞同这种观点。首先，在 Crystal 案例与 DreamWorks 案例中，可以看到，这种部分转让的模式为证券化交易的基础。Chrysalis 取得音乐的发行权，然后将其转让给特设载体进行证券化交易，DreamWorks 自己保留美国国内的电影院和电视频道的播放权，把其他的权利转让给特设载体，被转让的权利都是部分的财产权，而这样的实践也取得良好的效果。其次，如果把部分转让归入许可使用的制度来规范，则将这种权利进一步利用，就变成合同债权的转让，而受到债权转让制度的规范。如此一来，交易的复杂性提升，对于流动性与价值的发现并没有好的效果。

（3）将来著作权的转让

将来著作权的转让制度在各个文化背景与法律框架下产生有差异性的演化。例如，英国与澳大利亚的版权法肯定了将来著作权转让的合法性，而法国则明确禁止在版权还未产生时就签订转让合同。我国的著作权法对此议题没有作出明确表示，但是如同本书在上一段关于将来专利权中的分析，对于职务创作以及委托创作的事前约定归属，《著作权法》第 16 和 17 条有明确的规定。这种通过约定确认尚未产生的著作权归属的制度，本质上就是一种将来著作权转让的概念。

----

[1] 蒋言斌：《知识产权制度反思与法律调适》，知识产权出版社 2007 年版，第 74 页。
[2] 吴汉东、胡开忠：《无形财产权制度研究》，法律出版社 2005 年版，第 85 页。

从制度演化的观点来看,这种概念会在将来得到扩展、进而包含到一般的著作权转让,或者往反方向发展,产生细化从而区分出职务创作只是将来著作权转让的一个例外(原则禁止),二者都有可能发生。除了英国和法国的模式,我们应该还有自己的模式,这就看在今后的制度创新中,著作权转让制度与什么样的基础制度去冲撞、去融合。

3. 商标权的转让

商标权制度设立的本意是在经济行为的自由、保护商标权人的利益与消费者的利益之间取得均衡,从而促进社会的经济活动。所以,商标权转让制度的演化,一般都是围绕着这均衡点位置的变化而展开。各国的商标法一般规定,在类似商品使用同一商标的情况下,转让其中一种商标,必须同时转让这些商品的其他商标;此外,联合商标不得分开转让。而商标转让是否必须与使用该商标的企业一并转让,则是演化中的领域。[1]

在此一演化中可以观察到有两种方向。第一种是以美国、瑞典为代表的连同转让模式。该模式显然在平衡点的选取上向保护消费者倾斜,这种模式的思路是认为商标的本质是商品的识别标志,因而与企业或企业的信誉相连,所以当注册商标与附属其上的企业或营业的信誉分开时,可能引起消费者的误认,损害消费者的利益。

第二种是采取自由转让模式的国家如我国,认为保护消费者的利益,由商品质量与商标的一致性来达成已经足够,所以只要质量能保持一致,产品由哪家企业生产并不会损害消费者的权益。[2]

这种制度间的差异对于知识产权证券化的发展具有潜在影响。以"金融创新是基础交易制度的功能新组合"这种观点来看不同国家出现的证券化架构,往往可以发现不同的交易制度会产生不同的组合,创新的结果也就不同。以商标权的转让为例,美国禁止企业与商标权的分开转让,结果证券化交易的基础资产涉及商标权者,多是所谓的整体企业证券化(whole business securitization);而没有单独的将商标证券化的结构,例如本书介绍的 Guess 案例以及附录中的快餐店 Arby's 证券化案例就是很

---

[1] 吴汉东、胡开忠:《无形财产权制度研究》,法律出版社 2005 年版,第 83 页。
[2] 蒋言斌:《知识产权制度反思与法律调适》,知识产权出版社 2007 年版,第 74 页。

好的例子。然而,在自由转让模式的国家如我国,就有可能走出不同的金融创新道路,设计出不同的证券化架构来。这也就是从基础交易制度的功能性结合观点来看金融创新的意义所在。

二、其他创造性成果的转让制度

1. 法律认定的专有权

上世纪中期以来,人类在能源科技、生物科技以及信息技术方面取得了巨大进步。特别是以计算机技术为核心的信息科技支持了互联网的扩大化和实用化,改变了人类的经济活动与交易模式。这一切变革,是因集成电路而变得可能。可以说,如果没有集成电路,人类今日的经济活动呈现的将不是这种面貌。

法律作为人类经济活动的制度框架,自然必须回应经济活动对制度的需求,保护与集成电路相关的财产权与相关的交易安全,以便为集成电路的创造制造空间。然而,法学家们无法很好地从专利法或著作权法的制度领域中去扩展、丰富,而最终创造了一个新的"集成电路布局设计权"的产权制度。

同样的,对人类生存与经济活动有巨大影响的农业与生物科技,也出了类似的发展轨迹。现在一般各国,都有"植物新品种权"的产权制度。

虽然,在名称上他们是新的产权制度,但是从更基础的概念来说,它们其实就是创造性成果专有权的制度扩展。依据本书的观点,这些权利可能原本是在"知识产权光谱"的右端,随着经济活动的需要,这些权利的内涵与运作,变得逐渐明晰与完善,最终以成文法的形态来保护它们。

但是在这种演化的过程中,不可能一下子就发展出如同专利、商标或著作权一般的细化概念,在这些权利转让的规定上也是如此。目前这些权利的转让一般只有原则性的规定,经济活动的实践还没有催化其产生更为细化或丰富化的演化。但可以预期的是,只要人类经济活动发展还循着上一个世纪的轨迹,那么这些制度也必然继续成长,成为成长中的法律。

2. 其他的财产权

此外,经济活动中还有很多的财产权,由于他们与商业经营上的紧密联系,在证券化的实践中已经成为基础资产。这些权利包括经营性标记,如域名权或商号权;也包括经营性资质,如特许经营权等。它们随着其他的知识产权转让给特设载体。例如,在 Guess 案例与 Arby's 的证券化案例中,这些权利随着以商标权为核心的知识产权,进行整体事业证券化的发行。

由于这些权利的转让一般附随着其他的知识产权,而且在经济价值上没有专利权、商标权或著作权所占的分量重,因此并未受到广泛的重视。然而,从制度演化的观点,经济活动已经逐渐对某些权利的交易制度提出新的需求,例如,在网络时代之中,域名权日益受到重视,好记、有创意的域名往往能够吸引人的目光。而在网络经济中,眼球数(eye balls)与价值有直接关联,在这个种现象下,域名成为广泛交易的财产,甚至还出现以域名注册、域名转让为主营项目的产业。屡屡出现的域名抢注案件提出了对于制度的需求,也因此相关的规范,随着案例的增加与处理经验的增多,逐步明晰起来。但迅速发展的网路经济,随即带来新的问题。近年来,即时通讯工具成为网站主页补充的交流平台,尤其是以微信公众号为代表的即时通信工具、公众信息服务平台,肆意转载、分享他人文章充当自己原创,这种不良现象被媒体戏称为"1 人原创,99 人抄袭"[1]。上述不良现象的产生,凸显了网络版权立法的不健全,更深层次的原因还在于"互联网管理基本制度存在立法主体多、立法层级低、缺乏可操作性等问题"[2]。这些发展的轨迹,正是说明了不断出现的新交易模式对现有权利保护模式的不断碰撞与融合。

第三节　知识产权衍生权益的转让风险与投资人保护

本节讨论的是以知识产权为基础的将来债权转让。它们包含第一节中归纳的债权转让模式,即第三类(以既有知识产权为基础的将来合同债权的转让);第四类(以既有知识产权为基础的将来非合同债权的转让);

---

[1]《莫让微信公众号成为抄袭者的天堂》,载《新京报》2015 年 2 月 2 日,第 A03 版。资料来源:《新京报》电子报,http://epaper.bjnews.com.cn/html/2015-02/02/content_560541.htm?div=-1&news,2015 年 4 月 11 日访问。

[2] 秦希燕:《提升互联网立法层级》,载法制网,http://www.legaldaily.com.cn/zt/content/2015-03/07/content_5990864.htm,2015 年 4 月 11 日访问。

第五类(以将来知识产权为基础的将来合同债权的转让);第六类(以将来知识产权为基础的将来非合同债权的转让)。本节首先对将来债权转让合法性进行一般性的分析。接着,在这个分析基础上,加入由于知识产权特性而产生的风险进行分析。

一、将来权利转让的合法性探讨

1. 关于各国转让将来债权规定的评述

前面提到人类法律制度中债权转让制度的演化轨迹,先是从禁止,而后因为回应了经济活动的需求,打破了债锁概念。继之债权转让制度经过一次次的演化,概念、内涵也就丰富和扩张起来。而"将来债权"作为债权的一种,其转让制度的演化也遵循着这种轨迹。以前学者对将来债权可否进行转让多持否定态度,而近年来,虽然各国对此仍有不同立场,但可以看出是往肯定的方向移动。[1]

(1)英国与美国

在英国与美国,有学者认为根据普通法,未来将订立的合同权利是不可让与的,因为一个人不能向他人转让目前他还没有的东西,有学者认为《美国统一商法典》第 9-204 条放弃了这一规则,规定未来的权利(包括未来将订立的合同的权利)可以转让。只要有关的文书是适当填写的,此种权利的受让人就可以获得优于大多数权利要求人的权利。[2] 然而,这种观点在以下几个方面还应该进一步澄清:

首先注意到这种观点是一种基于判例法的结论。美国为普通法国家,因此即使有《统一商法典》,也不能忽视判例在美国法律体制中的地位。关于这一点,有学者提出可以参照美国法院判例,转让将来债权何时可被认为有效,只要是权利在让与时"潜在地存在"即可。[3] 但问题是究竟如何判断权利是否已经"潜在地存在"呢?

进一步研究美国判例可以发现,固然有裁定(holding)支持"有合同

---

[1] 许多奇:《资产证券化中的债权让与法律问题》,载《武汉大学学报(哲学社会科学版)》2004 年 1 月期。
[2] 同上注。
[3] 持此观点的学者如申卫星:《试论合同权利转让的条件》,载《法律科学》1999 年第 5 期;谢福源:《智慧财产证券化之创新意义与发展趋势》,载《智慧财产季刊》2005 年 7 月期。

基础且在将来存有实现可能"的将来债权转让有效[1],但也有裁定认为"允许所有攫取他人全部未来可得权利的安排有违公共政策,必须有所限制"。[2] 而在没有合同基础的情况下,有法院认为只要将来权利的转让伴随对价,则转让可被认定有效[3];但也有法院认为,没有合同基础的未来权利转让无效。[4] 由此可见,美国法院并未形成判断"潜在地存在"的具体准绳。在进一步区分(differentiate)、调和(reconcile)这些判例前,借用美国法院"潜在地存在"作为将来债权转让有效性的判断是否具有可操作性似乎仍有疑问。[5]

此外,在美国的司法体制中,普通法还须与 UCC 相调和。UCC 在美国的司法体制下是一种标准法(Model Law),各州还在这基础上调整,这时候判例法的影响会进来。1998 年修改后的 UCC 明确了很多可转让的将来债权种类,例如信用卡将来应收款。然而,UCC 没提到的将来债权转让的合法性,仍然只能靠判例进行推论。

此外,UCC 第 9 章规定的是动产担保交易,并不是权利的转让。9-204 的条文本身肯定以将来的某种权利设定担保,而非对将来的某种权利进行转让。而其对转让的合法性,事实上是来自于 9-109"适用范围"中的官方评注,其认为第 9 章适用于应收账款("Account",这是一个 UCC 中的定义字,与会计上的应收账款 receivables 未必相同)和担保债权凭证(promissory notes)的买卖,是因为很多金融活动中担保和买卖的界限已经模糊,而将其视为同一种交易也取得普遍的成功。然而首先,应该注意到官方评注的效力毕竟不同于本书;其次,其间所谓的应收账款范围的定义虽然非常广,但毕竟与将来债权不能划上等号;最后,评注承认的是一个商业的现实,如果经济活动出现新的发展方向,或是产生新的问题,很难说这中间会不会又产生一些细化的区隔演化。

归根究底,将来债权转让的合法性还在于最终是否能具有执行性。

---

[1] Great Am. Indem. Co. v. Allied Freightways, 325 Mass. 568, 91 N. E. 2d 823 (1950)
[2] Momand v. Universal Film Exchange, 43 F. Supp. 996 (D. Mass. 1942)
[3] Close v. Independent Gravel Co., 156 Mo. App. 411, 138 S. W. 81 (1911)
[4] In re Talbot Canning Corp., 35 F. Supp. 680 (D. Md. 1940)
[5] 也应注意到《美国统一商法典》第 9-102(a)(2)和 9-204 节确认了若干情况下将来债权转让的有效性。

既然第9章规范的是担保,那么遵循其规定的运作,取得的就是一个担保权利。持上述观点的学者们也承认,"此种权利的受让人可获得优于大多数权利要求人的权利"。这里的"少数"才是问题的关键所在。根据以下第三章中的分析,即使是被完善(perfected)的担保利益,遇上了破产程序,也还是有很多问题。而这些问题可能成为证券化中的败笔。也就是说,即使解决了权利转移的合法性问题,也未必能解决可执行问题。

(2) 德国与日本

在德国,当将来债权转让否定说的观点占主流时,就有少数学者持肯定说,其主要依据是由《德国民法典》第185条第2款作出的推论:他人的债权让与既然可以事后补成,那么将来的债权应该可以转让。[1] 也就是说,他人的债权作为让与的标的物,是在让与人处分的权利之外;而将来债权既然不存在,本质上也在让与人处分的权利之外,那么既然同意了第一种转让,也就没有理由不同意第二种转让。

日本早期的法学家对此有各种议论,但在晚近的学说判例中,将来的债权转让的合法性逐渐被接受。通说是,即使债权非实存在,其让与行为亦被认为有效成立,台湾方面的学说和判例在很大的程度上也继受了这种看法。[2]

(3) 法国与瑞士

在实施《法国民法典》的法国和其他继受国家,对未来债权进行转让的规定不多。法国肯定与特定债券有关联的将来债权如商业票据转让的效力。虽然将来债权是否可以转让仍未定论,但如此已经解决了很大一部分经济活动中产生的问题。[3]

瑞士则是在演化上迈出了一小步,《瑞士债法》第325条的最近一次修订规定,将来债权的让与只有在违反了公共秩序和善良道德或由于这些权利是让与人的基本生活保障时,让与才被禁止。[4] 虽然这不是对将

---

[1] 刘绍猷:《将来之债权的让与》,载郑玉波主编《民法债编论文选辑》(中),台湾五南图书出版公司1984年版,第892页。
[2] 参见陈月秀:《智慧财产权证券化——从美日经验看"我国"实施可行性与立法之刍议》,台湾政治大学法律学研究所2004年硕士论文,第135—138页。
[3] 许多奇:《资产证券化中的债权让与法律问题》,载《武汉大学学报(哲学社会科学版)》2004年1月期。
[4] 同上注。

来债权让与的直接肯定或否定,但至少是建立了一个原则。

(4) 国际公约

将来债权的让与陆续被一些国际公约所确认,特别是《联合国国际贸易中应收款转让公约》第 9 条第 1 款明确指出,现有或未来一项或多项应收款和应收款组成部分或其未分割权益的转让,在转让人和受让人之间以及对债务人而言具有效力。该条第 2 款丰富化了这种制度,规定当转让具有连续性时,除非另行议定,一项或多项未来应收款无须为转让每一项应收款办理新的转移手续即可具有效力。

2. 对我国将来债权转让规定的分析

我国《合同法》虽未对将来债权的转让作出规定,但实务界也有人认为,鉴于我国《合同法》第 79 条原则上允许债权的转让,且并未明确限定为既有债权,根据合同自由原则,应认为未来债权和既有债权的转让均应适用《合同法》的规定,认同未来债权转让的合法性。

学者王利明主张以合同存在与否作为划分,认为将来债权如果已有合同基础,但需待一定条件成就或时间经过、或者当事人的某种行为才能转化为现实债权,则因其体现了一定的利益[1],从鼓励交易的角度出发,应允许此类债权的转让。然而,在无合同基础、债权成立也无现实基础的情况,即使将来有可能发生债权,此种债权也不能转让。

我国台湾地区对将来债权转让的合法性有较多的议论,当这些理论上的争论还没有沉淀之际,金融资产证券化的法律框架正面肯定了特定种类将来债权转让的合法性。根据 2003 年颁布的"金融资产证券化条例施行细则"第 2 条的规定,金融资产证券化中所谓的资产,包括"创始机构与债务人签订契约约定,于该契约所定条件成就时,得向债务人请求金钱给付之将来债权。"也就是说,如果这种将来债权有合同基础,而转让方与受让方本身适格的情况下(转让方必须要是可以进行证券化的金融机

---

[1] 参见王利明、崔建远:《合同法新论》(总则),中国政法大学出版社 1996 年版,第 428—437 页。此后,王利明进一步明确其观点:将来的债权尽管在签订债权转让协议时并不存在,而且在将来是否实际发生尚且处于不确定的状态,但并非完全不能转移。对于将来的债权是否可以转让,应当根据具体情况分析,关键要看将来的债权是否具有确定性,如果是极不确定的,则不能转让。这就是说,尽管将来的债权在将来是否实际发生尚处于不确定的状态,但如果有发生的可能性,对当事人具有一定的经济意义或财产价值,则可以转让。参见王利明:《合同法研究》(第二卷),中国人民大学出版社 2003 年版,第 223—225 页。

构;而受让方必须是证券化的特设载体),将来债权的转让合法性得到确立。然而,这样的肯定范围能得到多大的扩展,还有待将来的实践来说明。

3. 将来债权转让有效性的其他条件

法律制度对将来债权转让合法性没有明确肯定,但对被限制的情况却有明确的规定。此与合同自由的基本原则有关:原则上没有被禁止的合同行为,都是被允许。而如果落入被禁止的行为中,债权不管是现有的或将来的,都是非法的。这些限制的情况对于知识产权的权利转让同样适用,所以有探索分析的必要。

这些限制性的制度,对知识产权衍生债权的转让产生直接影响的是法定不得转让的合同债权,以及通知制度的形式。

(1) 法定不得转让的合同债权

世界各国对不得转让的合同有渐趋一致的规定,我国在这方面的制度演化也比较成熟。不可转让的合同一般包括四类[1]:第一,基于个人信任关系而发生的合同债权,如雇佣。这类合同债权是建立在特定当事人之间的信赖关系上,具有强烈的人身性,所以不得转让。第二,专为特定债权人利益而存在的合同债权。例如专门为特定人绘肖像画的合同,此类合同的债权如果发生转让,将导致合同给付内容的变化,从而使合同丧失了同一性。第三,不作为债权,例如营业禁止约定。由于不作为债权只是为了特定债权人的利益而存在,如果允许债权人让与债权,无异于为债务人新设义务,显然于债务人不公。第四,属于从权利的债权。从权利依附于主权利,主权利被让与时,从权利也随之让与。通常情形下,从权利不得与主权利相分离而单独让与。例如保证债权系为担保主债权而存在,若与主债权分离,将失去担保性质,所以不得单独让与。但从权利可与主权利分离而单独存在的,可以转让,例如已经产生的利息债权可以与本金债权相分离而单独让与。

但这里应区分"合同债权不能转让"和"依据合同产生的债权"。具体来说,转让方可以把让与的标的指定为转让方履行义务后另一方所生的支付义务。由于支付的标的是金钱财货,所以不会有特殊性问题。

---

[1] 申卫星:《试论合同权利转让的条件》,载《法律科学》1999 年第 5 期。

(2) 通知制度

将来债权转让的合法性,是指在让与人和受让人之间的让与合同即已成立并生效,发生合同权利转让的效果。但基于保护债务人利益的目的,各国民法一般还有通知的规定。从各国立法看,债权让与对债务人生效要件一般有三种思路:第一,限制主义,即必须向债务人通知并取得其同意。第二,自由主义(德国、美国),即不必通知债务人,亦不必取得其同意。第三,折中主义,即让与通知原则。这种立法例要求,债权人转让其债权虽不必征得债务人同意,但必须将债权让与的事实及时通知债务人,债务人在接到债权让与通知后,债权让与合同才对其发生效力。这种思维获得我国大多数学者的赞同,并在《合同法》第80条第1款的规定体现。[1]

债权转让的通知制度,在证券化与其他债权融资的金融创新中,由于在经济活动中出现的大量债权让与交易,使得各国的通知主义逐渐向登记主义演化,建立起不经通知债务人就能使债权转移的运作安排。于是,原来专属于物权中不动产登记对抗第三人的法律规定,被引入现代债权让与的立法中,债权让与的条件发生了从通知制走向登记制的变革。例如《美国统一商法典》第九章规定的登记完善模式中,债权让与的对抗要件在履行登记手续后产生。日本关于资产证券化的特别法与我国台湾地区的"金融资产证券化条例"的规定,也采用登记为对抗要件的做法。[2]

二、转让基于知识产权的将来合同债权

以上是对将来债权转让合法性观点的一般理论性分析。而当将来债权的基础是知识产权时,这些总结与分析由于知识产权合同的高度履行性,以及知识产权的多重权利主体的可能性,将折射出不同的问题,并且造成交易的风险。

1. 高度待履行性所折射出的问题

知识产权授权合同往往具有高度的待履行性(executory contract)。

---

[1] 申卫星:《试论合同权利转让的条件》,载《法律科学》1999年第5期。
[2] 许多奇:《资产证券化中的债权让与法律问题》,载《武汉大学学报(哲学社会科学版)》2004年1月期。

相对来说,以企业应收账款或住房按揭为基础的将来债权,其生效通常只是时间因素,并不需要许可方(发起人)积极主动地履行合同义务,故学者称其为"附期限的债权"[1]。但是一般的知识产权授权合同通常赋予许可方若干实质义务,具体的例子如:

(1) 维持知识产权有效性的义务

前面提到,知识产权的特性之一,在于政府机构对于权利的产生与行使的高度介入。具体而言,知识产权人必须采取一定的行为,才能保有知识产权的专有性,也才能维持以其作为基础之合同的有效性。例如,专利与商标权人,必须依照政府的规定缴纳年费或规费,才能持续的保有权利。在实务中,这种条款一般都成为授权方义务。

此外,维持知识产权有效性的义务也包含采取保护知识产权的行动,包括解决争议等。知识产权的权利范围是政府机构透过人为的决定而产生,所以在制度上设计了若干行政体系内重新界定范围的制度,如无效制度,或商标的争议制度;而在行政体系外,透过司法制度来进行"确权之诉"也经常发生。当这些情况出现时,一般授权合同都会设计由知识产权权人独自地或与被授权人共同地承担起采取行动的责任。

(2) 维持知识产权商业价值的义务

维持知识产权商业价值的义务可分成对外与对内。对外,指面对知识产权侵权者的处置措施,包括进行调查、提起诉讼、排除侵权行为等。授权人如果不承担这些责任,被授权人将面临侵权者的商业竞争,而原先在签订合同时所认为的知识产权商业价值就无法实现。在一些实务安排中,被授权人分担部分责任,但无论如何,授权人总也会承担起部分的责任,如提供材料与信息等。

对内而言,可以说是授权方对其知识产权价值的持续维系。例如,商标授权人在授权期间内,可能会依照合同的要求,每年会配置一定数额的广告经费,为被授权加盟企业的经营创造条件。

(3) 提供咨询的义务

具有比较高价值的知识产权合同,通常不是简单的知识产权授权,而

---

[1] 陈月秀:《智慧财产权证券化——从美日经验看"我国"实施可行性与立法之刍议》,台湾政治大学法律学研究所2004年硕士论文,第136页。

是知识产权与经营诀窍的同时移转,后者并不属于本书所谓"光谱左端"的知识产权,但却是授权合同不可或缺的一部分。

例如,专利的授权合同一般都是与所谓的"技术转让合同"形成一组不可分开的合同文件。授权人不仅许可使用某一项专利,通常还需作技术交底,移交没有专利权的技术文件,并派专人亲赴被授权人现场进行技术指导。在商标授权的合同中,如 Guess 和 Arby's 的加盟经营模式,授权方都会对其经营的其他方面,如地点选择、摆设、财务规划等提供指导。

(4) 提供升级的义务

在知识产权授权合同中,常见到当知识产权的更新一代出现时,被授权方在支付一定对价后取得升级的权利;而授权方则必须履行。这种对授权方的约束在专利权的授权合同中比较常见,但在其他如著作权授权中也有类似的优先购买权安排等。

如果授权人未按合同履行,被许可方可以抗辩,结果是将来债权的受让人(如证券化的特设载体或证券持有人)将无法获得未来权利金收入。[1] 在此必须区分这种类型的将来债权与现金收取(cash receipt)类型的将来债权与房屋按揭中的将来债权。例如,在我国莞深高速公路收益权以及中国联通 CDMA 网络租赁费等证券化案例中,发起人也需要投入一定资源,如管理公路、电信网络等,方能实现收益。[2] 然而,此类发起人的履行程度以及相关方抗辩权行使上,显然与知识产权授权人在程度与性质上都有显著差异。

对于以这种高度履行性合同为基础的将来债权转移,势必对受让人产生一定的风险。由于被授权人的支付义务是以授权人的适当履行为前提,也就是受让方对受让的将来债权的实现,并不具有直接的控制力,因而受让方必须藉由合同或制度的规范,来约束出让方的行为以保证将来债权的实现。在证券化的实务操作上,可以藉由服务机构的制定、建立多层次证券(subordinate trench),或是早期还款(early amortization)来使出让人与受让人的利益相连接,增加出让人履行义务的动机。

受让人的风险还来自于出让人的破产或停止营运。授权合同的履行

---

[1] 彭冰:《资产证券化的法律解读》,北京大学出版社 2001 年版,第 21 页。
[2] [日]古川令治、张明:《资产证券化手册》,中国金融出版社 2006 年版,第 145 页。

具有一定程度的特殊性。当受让人无法提供特定的服务时,即使基础的知识产权仍然存在,被授权人可以主张特定的服务不应该由他人提供,因而主张转让无效或终止履行,而其结果,就是受让人得不到权利金的支付。在证券化的操作中,对于此项风险,有所谓候补服务机构的安排,也就是说,当原授权人无法履行其义务时,候补服务机构继续进行以知识产权为核心的商业营运,为被授权人提供服务,保护知识产权,或是保障知识产权的持续商业化利用。

那么面对这些风险,是否就该禁止以知识产权为基础的将来债权的转让呢?本书认为正好相反,在认定不合法、不作肯定或否定,以及正面肯定等三种思路中,正面肯定的方式才能够达到兼具交易安全与促进经济活动的目的。

首先,完全否定此类转让的合法性,等于以存在风险的理由而否定此种将来债权的价值,也忽视了交易双方对于经济活动自主的基本原则。

其次,在第二种思路下,不明确地肯定或否定,等于不去回应经济活动提出的交易制度需求。当制度需求出现,而制度没有出现供给,则利用灰色地带的操作也就不会中断,金融体系反而遭受更大的风险。

最后,对于因授权人(将来债权的出让人)未履行义务而产生将来债权无法实现的风险,在交易自由化的原则下,应该是一种交易人在交易应该衡量的风险。双方可以透过各种手段来控制、反映这种风险,例如上述的候补服务机构、或是附属证券等安排;而无法透过这些机制消除的风险,可以透过价格决定机制反映在购买价格上,这本是市场经价格决定的功能。然而此时,如果交易双方面对着这些本已棘手的财务风险,还要面对法律风险——也就是这种将来债权的转让被认定为无效的风险,正是加重了交易人的负担。而这种负担,可以藉由对此类交易之合法性的肯定来移除。

从制度演化的观点来看,这种肯定未必要一步到位,而可以是一个逐渐拓展、丰富化的过程。也就是说,在法律框架中未必要全面承认转让这种高度履行性合同债权的合法性,而是在特别法中作出特定但明晰的调整。例如,我国台湾地区的金融资产证券化法律,明确肯定特定适格对象(适格的发起人和特设载体)之间将来债权的合法性就是一个例子。

2. 知识产权权利多重主体可能性折射出的问题

在第一章第三节中提到,知识产权具有可重复利用的特性,而权利的范围也可以由合同关系进行切割。而其结果,多于一个权利主体可以对同一知识产品有利益分享,也就是同一个知识产品上拥有若干权利主体的可能性。各种权利主体可以在各自的有效区域内行使权利,主体地位彼此独立,权利互不干涉。例如,著作权的发行权、复制权或表演权可以分属不同人,或分属于国内或国外的两方。

基于这种权利产生的将来债权,权利本身有一定的可变性,而基于其所产生的债权就有陷于混乱的可能,当将来债权实现时,如果一个以上的权利人主张同一项权利,而最终只能由其中一方取得时,那么这种优先性的解决过程,就会成为经济活动中不稳定的因子。

然而探索这种混乱的根本原因,就是将来债权的第三方受让人未考虑既有的转让交易。未考虑到的原因,可能是善意的,可能是恶意的,也可能是没有进行合理的调查而造成的。上述原因对第三方权利主张有效性的影响,其实就是登记制度运作范围的体现。如果存在一套明确的、有效率的登记制度,依照登记的先后、范围来决定不同受让人在对抗过程中的优先性,则这种决定的过程对经济稳定产生的不利影响便能够得到控制。

美国的登记制度就是以这种思路解决问题的例子。此类将来债权的转让流通为经济带来利益,但同时带来不稳定因子;而利用有效的登记制度来减轻不稳定因子的影响;最终在利弊权衡后,发现利大于弊,进而也就确认了此类交易的合法性。

从制度发展的观点来看,因为得到了信息技术的支持,登记制度对交易制度的影响应该还有增大的可能。从前为了取得一项信息,可能必须跋山涉水,到达信息材料的保存处,在实体的文件中搜寻,且登记或搜寻需要很大的经济成本。因此,登记制度不能很好地解决交易中的问题。但现在信息科技的进步带来登记制度的革新,硕大的数据库可以在弹指之间取得。例如,美国的专利资料库就是一例,可以提供很好的查找功能。而日本在担保融资的登记制度中,也开始要求登记人提供信息化的登记材料。我国现在也在筹设中央化的企业资信系统,除此之外,新的物权法在通过后,对于知识产权的设质建立了登记生效的规定,在原有以合同登记生效的基础上建立的登记制度,势必要进行重整以配合新制度的实施。在这种演化过程中,登记制度的运作可能变得更有效率。

以专利质押登记为例,2010年8月,国家知识产权局根据《物权法》《担保法》《专利法》等规定,制定并发布了《专利权质押登记办法》,确立了以国家知识产权局负责全国专利质押登记的制度,并详细规定了专利质押合同及登记的相关制度。自2008年国家知识产权局开展知识产权质押融资工作以来,全国专利权质押合同登记量连续5年保持高速增长,质押金额年均增长78.8%,质押项目年均增长77.63%,涉及专利数量年均增长98.71%,全国实现2073项质押贷款项目,涉及7326件专利,质押金额合计385.7亿人民币。[1]

运作良好的登记制度可以降低不稳定性对经济活动造成的负面影响,但是不能完全消除。固然登记制度无法解决所有的问题,但站在自由交易的立场,这一类的交易不应该由于此原因而被禁止。在交易标的增大时,依据一般的商业原则,交易双方应该要进行比较深入的调查,这种比例原则,应该由交易双方来衡量决定,并且透过合同安排来降低风险,或是在购买价格上以折价的方法来反映风险。

三、转让基于知识产权的将来非合同债权

在前文的分析中,以知识产权为基础的将来债权不一定有合同的基础,原因可能是出于交易的习惯,或是在特定状况下的预期。这两种情况应该分开来分析。

1. 交易的习惯

出于交易的习惯如电影院的门票等。门票的购买基于一般的商业规律,不签订合同是常态。在这种情况之下,如果以没有合同基础为理由(例如王利明先生对于将来债权能否转让的划分法;参见上文第一小节),限制知识产权人把电影在将来播放时可能产生的收益进行转让,则有违经济活动的规律。

---

[1] 国家知识产权局:《2012年全国知识产权质押融资金额首破百亿》,资料来源于国家知识产权局网站,http://www.sipo.gov.cn/yw/2012/201301/t20130122_783797.html,2014年6月25日访问。

2. 特定状况下的预期

如果没有签订合同的原因不是出于权利转让双方合意,应该也没有理由禁止。假设,对这种转让形态进行约束的理由,是为了保障受让人的利益,则此约束同时也损害了受让人合同自由的利益。受让人完全可以基于对产业的一般了解与合理的商业分析,决定是否承担此项风险,或是在价格上要求风险溢价。而如果说否定的原因在于保护第三方的利益,则问题其实回到了上述登记公示制度的讨论;相关的风险其实是可以藉由登记制度的完善来减低。

事实上,观察现有经济交易行为,可以发现在某些方面已经实质上地产生了这种权利转让的效果。以专利权授权为例,转授权是被大多数的法律框架所支持的。所谓的转授权,是知识产权人将其知识产权提供被授权人使用,而且还不限制被授权人将其权利再转授权给一方或多方。此时就最初的授权合同而言,被授权人签订合同时所着眼的利益,就是还未存在的转授权合同将衍生的利益,也就是没有(转授权)合同基础下,知识产权在将来将产生的利益。如果法律允许知识产权人把这种还没有合同基础的将来利益转让出去,也就不应该以没有合同存在为理由,否定上述转让模式。

四、转让基于未来知识产权的将来债权

1. 对于证券化交易中权利转让模式的澄清

以将来知识产权为基础的将来债权,也就是前文分类中的第五类(以将来知识产权为基础的将来合同债权)以及第六类(以将来知识产权为基础的将来非合同债权)。由于这两类模式中的权利在证券化交易时,还未成为法律承认的知识产权,因而使这种模式的证券化交易成为一种颇具风险的金融创新。

然而,从第一章对相关案例的深入分析中可以发现,所谓"将来知识产权证券化"的证券发行中,权利转让的标的并非是以将来知识产权为基础的将来债权。真正的架构,是一种类似于担保融资的架构,只是在英美等国不同法律制度的作用下,证券投资人在取得在该等将来产权上的担保利益后,得以在破产程序中获得相对优势的地位,有别于传统上的简单担保融资。换言之,虽然这两类权利不是转让的客体,却成为质权设定的

客体。本书在以下的第三章"权利质押环节的风险"中,将对这种形态的担保模式进行深入的分析。

2. 知识经济活动中对将来债权转让提出的挑战

虽然这种类型的转让模式不是证券化交易的环节,但是对于这种权利转让模式的讨论,仍然具有现实的意义。特别是在现代,以知识经济为基础的交易活动日趋活跃,知识产权的买卖在交易经济活动的比例越来越高,实务上出现的多种交易创新,正挑战着传统以实体资产为交易标的的买卖制度,因此本书对此议题一并进行探索。

以下以专门管理药品专利为商业模式的知识产权管理公司为例。这类型的公司可与发明人签订选择权合同,首先其支付对价取得选择权[1],而选择权的内容是,如果某一项制药的发明通过专利审查程序和食品药品管理局的检测程序,则公司可以执行其选择权,结果是取得利用专利权的权利,知识产权管理公司可以再利用这种权利与第三方(如药厂)签订转授权合同。这种商业模式如下图所示。

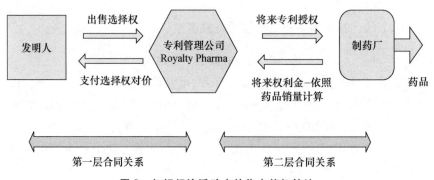

图8 知识经济活动中的将来债权转让

在此的命题是:如果知识产权管理公司向第三方出售制药厂将来可

---

[1] 这是根据 Royal Pharma 公司在网络上的公开信息所作出的学理推论,并没有材料直接证明它以何种方式进行证券化交易;Jay H Eisbruck,"Royalty Succession: The Evolution of IP-backed Securitization, Building and Enforcing Intellectual Property Value", *Moody's Investor Service*, 2007, p.17。

能支付的权利金,则种种权利转让的合法性如何分析呢?具体可以分以下四种情境来看:

第一种:第一层合同关系和第二层的合同关系都存在。这种情景是合同基础最为坚实的情况。在此情况下,将来权利金的实现,还有待四个前提条件的发生。第一,专利的申请完成且通过食品药物监督管理局的审查。第二,专利管理公司执行选择权,依照预先订定的价格取得专利的使用许可。第三,专利管理公司履行其与制药厂间授权合同下的义务,对专利实施转授权。第四,制药厂出售药品,权利金具体数额完成核算。参考王利明先生的观点,即认为将来债权的转让必须有合同基础的说法来看,这种情境符合有效性的条件。事实上此情境可以被归类为待履行合同(executory contract)下的将来债权,只是履行的义务,是由分属不同合同下的数个主体所进行。

第二种:第一层合同关系存在但第二层的合同关系不存在。这种情境反映了这类公司的真实经营情况。一般知识产权管理公司与众多知识产权人(发明人或音乐家)同时签订类似的授权合同,目的在于建立一个类似于"资产池",然后透过多样化的筛选,降低知识产权将来无法成立的履行风险、或是市场表现不如预期的风险。在这种资产池的概念下,风险与收益就变得比较容易估算。特别是对某些产业而言,将来权利金的实现有极高可能性,例如,某一种新药有革命性的疗效而市场短期内不会有替代品,那么即使第二层的合同关系还没存在,这种交易模式也很符合理性的经济行为。如果法律上以合同不存在的理由否定这种情境中的将来债权转让,似与经济活动的实质偏离。

第三种:第一层合同关系不存在但第二层的合同关系存在。这种情境如果出现,表示制药厂已经预期新药的发明可以产生巨大的商机。作为这个交易来说,可以说是有合同基础的,然而这个合同的基础却不完整。在知识产权交易的实务中,比较接近这种模式的是著作权的预售。例如,畅销书籍《哈利波特》系列的销售就是一例。当《哈利波特》在英国的作者还在进行书籍写作时,书籍的中英文版已经在中国展开预售活动。[1] 基于《哈利

---

[1] 《哈利波特7》在中国预售情况介绍,参见《"哈利波特7"7月21日全球首发 预售先打价格战》,http://news.sohu.com/20070402/n249136037.shtml,2007年6月8日访问。

波特》在前面几集的热销，预售活动引起热潮。从抽象的权利转让来说，大量的"散户"正在向手中没有任何书籍的分销商，购买一个尚未存在的知识产权。这种抽象的描述令人感到风险，但从经济活动的实质来看，却又符合理性的判断。那么假设把对于书籍在将来正式发售时可取的利润，当作将来债权转让给第三方，借以取得资金以满足其他营运所需，这样的交易自然也符合经营上的常理。如果以合同不存在的理由否定这种情境转让的合法性，似乎有违经济活动的实质。

第四种：第一层和第二层的合同关系都不存在。这种情境的出现，可能由于知识产权管理公司基于过去的成功营业模式，或是基于业界的口碑，而仍然能够吸引投资者购买这种将来债权。按王利明先生的区分方法，这是属于"没有合同基础的将来债权"，不应该允许其合法转让。然而，这种情境的权利转让也可解释为一种基于预期签订合同项下的将来权利金转让。预期基础的强弱代表着风险的大小，应由个别的投资人判断，并由此决定价格，似没有绝对禁止其转让的理由。

这种模式还有个"交易量"的问题。如果投资人人数众多，而购买的金额颇为巨大，对金融体系安定产生潜在的影响，那是否构成的非法集资呢？本书认为，这种基础交易的合法性与在数额上的大量是两种问题。前者是本书关心的基础交易问题，后者应该在证券和金融监管的领域探讨。

第四节　我国制度条件下对权利转让环节风险的监管

知识产权支持证券与其他种类的资产支持证券同为金融工具，因此有共同的基本监管原则；而由于前文讨论属于知识产权证券化之特殊问题的存在，所以也有属于其特有的监管作为。本节首先阐述资产支持证券的一般监管框架，然后在这个基础之上探索对知识产权支持证券监管的调整。

一、资产支持证券的监管内容

学者一般认为金融工具的基本监管原则应该有以下数项：第一，促进金融体系的安全和稳定。第二,保护投资者的利益。第三,促进金融业的稳定发展,提高效率。第四,保护资产债务人的利益。[1]

在这些原则下发展出来的监管内容包含以下六大项目:

1. 对特设载体的监管

资产证券化的风险主要集中在特设载体设立的阶段上,因此对其监管的内容主要体现在特设载体的制度设计与运营上,看能否产生"破产隔离"效果。

2. 对发起人的监管

主要是对发起主体的适格性监管。监管的具体内容是对发起人财物状况的监管,以及对其业务运行上的监管。

3. 对证券发行和交易的监管

资产证券化的证券发行和交易与一般证券并无本质上的不同,然而在世界各国和地区的实践中,对资产支持证券化监管的框架有两种发展的典型:一种是以美国为代表,以现有的法律框架为基础,如《投资公司法》《1933年证券法》《1934年证券交易法》《1939年信托契约法》及《破产法》等形成对发行与交易的监管框架。另一种是以法国、日本和我国台湾地区为代表,根据经济发展的要求,独立制定相应的法律来管理证券化证券的发行和交易。

4. 证券化基础资产的监管

资产证券化的金融创新正不断地向各个领域扩展,而共同的监管内容包含的是现金流、抵押物、资产的标准化,合同条款质量、风险分散性、历史记录等。主要的考虑是在资产证券化的金融创新向某一个新领域扩张时,考虑改革和稳定并重的原则,以减少对金融市场稳定带来的负面效应。

5. 参与证券化第三方的监管

这包括对信用评级机构、信用加强机构、证券承销商、托管的管理公司和信托机构等机构的监管。这些机构的中介服务,对于证券化的交易有直接的影响。

---

[1] 巴曙松、刘清涛:《当前资产证券化发展的风险监管及其模式选择》,载《杭州师范学院学报(社会科学版)》2005年02期。

6. 融资结构的监管

只要符合证券化的概念，交易各方就可能随着市场特性与制度框架的不同而设计出多样化的结构，但在满足于市场需求的同时，监管技术与水平未必能够及时跟上，因此，证券化制度在架构上不断创新，自然需要考虑把这些技术与水平等条件考虑进来。当引进新的资产证券化技术时，应该根据本国的监管水平来选定适合的融资结构。

二、对知识产权证券化交易制度的监管需求

根据上述监管原则，知识产权证券化及交易制度的监管需求与其他资产证券化制度的监管需求，有共同之处，亦有特殊之处。有特殊之处的原因，就是来自于上文所分析的知识产权的特性所衍生。为了完成监管原则下的目的，对于知识产权证券化的监管措施自然有不同的侧重点。下文将以上述监管内容为主轴，分析知识产权证券化中，关于权利转让环节所不同于其他资产证券化的监管需求。

在本章的分析中可以看到，实务中的权利转让环节集中在第三类（以既有知识产权为基础的将来合同债权的转让）和第四类（以既有知识产权为基础的将来非合同债权的转让）。在这两种类型的交易中，风险主要成因是以知识产授权合同为基础的将来债权"将来债权存在基础的待履行性""基础资产的可重复利用性""产权范围的不稳定性"的特点所导致的。此外，还有将证券化交易套用到"将来知识产权"上的金融创新所产生的风险。

1. 由待履行性合同衍发的监管需求

本书对此议题的立场是：按照合同自由的原则与经济活动中风险承担的概念，对以知识产权为基础的将来债权，即使因为其具有高度的待履行性风险而导致将来债权不能实现，这种风险也应该由交易双方自行判定是否能够承受，并根据风险的暴露程度决定承担风险的对价，而非以法律规定是否可以转让。

这个立场是从证券化中的交易环节观点出发的。然而，从交易环节的观点来看这种权利转让的形式可以被承认，未必代表以此权利转让模式为基础的证券化就一定可以进行。因为如前面所述，证券化制度是一群交易制度的功能组合，当这些交易制度重新组合构建时，所产生的风险

样态自然不同于单独交易制度的风险样态。也就是说,单一交易环节的合法性是证券化交易合法性的必要条件,而非充要条件。

对此本书认为,对于以知识产权所衍生将来现金流进行证券化的监管措施,应该要对基础经济行为的实质面有较高程度的披露要求。这种要求应该分成两种情况考虑:

第一,如果将来现金流产生的基础是来自于授权合同下的权利金收益,则发起人应该对授权合同的待履行性作出说明,例如发起人在授权合同项下的义务,以及履行义务的计划和手段,还有用于履行义务的资源配置等。

第二,如果将来权利金的产生没有授权合同的基础,则披露的程度应该要能够说明在没有合同基础的将来债权,是基于何种形态的经济活动所产生。是否为交易的惯例(如电影院的门票收入)或是基于产业或行业的特征所产生,以及其营运中的获利模式(profit model)为何。

此外,待履行合同的特点是发起人的营运状况会影响预期的现金流的实现,因此对于发起人的营运状况应该要求某种程度的持续披露。具体的披露程度,自然不需要如上市公司披露程度那么详细,但应该随发起人所被期待的履行程度大小成等比例的调整,而基本的披露则应该包括季度或年度的企业信用评级。

2. 由知识产权的权利多重主体性衍发的监管需求

上文提到同一个知识产品上存有数个权利主体的情形可能,各权利主体能在各自的有效区域内行使权利,主体地位彼此独立,权利互不干涉。这种对权利范围的决定,可以简单的由授权合同分割,所以基于这种权利产生的将来债权,由于权利本身就有可变性,故而基于其所产生的债权就有陷于混乱的可能。

针对此一议题,一套明确且高效率的登记制度,并依照登记先后、范围来决定受让人间在对抗过程中的优先性是降低这种混乱可能性的手段,而由此也衍生出监管的需求。在知识产权的架构阶段,知识产权公示或登记的信息应该被充分披露。同时,这种披露的义务还应该在证券流通期间持续性存在。对于任何涉及知识产权所有权、质权或任何权利负担的设定或者状态变化都应该以此要求的方式公开。此举不但有利于保护证券投资人的权利,也有利于第三方对于知识产权权利状态的了解,可以降低优先性争议对经济活动的负面影响。

3. 将来知识产权证券化所衍发的监管需求

根据上文分析,在所谓"将来知识产权证券化"发行之中,从交易环节来观察,其实并未发生"将来知识产权衍生的将来债权"的权利转让。实务上的架构,是在知识产权形成后,才把知识产权将来可能产生的现金流加入被证券化资产池中。具体的例子从 DreamWorks 使用的"部分现有电影加部分尚未完工电影"的循环式结构,到近期 Paramount 电影公司案例中,在没有任何一部电影开拍的情况下,就进行证券化的交易模式。交易双方利用交易架构的安排设计出能够保护自身利益的交易制度,因而明知不构成真实销售的条件下,还是完成证券化交易。

由此可见,证券化融资结构可以是多样的。在每一种新的结构被设计出来后,应该从监管的角度考察其在证券化交易中所产生的权利交易态样,牵涉上文归纳的哪一种权利转让类型。这种考察并不是要求对特定类型的交易结构给予肯定或否定,因为这应该是由交易方所进行的考察。监管上的意义应该在于信息的披露与透明化。在这种要求下,对于交易各方有更好的保护,对于市场则易于评估交易可能造成的波动或风险,而由各方自行采取控制风险的措施。

至于披露的程度,应该也依照比例原则来办理,对于交易数额比较巨大或是投资方较多的证券化交易,要求更高的披露程度。这方面的制度还有赖于与证券交易监管制度的配合。

三、对于投资人的保护

就权利转让环节风险而言,根据本书第一章对风险梳理的分析,对于投资人的保护,可以根据投资人掌握信息的能力,以及风险事件的潜在规模,考虑如何制订合适的措施,以协调效率和公平。一方面,制度设计应考虑证券发行人的利益,促进融资的便利;另一方面,还要保护投资者的利益,尽量减小信息不对称造成的风险。在制度方面,主要是通过信息披露以及营销手段两个方面的制度设计,实现对投资人的保护。

(1) 信息披露的层次

当证券发行的对象限于机构投资者时,发行人与投资人预期将通过直接谈判促成交易。在这一过程中,发行人需要提供有关发行的信息以获取投资者的信任,投资者也有较多的机会,根据自己决策的需要要求发行人提供信息。因此,揭露信息所包含之内容可以不做固定要求,发行人与投资者也可以以合同方式明晰双方披露信息的范围。[1]

如果证券发行的对象是非机构投资者或法人,或拥有一定资产与风险判断能力的自然人投资者,虽然这些类别投资者也能获取相应的信息,但与机构投资者相比,他们的能力仍然偏低,这一类人需要通过信息披露以获得相应的保护。[2] 除了涵盖一般资产证券化所应披露的事项外,还应包括发行人的资产负债情况、财务分析情况、募集资金用途、发行人股东会或股东大会决议、投资者资格证明等。此外,对于上述权利转让环节的风险频发点,监管的力度和频率都应提升。

如果证券发行的对象涵盖了非特定的公众,或是发行的数额相对较大时,则信息披露的程度和监管的频率与力度都应该在最高位。此外,还可以负面表列的方式限制发行的类别,例如限制风险较高的将来知识产权证券化发行模式;或是以正面表列的方式,逐步开放可以进行证券化交易的资产类别或交易结构,例如现金流相对稳定而交易结构简明的证券化模式,并且与既有的证券交易监管制度紧密配合。

然而,不论是采用何种程度的披露,披露的信息都应遵守严格的标准,即都必须受到禁止虚假陈述、误导性陈述等规定的约束,并且所披露之信息必须真实、完整且准确。

(2) 市场营销行为的规范

对于证券的发起人或发行人的市场营销行为,应该明确其针对不同发行对象所可采取的行为。随着专业投资机构、非机构投资者法人、成熟自然人投资者和一般社会大众作为发行对象的不同,在公开劝诱和广告等方面应有程度不同、由松而紧的节制措施,并且在投资人数上有成比例的规范。[3]

---

[1] 胡芬:《证券私募发行法律制度研究》,西南政法大学2006年硕士论文,第44页。
[2] 美国《证券法》采用"需求保护"标准:如果有证据表明这些投资者有自我保护的能力而无须《证券法》保护,那么该发行行为就应当属于私募发行。See Securities and Exchange Commission V. Ralston Purina Co., 346 U.S. 119 (1953),转引自梁清华:《美国私募注册豁免制度的演变及其启示——兼论中国合格投资者制度的构建》,载《法商研究》2013年第5期。
[3] 参见《证券法》第10条。

本章小结

本章从知识产权证券的案例中总结出，被转让的权利可以分为六类：

第一类：既有知识产权；

第二类：将来知识产权；

第三类：以既有知识产权为基础的将来合同债权；

第四类：以既有知识产权为基础的将来非合同债权；

第五类：以将来知识产权为基础的将来合同债权；

第六类：以将来知识产权为基础的将来非合同债权。

在对各类权利转让逐一分析后发现，第三类与第四类权利的转让在证券化交易中最为重要，而其合法性却是法学家讨论不休的问题。再加上这种将来债权的基础是来自于知识产权，由于知识产权的特性，更是折射出不同的问题，也产生了转让一般将来债权所没有的风险。

那么面对这些风险，是否就该禁止以知识产权为基础的将来债权转让呢？本书认为答案应该是否定的。在认定不合法、不作肯定或否定以及正面肯定等三种思路中，只有正面肯定的方式才能够达到兼具交易安全与促进经济活动的目的。本书还认为，这种肯定未必要一步到位，而可以是一个逐渐拓展、丰富化的过程。此外，这种肯定需要一个有效的登记制度配合为前提，只有这样才能将决定债权优先性过程对经济稳定产生的不利影响降到最低。

在监管方面，本书首先作出区分：肯定这种权利转让的有效性，未必代表以此权利转让模式为基础的证券化就一定可以进行。因为当一群交易制度重新组合构建时，其所产生的风险样态未必等同于单一基础交易进行时的风险样态。

因此，本书提出还应针对各种风险采取相应的监管措施。依照风险的来源来分，具体应该有以下几个方面的监管内容：

第一，是由待履行性合同衍发的监管需求。发起人应该要对授权合同的待履行性作出说明，包括发起人所需履行的义务、履行计划和手段以及用于履行的资源配置等；如果没有合同的基础，则披露的程度应该要能够说明发行人进行的经济活动与其营运获利的模式。此外，应该要求发起人对其营运状况进行某种程度的持续披露,具体的披露程度应按比例原则,视发起人所被期待的履行程度大小而定。

第二,是由知识产权多重权利主体可能性所衍发的监管需求。在知识产权的架构阶段,发行人应将知识产权公示或登记的信息充分披露,并在证券流通期间持续负有披露义务,凡是涉及知识产权的所有权、质权、或任何权利负担的设定或者状态变化都应该依照比例原则公开。

第三,是将来知识产权证券化所衍发的监管需求。本章从基础交易的观点分析发现,在所谓"将来知识产权证券化"的发行中,其实并未发生以"将来知识产权衍生的将来债权"为标的进行转让的交易。实务上是在知识产权形成后,才把知识产权将来可能产生的现金流加入证券化资产池中。然而,由此可见知识产权证券化结构可以有多种变形。监管的措施应从基础权利转让上考察结构中所产生的权利交易属于哪一种基本类型。这种考察并不是要对某种交易结构予以肯定或否定,而是在于信息的披露与透明化。这种披露要求可以对交易各方有更好的保护,对于市场而言则易于评估交易可能造成的价格波动或风险,而交易各方则应自行采取控制风险的措施并决定风险溢价。

针对这个环节的风险考虑对投资人的保护措施,则可以依据发行对象的不同,采取不同程度的信息披露和市场营销活动的要求。例如,将发行对象划分为专业投资机构、非机构投资者法人、成熟自然人投资者和一般社会大众时,应该适用不同信息披露的程度以及监管的力度和频率。然而不论是适用何种程度的披露,披露的信息都必须受到禁止虚假陈述、误导性陈述等规定的约束,并且所披露之信息必须真实、完整且准确。此外,对于证券的发起人或发行人的市场营销行为,应该依照发行对象的不同,而在公开劝诱和广告等方面在程度上有所不同,实施由松而紧的节制措施,并且在投资人数上有成比例的规范。

第三章　内部风险之二
——权利质押环节的风险、对策与监管

第一节 知识产权证券化中的权利质押

一、权利质押的功能

权利质押是证券化交易中核心的交易环节,其功能可从以下几个方面观察到。

1. 信用增强

在知识产权证券化架构中,知识产权本身能作为担保品发挥信用增强功能。[1] 从本书研究的案例可以发现,对相关知识产权设质以增强证券发行的信用评等的方式至少有两种。第一种:将知识产权质押给特设载体作为信用增强。例如,在 Bowie Bond 案例中,特设载体依著作权法,通过向著作权局办理登记的方式取得音乐著作权第一顺位的担保权利。[2] 第二种:作为投资人在知识产权上设定的担保利益。例如,在 Guess 证券化的案例中,投资人得到证券的"到期保证"(Maturity Guarantee),其保证的担保品便是商标使用权。[3] 此外,在大多数电影收益证券化的发行中,担保品一般的组成是既有电影或将来完成的电影的发行权与收益权,有时还包括其他形式的著作权。而真正的被证券化资产是在众多渠道播放电影而得到的收益,如电影院、家用录像带或 DVD 的租售、以及电视播放的收益。[4]

由于证券化产品的机构投资者在进行投资时一般需要遵循信用评级的规范,对投资评级未达一定程度以上的证券不能进新投资。因此提升投资信用评等对于招徕机构投资者而言特别重要。此外,较高的投资评级还可以拉升证券的价格。因此,权利质押成为在知识产权证券化操作

---

[1] 阙光威、陈月秀:《智慧财产证券化可能的经营模式法制面探讨》,载台湾《月旦法学》2004年8月期。

[2] 参见冯浩庭:《智慧财产权利证券化之研究》,台湾政治大学智慧财产所2004年硕士论文,第149页。

[3] Ronald S. Borod, "An Update on Intellectual Property Securitization", *Journal of Structured Finance*, Winter 2005, p. 113.

[4] Fredric Rosenberg, "Securitizing IP Assets in the Film Industry", *International Securitization & Finance Report*, Volumne 9, No. 20, November 15, 2006, p. 21.

中的重要手段。

2. 对收益请求权的确保

知识产权证券化中的被证券化资产是基于知识产权产生的收益权。这些收益权是知识产权所衍生的,抽象上来说就是一种合同债权。在第一章中提到,此种债权证券化的操作是由发起人向特设载体"转让"权利。发起人在该等权利转让时,就从原来的债务关系中脱离,不再享有对原债权的处分权;相对而言,如果是对其设质,权利仍属于发起人,只是其对此收益的处分受到限制。

在证券化交易中,这个债权在理想状况下是能与发起人破产隔离,因此这个债权应该是权利转让的标的,而不是设定质权的标的。然而,从以上案例可以看到对这种债权设定担保利益的必要性与可行性。

从必要性角度看,这种破产隔离的理想状况须由"真实销售"达成。然而,判断真实销售并非是一种法律严格定义,而是在一系列制度演化中所探索出来的一些参考准绳。这些准绳不断地在演进中,是否能够形成真实销售最终在于法院裁量,无法完全事先确认。实务中可能把法律意见书作为倚赖,但风险仍无法完全避免;因为没有人能保证过去的准绳在法院进行裁量时一定会被适用。在这种情况下,如果原本被认为是真实销售的权利移转被破产法院否定了,那么证券化投资人的利益便会受到重大损害。因此,在证券化架构中一般都采取了担保措施,使投资人或特设载体取得在被证券化资产上的第一优先权担保利益,目的就是即使发生最坏的情况,也能减少投资人遭受的损失。

从可行性上来看,美国、英国与日本这几个已经开始进行知识产权证券化交易的国家,其权利担保制度都可以支持这种担保利益的设定。然而,由于各国权利担保制度的不同,达到这种目的途径也不相同。例如,美国可以藉由 UCC 第九章动产担保交易制度的适用来达成;英国则可藉由浮动担保制度来达成。本章第三节将对此进行更深入的分析。

3. 对证券化资产的品质担保

依据担保法基本原理可知[1],知识产权质押所担保的范围一般可以包括:第一,主债权,即质押设立时所担保的原债权;第二,利息,质物对于

---

[1] 参见史尚宽:《物权法论》,中国政法大学出版社 2000 年版,第 353—355 页。

质权清算时已届期之一切利息;第三,迟延利息,代替履行之损害赔偿请求权亦为其所担保;第四,实现质权的费用,也即质权实行所需之一切费用,可能包括质权的评估费用、拍卖费用、保全费用等;第五,因质物隐有瑕疵而产生之损害赔偿,如因质物对他人造成损害后而产生的损害赔偿责任。

上述第三种的范围,即损害赔偿金,对知识产权证券化交易而言,具有促进发起人义务履行,从而确保被证券化资产现金流稳定的意义。在证券化发起人向特设载体转让权利的合同中,发起人作出了一定的履行义务承诺以及对于所转让权益在数量与品质方面的陈述、保证与承诺(Representation, Warranty and Undertaking)。透过对知识产权设定担保利益的方式,一方面可以确保发起人履行合同项下的义务,另一方面还能够提供投资人在陈述保证不真实或承诺没有达成时的救济。

二、权利质押的标的

知识产权证券化中的权利质押标的,包括既有及将来的知识产权,以及其上所产生的将来收益。根据第二章的分析,涉及的权利可以分为六类:

第一类:既有知识产权;

第二类:将来知识产权;

第三类:以既有知识产权为基础的将来合同债权;

第四类:以既有知识产权为基础的将来非合同债权;

第五类:以将来知识产权为基础的将来合同债权;

第六类:以将来知识产权为基础的将来非合同债权。

1. 知识产权权利质押

在上述的第一类与第二类的权利上设定的担保利益,可以归纳为对知识产权的权利质押。具体而言,这些权利可能包含著作权、专利权和商标权。例如,在 Bowin Bond 证券化案例中,音乐著作权成为担保品;而大多数的电影播放收入证券化中,著作权中的财产权为担保品;此外,在 Guess 证券化的案例中,商标使用权成为担保品。

知识产权质押的标的可能只包含某一种知识产品的部分财产权利。例如,在 Chrysalis 的证券化案例中,Chrysalis 从音乐创作人取得的著作权只有著作财产权中的发行权,所以当发行人 Chrysalis 在这种权利上设定权利质押时,事实上标的仅涵盖了部分的著作财产权。

知识产权质押的标的还可能包括将来的知识产权。例如,在 Paramount 和 DreamWorks 案例中,还没有完成的电影被设定了担保利益来支持证券化的发行。

2. 一般债权权利质押

在上述第三类到第六类权利上设定的担保利益,可以归纳为一般债权的质押。所谓一般债权质押,是指为了担保债权的实现而以一般债权为标的设立的质押。[1] 债权可以以二分法区分为证券债权与一般债权。所谓证券债权是指通过有价证券形式所表现出来的债权,如票据、债券、存款单等[2];不属于证券债权的债权就被归纳为一般债权。在一般债权上设定担保利益便是对一般债权进行质押。

具体而言,第三类到第六类的权利是一种基于知识产权的将来收益权或将来债权。这些权利存在的基础通常是合同,也就是不以有价证券形式所代表的权利,因而可以被归类为一般债权。

在知识产权证券化中案例中,一般债权的质押可能单独进行,也可能与知识产权质押同时进行。单独进行的例子如,在 Royal Pharma 案例中,发起人与发明人经由签订合同而取得药物专利的将来收益权。但发起人并没有取得药物的专利权,因此能在证券化交易中作为质押标的的权利,也只能是一般债权。

同时进行的情况,在权利质押所起到对收益请求权确保的功能时出现。例如本节前文所提到的,在若干电影播放金证券化的案例中,担保品一般的组成是既有电影或将来完成的电影的分销权与使用的收益,以及其他形式的著作权。[3] 换言之,担保品同时包含著作权和基于著作权所产生的一般债权。

---

[1] 许多奇:《债权融资法律问题研究》,法律出版社 2005 年版,第 59 页。
[2] 胡开忠:《权利质权制度研究》,中国政法大学出版社 2004 年版,第 152 页。
[3] Fredric Rosenberg, "Securitizing IP Assets in the Film Industry", *International Securitization & Finance Report*, Volumne 9, No. 20, November 15, 2006, p. 21.

三、知识产权与无形资产融资对传统质押制度的冲击

在其他资产的证券化中,担保品一般是动产或不动产等有形资产,以及以其为基础的债权。这类权利担保制度在悠久历史的演化中,已经发展得较为完善,不论是法律框架或在经济活动中累积的实践经验,都能为交易各方提供明确的依循与预测性。相对而言,以无形资产所为之担保,特别是以知识产权为标的的担保,是近年才发展起来的制度。

然而因为知识产权占经济体系总值在上个世纪急剧上升,因而经济活动对知识产权或无形资产进行交易产生强大的制度需求,同时也推动了知识产权担保制度的演化。知识产权制度本身就处于快速演化的状态中,而以其为基础的担保制度自然也迅速变迁。在这种情况下,即便是发展较快的国家如美国、英国,在知识产权担保交易制度中也存在若干有待解决的问题,因此它是一个发展快速的法学领域。

研究这些问题的真实面貌,必须从权利质权制度的发展与演化的过程来观察,这可从原始的质押与质权制度、权利质权制度的出现、质权制度中所确立的基本原则以及质权制度将来演化方向等视角展开。

1. 质押与质权制度

质押是设定质权的行为,质权是质押行为所引发担保物权的一种。理论上一般认为,质权作为他物权中的担保物权,与抵押权在本质上是一致的,同样具有从属性、不可分性、物上代位性、优先受偿性等担保物权的一般特性。从交易的概念上来说,质权就是债权人出于债务担保之目的,占有债务人或第三人提供之标的物,于债务人到期不履行债务时,得以其占有物之价值而优先受偿的担保物权。因此,就法律效果而言,质权人可取得质权人之留置权、优先受清偿之权、收取孳息权、转质权、物上代位权、费用偿还请求权等质权之权利。[1]

2. 质权制度的演化与权利质权制度的出现

规范上述概念的担保交易制度由来已久,在不同法系下所演化出的制度又彼此参考与融合,逐渐成为今日的质权制度。在融合与演化过程中,这种概念发生细化,而逐渐区分出抵押、动产质权与权利质权

---

[1] 参见史尚宽:《物权法论》,中国政法大学出版社 2000 年版,第 361—371 页。

的制度来。

罗马法中质权最初是以信托质的形式出现,也就是在信托让与担保的交易中所产生。在信托质的交易中,债务人将其财产所有权在担保期间让与债权人以担保债务人到期清偿债务,当债务如期被清偿时,债权人可将财产变价受偿、或取得信托物完全所有权。然而此种制度对债务人不利,程序复杂而且限制了质物的流转利用,因而后来逐渐被占有质所取代。

质权制度与抵押权制度在演化的历史中一度出现混淆。在罗马时期比较简单的经济活动中,财富往往相对集中在有能力取得质权者(如地主)的手里,因此质权人通常有利用出质标的的能力。这种经济背景为不动产质权制度创造了适用条件。[1] 然而,如此一来罗马法上动产和不动产皆可质押,在当时没有登记制度的配套下,性质近似质押与抵押常常在实际中发生混淆。及至近代财富的集中程度不如以往,人类经济活动于是对担保制度有进一步的细化需求,罗马法上的动产和总财产抵押制度发生演化,取而代之是质押与抵押相分离,并且辅以登记制度的担保制度,近代质押制度的制度逐渐形成。[2]

而对于将权利作为质权的标的,则是在罗马法认为权利可如同有体物一般以用金钱来衡量的观点所产生。在这种观点下,权利被认为可以参照有体物,当成一种财产来利用。因此,权利被作为一种可担保的财产予以利用,从而质权标的范围得到扩大、进而涵盖到权利的领域。[3] 权利质押最初是以债权质的形态出现,然后,地上权、用益权、及有价证券也陆续成为权利质押的标的。

这种演化的过程仍在继续,而各种主要法系的质权担保系统也尚未统一。例如,法国现行的民法仍将质权分为动产质和不动产质,并不包括权利质。在法国法下,债权、著作权、股份等视为动产或无体动产,所以由不动产质的制度作规范。而德国民法将质权分为动产质和权利质两种,扬弃了不动产质权制度。[4]

---

[1] 郭明瑞:《论担保物权的历史发展趋向》,载《法学》1996年第2期。
[2] 吴汉东、胡开忠:《无形财产权制度研究》,法律出版社2005年版,第87—89页。
[3] 徐洁:《担保物权功能论》,法律出版社2006年版,第255页。
[4] 吴汉东、胡开忠:《无形财产权制度研究》,法律出版社2005年版,第84页。

3. 质权制度的演化中确立的基本原则

在这些演化的历程中,关于权利质押的几种基本原则逐渐清晰起来,其中比较重要的是关于哪些权利能够符合质押标的之条件的原则。现在学者一般认为,只要权利属于财产权利、具有可转让性、适于质押便可以成为质权的标的。[1]

但这种原则也产生了局限。很多权利是对于社会秩序极为重要、但却无法以金钱价值评估的权利,例如名誉权、生命权或健康权。这些权利具有人格性和身份性,存在主观的价值但却难以用客观的货币价值来衡量,在实践中无法成为担保利益的标的。[2]

而质权制度的基本目的,就是在债务人无法履行债务时,通过变卖、拍卖等方式对担保品变价,补偿债权人。为了进行这种变卖、拍卖等实现担保权益的方式,担保品必须是可以转让的。因此,法律规定不可转让的权利、或是当事人约定不得转让的权利,便不能成为质权的标的。

学者对于适质性的理解,主要是指法律作出的规定。例如,具有让与性的财产权,如该种权利的行使被停止、或质权人行使权利为不适当的,不得设质。此外,某些类别的权利出于经济稳定的考虑,不能单独作为质权标的。例如,商号权与商誉权具有财产价值且具有转让性,然而该等权利必须连同企业一同转让,因此不能单独质押。[3] 本书认为,这个原则还是从经济或财务视角出发,对前述财产性和可转让性原则的一种补充。在物权法定的基本原则下,法律制度考虑社会发展与稳定的需要,权衡各种利益来对质权标的进行精细的划分。这种划分含有主客观的成分,还可能因为经济运作所产生的制度需求而不断变化。总体而言,当技术上无法明确财产权的货币价值或缺乏货币价值的决定机制时,这样的财产权便不适于成为质权标的。

4. 质权制度的演化方向

从近代各国质权制度的发展中,可以观察几种制度演化上的变化。

---

[1] 最高人民法院前任民庭庭长梁书文先生认为:在实践中,如果当事人的约定符合权利质押的条件,即属于财产权利、具有可转让性、适于质押,就可以认定质押合同有效。转引自林燕平:《论资产证券化中权利质押的几个法律问题》,载《法学》2003 年第 4 期,第 72 页注 2。
[2] 胡开忠:《权利质权制度研究》,中国政法大学出版社 2004 年版,第 147 页。
[3] 黄松有主编:《〈中华人民共和国物权法〉条文理解与适用》,人民法院出版社 2007 年版,第 669 页。

首先是权利质权的适用范围不断在扩大,不动产质权适用范围在缩小。在质权制度出现的早期,动产质权与不动产质权同时存在,而现在只有法国、日本等少数国家还承认不动产质权。而相对而言,权利质权的适用范围正持续扩大。[1]

其次是知识产权制度发展对质权制度产生的冲击。从抵押权、动产抵押权到权利质权在演化历史中出场的顺位来看,知识产权作为一种无形的权利,很自然地被归纳在权利质权的制度之中。然而有论者以为,从以下两方面来看,知识产权更具有抵押权标的、而非质权标的性质:第一,一般作为质权标的的权利,如汇票、支票、本票、债券或提单等皆为证券化的权利,它们共同的特征是权利在一次使用后消灭,不能在反复使用中获得收益。相对而言,知识产权是以反复利用为目的的一种权利,此点与抵押权标的,如不动产和动产等,以反复性使用为目的的权利较为类似。第二,质权标的一般是相对性的权利,例如债权或其他证券性的权利,实现权利有特定的对象。而知识产权标的权利有对世性,此与抵押权标的具有的绝对性,如不动产、动产的所有权,较为相似。[2]

相对地,有学者认为在抵押与质押的区分上,可以同时采取占有方式和标的物属性的双重标准,我国的立法就是一例。因此,对于在知识产权上设定担保利益所为之制度归属,就不能只考虑单一标准,应综合考虑担保物权体系及立法技术等多方面问题。虽然知识产权担保具有抵押权的很多特点,但以此为理由重建担保制度的体例,在立法成本与社会影响方面反而得不偿失。[3]

本书研究也发现,以知识产权为担保标的在质权制度下出现了很多适用性的问题,而这些问题也正是本章探讨的重点。然而,将知识产权权利担保制度直接划入抵押权制度,也产生同样的问题。对于这块处于急速演化中的法学领域而言,目前仅能说是演化进行的方向,具有多种的可能性。

以上述关于质权制度发展的论述为基础,本书从下节开始,在此基础之上分别就知识产权证券化中的质权设定(亦即对于知识产权以及知识

---

[1] 参见秦道友:《论知识产权质权》,安徽大学法学院 2003 年硕士论文,第 4—5 页。
[2] 朱伯玉、管洪彦:《域名权可为抵押权标的之民法分析》,载《法学论坛》2005 年 3 月期。
[3] 参见王成慧:《知识产权质押问题研究》,吉林大学法学院 2006 年硕士论文,第 16 页。

产权所衍生将来债权)所蕴涵的风险,以及在风险中如何保护投资人的权利、维护市场秩序和保障市场稳定,结合案例与交易的法律架构,展开较深入的分析。

第二节 知识产权的质权设定风险与投资人保护

本节探索的是,于知识产权证券化交易中,在第一类(既有知识产权)和第二类(将来知识产权)上设定质权的风险。

由于在无形资产特别是知识产权上设定担保利益,在全世界的范围内都是一个急速发展的法学领域,因此,本节首先对知识产权制度进行一个综述与总结,以作为下文分析的基础。接着,本书对法律规定较为清晰的权利,即著作权、专利权与商标权进行探索。各国法律中有关这三种知识产权的质权制度一般大多有较为详细的规定。而相对而言,对若干其他种类的知识产权,如网域权等,虽然未被详细地规定,但由于其在网路经济的发展下逐渐受到重视,本节也将其进行探讨。

一、知识产权质权制度

知识产权制度在十四、十五世纪间成型后,人们在经济活动中观察与质权制度产生功能性融合的可能性,最终产生了"知识产权质权制度"的制度创新。

最初从直观上来理解,既然知识产权是一种财产权,从财富利用上来看,适用于其他种类财产权的制度,也应当具有适用于知识产权的可能性。按说是知识产权具有财产性与让与性,符合上述质权制度发展过程中确立的原则。然而,由于知识产权制度本身也还在不断地演化中,因而其与质权制度或是在上位的抵押担保制度间的融合发展,相对较为缓慢,而且呈现出多样化,在各法系间有不同的发展痕迹。例如,我国《物权法》与《担保法》出台的时间比知识产权制度较晚,因而关于知识产权质押制度的供给主要建立在《物权法》和《担保法》的制度上;而西方发达国家在颁布民法典时,知识产权制度尚未发展成熟,因而在如德国、日本以瑞士等国的知识产权立法中,均对知识产权质押作详细规定,而在民法典里中反而不作规定。[1]

1. 知识产权质权制度的特点

知识产权质权制度与其他质权制度相比有以下特色：

(1) 以知识产品的财产权利为标的

质权制度是以财产权作为担保标的,而随着财产形态的不同,知识产权质押与物的质押区分开来。在物的质押中,质权系于特定有体动产,因而动产实体移转,质权人便能直接支配、现实占有,进而实现质权。但是知识产品不具有形性,质权人不能像控制有体物那样直接控制与占有知识产品。因此发生知识产权质押的"移转占有",是通过知识产权质押登记制度予以实现,事实上这只是一种"观念上"的移转占有。这也是动产质权与权利质权的主要划分。

(2) 移转占有的非必要性与登记公示的必要性

知识产权无形性的本质使得移转占有的操作不可能,因而知识产权质权的成立在要件中无须转移占有。然而正因为如此,知识产权质权制度必然要有登记制度作为辅佐,这方面与有价证券作为质权标的不同。有价证券本身表明了对于其所代表财富的控制,控制了证券即被认为是支配财富本身,固然登记公示对于此类质权的运行起到稳定的效果,但与知识产权设质必须藉由登记来完成的必要性截然不同。虽然有学者探讨以知识产权凭证来担任有价证券在此所扮演的功能,但知识产权证书并不能代表知识产权本身,而是国家机关对知识产权人颁发的确权凭证而已,知识产权人转让知识产权证书并不表示知识产权权利进行移转,因而登记公示制度对于知识产权设质就有绝对的必要性。[2] 我国《物权法》第227条以法律的形式确立了知识产权质押登记为知识产权质押设立的必要条件。[3] 以专利权为例,2010年2月1日起新实施的《专利法实施细则》明确了专利权质押登记机关为及质押登记的申请人。[4]

---

[1] 参见秦道友：《论知识产权质权》,安徽大学法学院2003年硕士论文,第5—6页。
[2] 同上注。
[3] 《物权法》第227条：以注册商标专用权、专利权、著作权等知识产权中的财产权出质的,当事人应当订立书面合同。质权自有关主管部门办理出质登记时设立。
[4] 《专利法实施细则》第14条第3款规定,以专利权出质的,由出质人和质权人共同向国务院专利行政部门办理出质登记。

(3) 时间性与地域性限制

前文提到由于知识产权的权利形成、范围与行使,是国家权力机构运行的产物,受到严格的法律框架制约。这种特点依然在知识产权质权制度中起作用,特别是在质权的时间与地域性方面产生影响。就时间性而言,知识产权通常只在国家规定的时间中得到保护;而就地域性而言,知识产权一般只有在取得权利的司法管辖地区域中得到保护。[1] 虽然国际间知识产权的多边合作与承认已逐渐改变这种现象,但是这种权利的限制将不可避免直接对建筑于其上的权利质权产生限制性的影响。

(4) 价值确定的复杂性

前文提到,知识产权的市场价值受诸多变动因素影响,因而在交换价值的确定与动产质权标的或是有价证券质权标的相对困难许多。此外,知识产权之所以能具有财产权的性质,是因为其具有独特性,但也正是由于这种独特性,知识产权在公开市场上不像其他动产一样能容易地找到价格。

(5) 质权实现的困难性

这种独特性也使实现知识产权质权产生了较大的复杂性。随着互联网的快速发展,借助互联网技术,知识产权交易也相对较为便捷,供给方可借助网络交易平台找到需求方,但基于知识产生本身需求的特定性,需求的主体具有一定的局限性。但不可否认的是,如果没有广大有效的交易市场作为支持,质权人仍然很难找到实现质权的平台。

2. 适格标的之要件

前文比喻知识产权中的各种权利犹如光谱的分布:有些权利受到较完整的法律规范,其运行与交易有所遵循;而有些权利虽然被承认,却缺乏良好的制度运行框架。而这些个别类型的知识产权,随着社会与经济的变化,在光谱上散布的位置也不断移动着。

然而不论知识产权制度如何变化,能够作为质权标的的知识产权还是要符合上述的权利质权原则,才有可能在现实的经济活动中成为质权标的。将上述原则(交换价值、可转让性与适质性)应用于知识产权时,可以得到知识产权作为适格质权标的的原则。

----

[1] 胡开忠:《权利质权制度研究》,中国政法大学出版社2004年版,第265页。

(1) 必须是知识产权中的财产权

担保物权的重要特征是变价性,也就是能在交易之中体现出价值,因此在知识产权中具备这样特性的权利只有知识产权中的财产权。换言之,知识产权中的人身权,如署名权和发表权等,不具备出质的条件。

(2) 须具有可转让性

前文谈到,知识产权制度建立在权衡多种利益而达成的精细平衡上。在这种平衡点的选取中,出于对冲突目标间的平衡,法律承认和某些知识产权的财产性,却限制它们依照当事人自治原则自由流转。例如,如发明人领取奖金的权利与产地标记权等。

(3) 须具有适质性

学者对于适质性的理解,一般认为是出于法律的界定,例如知识产权中的财产权虽能让与,但若停止原权利人行使该权利被认为不适当,则在该权利上不得设质。[1] 此外,有些权利如商号权与商誉权是一种具有财产价值,而可以转让的权利,然而其必须连同企业一同转让,因此不能被单独质押。[2] 本书认为,对知识产权适质性的考虑,还代表一种经济学与财务的观点,表现在价值能被既有基础交易制度合理决定的可能。

3. 制度演化方向:美国知识产权质权制度对我国的启发

一般认为美国法制在适用于知识产权的担保制度上演化得较为成熟,所以能够支持知识产权证券化的发展。的确,美国在担保登记制度上的实践是有效的[3],然而在法律框架上,美国知识产权制度中存在的"州法的联邦排除原则"(doctrine of federal preemption of state law)使得知识产权证券化交易,乃至于以知识产权权利为担保品的操作上都产生了不少困难。

在美国法制下,专利、著作权与商标权这三个最重要的权利是属于联邦立法的管辖权。联邦法制对该等知识产权的权利内容与行使进行规范;其中提及产权移转与登记的制度,主要是从公示目的出发,将知识产

---

[1] 秦道友:《论知识产权质权》,安徽大学法学院2003年硕士论文,第12页。
[2] 黄松有主编:《〈中华人民民共和国物权法〉条文理解与适用》,人民法院出版社2007年版,第669页。
[3] 张韶华:《商标权质押融资的风险及评估》,载《中华商标》2007年1月期。

权产权归属情况(chain of title)公之于众,达到保护知识产权购买人的效果[1],联邦法制本身并未处理有关知识产担保权益的问题。对于担保利益的设定,原则上是由《统一商法典》第九条进行规范。这种允许当事人通过担保协议方式以知识产权作为担保品的制度,体现为一种对于权利设定特定权益(charge)[2]或是限制(encumbrance)的概念,并非以设定担保的标的来进行动产质押或权利质押的划分。换言之,美国并没有完全对应"知识产权权利质押"的这种法律。而是在《统一商法典》的适用上扩大来涵盖这种交易。在这种体例之下,以知识产权为担保标的的制度便很灵活地展开来。

然而前述的排除原则却在知识产权担保制度上产生独特的议题。此原则的要旨在于:当联邦法有特别规定时,在联邦法规定的程度内,排除州法的适用。但在实践中,联邦法在专利、商标和著作权的登记规定范围都不相同,且在判断是否排除州法上的适用上常难判定,法院作出的见解也不能统一。[3]

长期以来实务界的解决方案是尽可能地做到所有登记,同时符合州法与联邦法的制度要求,然而这毕竟不是完善的制度。美国律师协会项目组于1992年发布的《关于知识产权担保权益的初步报告》指出,"美国调整知识产权担保权益的法律是令人不满意的。在什么机构登记以及如何登记,什么构成担保权益的公示,如何确定优先权,以及担保权益所覆盖的具体资产等方面都存在着不确定性。而联邦和州法同时调整这一领域的现状更使得问题变得复杂。"[4]针对这种缺陷,美国开始探讨一系列的改革措施,例如以成文法的形式建立联合州法与联邦法的"知识产权担保权益并行登记系统",并且支持在线搜索功能。此登记系统应适用于包括所有转让、授予(grant)或利用授予的权益,无论这些权益的取得是基于让与还是许可使用。在优先权上,登记的权利优先于未登记的权利,而

---

[1] 参见冯浩庭:《智慧财产权利证券化之研究》,台湾政治大学智慧财产所2004年硕士论文,第191—193页。
[2] 张韶华:《商标权质押融资的风险及评估》,载《中华商标》2007年1月期。
[3] 冯浩庭:《智慧财产权利证券化之研究》,台湾政治大学智慧财产所2004年硕士论文,第72页。
[4] 张韶华:《商标权质押融资的风险及评估》,载《中华商标》2007年1月期。

都是登记的权利则完全依照在系统中登记的顺序决定。[1]

从制度演化的观点,美国在知识产权制度上遭遇的问题再次说明了制度移植不能解决本国经济活动对制度提出的需求。制度供给的创新,是在本国环境中基础交易制度的功能性结合中出现的;而基础交易制度不同,结合时的碰撞与融合方式就不同。我国没有美国运作多年而具效率的登记制度,但同时也没有联邦法与州法冲突的负担。只要能掌握制度创新中的概念,便有可能在本国基础交易制度的基础上发展出自己的道路。

二、专利权、著作权与商标权的质权设定

1. 专利

（1）既有专利权

作为专利权质权标的的是专利权中的财产权,这是指专利权人因取得专利而依法享有的具有经济内容的权利。以我国的立法为例,这种财产权主要包括专利实施权和专利转让权。专利实施权,谓基于契约,官署之处分或法律规定,得以属于他人之发明、新型或新式样,于一定之目的,为利用之权[2]有制造、使用、销售的权利;而专利转让权是指专利所有权或使用权转让给他人的权利。上述权利都具有财产性和可让与性,符合成为质权标的之原则。而专利权中人身权或不具财产性（如在专利文件中的署名权）,或是虽具财产性但不得转让（如获得发明奖励的权利）,无法单独作为质权标的。[3]

本书第二章提到,与著作权不同,专利转让制度演化至今,还缺乏部分让与的概念与运作方式。所谓部分让与,是把专利权的不同利用方式（如制造权、销售权或进口权）让与给不同方。世界知识产权组织在制定示范法时采用了这种禁止性原则,各国在这种指导原则下,一般不承认部分转让。根据适格质权标的基本原则中的可转让性来看,并不存在对专利财产权部分设质的可能。

---

[1] 张韶华:《商标权质押融资的风险及评估》,载《中华商标》2007 年 1 月期。
[2] 史尚宽:《物权法论》,中国政法大学出版社 2000 年版,第 415 页。
[3] 李军:《专利权质押的法律问题》,载《人民司法》2005 年第 5 期。

然而对"专利财产权部分设质"的概念应该与将"基于专利授权合同的债权"部分出质的操作区分。后者的标的是一般债权,而同一个专利权可在普通使用许可的安排下产生一个以上的合同债权,这些合同债权可以单独或任意的组合为质权标的。例如,在 Royal Pharma 的证券化案例中,发起人提供的担保品是与药商所签订许可合同项下的权利金。

(2) 将来专利权

类似于在将来著作权上设定担保利益的制度,在将来专利权上设定担保利益在《美国统一商法典》第九章动产担保交易的扩张适用或是英国的浮动抵押制度下具有操作性。本章将在第四节的分析中对这样的制度如何达到交易目的进行探讨,本节首先对质权制度下,在将来专利权上设定担保利益的可能性进行分析。

根据第二章中对将来专利权转让可能性的分析,在我国和若干其他国家专利申请制度下,专利申请权被视为一种权利,法律对申请权的定义与行使作出规定。这种安排有等同于转让将来专利权的效果,理论上可以为将来专利权的转让提供空间。以我国的《专利法》为例,我国《专利法》第10条明确规定"专利申请权和专利权可以转让";这种转让自然可以产生交换价值,那么是否就可以以这种权利出质来达到对将来专利权设质的法律效果呢?

至少在我国专利制度的实践中,这种可能性被权利的主管机关否定了,而否定的原因在于这种权利的高度不确定性。[1] 因为专利申请权不同于专利权,最终并不一定能成为专利权,这其中可能因审查不符合专利法规定等原因而被驳回,也即专利申请权上的"期待权和实质性权利"[2] 已经丧失,此时以其为标的的质押也因之归于消灭。

---

[1] 专利申请权虽然是获得专利权的前提,依法可以转让,但其明显的法律上的不确定性,使之不能作为一种具有法律效力的财产权,因而不能将专利申请权作为质物进行质押。参见国家知识产权局专利管理司《如何办理权利质押合同登记》,资料来源于国家知识产权局网站:http://www.sipo.gov.cn/xtgls/bszn/200901/t20090106_437152.html,2015 年 3 月 7 日访问。

[2] 专利申请权实际上包含三层内容:一是程序性的权利,即向专利局提出专利申请的权利;二是实质性权利,即对准备申请专利的技术拥有合法的权利;三是专利期待权,即专利申请可能被批准,在获得授权以后,期待权就转化为实际的专利权。衣庆云:《专利申请权和专利使用权入股问题探析》,载《当代法学》2000 年第 1 期。

本书认为这种观点在现实中未必合理。首先,本书在第二章的分析中,说明了专利权具不确定性的原因,在于这种权利是制度与政府机构作用下的无形产物,不论是审查公告程序还是程序外的确权诉讼行为,随时都能造成专利权权利范围变化后消灭的可能。因此,政府机构颁发权利证书的事实只能说明权利变得相对稳定,而不是绝对的稳定。这个情况以我国对于外观设计和实用新型的审查尤其显着。该等类别的专利的颁布未必经过实质审查的阶段,只要经非技术性的形势判断,专利证书便可颁布,此时申请权就化为了专利权。然而纵使有权利证书,权利的不确定性并未有因此显著地减少,那么为何新型和新式样专利权可以设质而它们的申请权就不行呢?可见这种说法所采用的理由本身并不充分。

其次,进一步来说,对这种风险性的判断不应由法律来决定。质权人在接受某一项权利作为质物前,本来就应当对这种权利的风险与性质进行了解,再决定是否承担风险以及承担风险的溢价。以风险过高为理由否定这种权利的质押,妨碍了交易当事人的自治原则,以及权利流通所带来的经济效益。当然这种风险对经济稳定上所引发不利影响的可能性的确存在,但其可以透过监管的手段与登记公示的措施来消减,而非以法律来代替交易双方决定是否必须规避这种交易。

2. 著作权

(1) 既有著作权

所谓以著作权出质是指以著作权中的财产权为标的而设定的质押。以我国为例,著作财产权的具体项目包括复制权、发行权、出租权、展览权、表演权、放映权、广播权、信息网络传播权等项。这些个别的权利可以整体作为质权设定的标的,也可以仅以部分的权利作为标的。

著作权质押具有以下特性[1]:

第一种特性是著作权的出质人可以不是著作产品的原作者。由于著作权本身包含著作财产权和著作人身权,在这种"二元论"的立法观念下,同一权利客体的不同权利产生分离,这是在动产或是债权或股权等权利质押所没有的现象。以本书介绍的 Chrysalis 音乐作品证券化为例,Chrysalis 集团并非音乐的著作权人,其透过合同关系取得上万首音乐著

---

[1] 费安玲主编:《比较担保法》,中国政法大学出版社2004年版,第408页。

作的发行权。在证券化交易中,发行权所能产生的将来现金流成为被证券化资产,而 Chrysalis 集团所掌有的发行权则作为交易的担保品。这种特性在知识产权证券化制度中有很大意义。因为这种二元性,类似 Chrysalis 此类以管理知识产权为获利模式的公司才能出现,而不同著作才能组成资产池,从而能够达到一定的发行规模、并且分散对单一著作的将来收益进行证券化交易的风险。

第二特性是标的多样化。前文在探索著作权转让的段落中提到,著作权的各种财产权可以分别被转让或授权,也能以划分地区的方式进行,所以权利独立的主体同时在行使一种权利而又互不冲突是可能的,理论上可以出现无限多种的权利范围。而这种权限划分的凭借只是合同的约定。同样这种情况在著作权质押中也出现。出质人可以以某一项财产权出质,也可以以权利的集合或全部出质;这是在动产质权或其他种类权利质权中所不会出现的现象。

在证券化的应用上,这种分割的灵活性使得有关著作权的证券化交易在交易架构上能较容易地设计出令交易各方满意的担保安排,从而成就了证券化的发行。例如在上文介绍的 DreamWorks 证券化案例中,发起人保留了电影著作权在国内戏院与电视频道的收益权,而将其他的财产权进行证券化。被证券化的资产是著作财产权从其他播放管道产生的收益,而该等播放权则成为权利质权中的担保品。

然而,这种特性虽然在交易架构上为证券化的发行带来灵活性,却也产生了若干交易的风险。理论上,在这种安排中,出质人(证券化中的发起人)对于没有出质的权利,还能够自主地进行使用,例如许可他人使用或是当做其他权利担保交易中的担保品。[1] 著作财产权的各项权利间本身就有一定相关性,在经济活动中要求某一项权利的行使完全不影响其他权利,并不太实际。

如此一来,出质人与质权人的利益便出现了紧张:站在出质人的立场,当然希望对未设质权利有充分自主利用的权利;而对于质权人而言,自然希望质权人对未设质权利的利用不会损害到质物的价值,而且还希望能够了解出质人对于未设质权利的使用情况。而站在制度架构者的角

---

[1] 秦道友:《论知识产权质权》,安徽大学法学院 2003 年硕士论文,第 28 页。

度来看,对于出质人未设质的权利使用过度设限,不利于财产的流通与使用,对经济体系的总效益可能造成损失;而对这种使用完全没有规范,又可能在权利行使中增加冲突的发生,产生不利于经济稳定的因子。

解决这种对立的方式之一是依靠及时有效的登记制度。而在此方面,美国对合并登记制度的探索具有可借鉴之处,也就是利用信息技术建立一元化、并且适用于包括所有转让与授权(grant)的登记系统,无论这些权益的取得是基于让与还是许可。[1] 本书在下文关于监管的讨论中对此将进行更进一步的探索。

(2) 将来著作权

本书分析的著作权证券化案例中,若干证券化的标的是尚未完成、甚至是尚未开始进行的创作。最明显的例子是在 Paramount 案例中,尚未开拍的电影在将来播放时将产生收益成为被证券化的资产。透过对案例的深入探索,本书发现从基础交易的观点看,并没有出现对于将来著作权的转让;事实上所谓的"将来知识产权证券化"是在架构中使用循环模式(revolving structure),在著作完成时,逐一加入证券化资产池中。

然而就权利质权这项基础交易环节而言,把将来著作权设定为担保品的交易的确是证券化的交易环节之一。例如,Paraoumt 工作室在将来将产生的电影上被设定了担保利益;证券化的投资人取得了这些尚未存在的著作的第一顺位担保利益。这种担保利益的设定,在美国《统一商法典》第九章动产担保交易的扩张适用、或是英国的浮动抵押制度下具有操作性。本书将在下文第四节的分析中对这样的制度如何到达交易目的进行探讨,本节则对在质权制度下将来著作权出质的操作进行分析。

根据一般原则,具有财产性、可转让性以及适质性的权利都能够成为质权标的。从这些原则进行思考,对于将来著作可否质押的问题本身与第四章中将来著作可否转让的问题重叠。换言之,如果一项将来著作不具有可转让性,则就不能成为担保品。上文提到,各国对于将来著作可否转让的规定并不一致,目前只有法国著作权法明确规定未来作品不得转让;英国、德国明确规定未来作品可以转让;而意大利规定可以部分将来

---

[1] 张韶华:《商标权质押融资的风险及评估》,载《中华商标》2007 年 1 月期。

权利转让,但禁止全部将来著作权的转让。[1]

但在此应该强调,物权法定主义在权利转让与权利质押间的不同效果。对于权利转让而言,转让将来著作权存在一定的法律风险,然而交易双方依然可以依照意思自治原则进行交易。然而将来知识产权出质,如果法律不明确规定其可为质权的标的,则该等权利出质完全没有可供操作的登记制度,实践上等于被实质地禁止。在这里出现了理论与实践上的分歧,也点明了交易风险与立法上的思考点。

以我国为例,著作权的出质也是登记生效制。那么即使法律不禁止对将来著作权设质,但只要不建立对将来著作权设质的登记制度,那就等于实质上禁止。如果这种禁止是一种选择,那么显然与制度演化的趋势不合;如果这种实质禁止是一种立法技术的问题,那么便应该对其采取强化或完善的措施。

3. 商标

本书在第二章对商标权制度的探讨中认为,由于商标制度的本意即在经济行为的自由、保护商标权人的利益与消费者的利益间取得均衡,所以商标权制度的演化,一般都是围绕着这均衡点位置的变化而发展出不同的模式。总的来说,各国商标法一般规定,在类似商品中使用同一商标时,转让其中一种商标必须同时转让其他商标;此外,联合商标不得分开转让。而商标转让是否必须与使用该商标的企业一并转让,则是演化中的领域,各国的立法未必相同。

由于可转让性是作为适格质押标的的基本原则,所以这种分歧也出现在各国的商标质权制度中;而且在商标制度的演化历程中还不断地出现反复。[2] 例如,我国台湾地区的"商标法"曾经一度禁止商标专用权单独作为质权标的;我国《物权法》则很明确地规定了注册商标专用权可以为质权标的。[3] 美国联邦法由于遵循商标不能单独转让的原则,完全没有对在商标权上设定担保利益进行规范;《美国商标法》还进一步规定,

---

[1] 费安玲主编:《比较担保法》,中国政法大学出版社 2004 年版,第 417 页。
[2] 钟青:《权利质权研究》,中国社会科学院研究生院 2002 年博士学位论文,第 134 页。
[3] 参见《物权法》第 223 条。

转让商标必须同时转让该商标上附随的商誉,否则转让无效。[1]

由于此原因,美国牵涉商标权证券化的案例一般在发行架构上显得较为复杂,因为虽然被转让的商标权是真正价值所在,但必须与整体企业共同为之,因而结果就成为整体企业资产证券化的交易架构。在架构上通常必须设立一个壳公司(shell company)来完成证券化的发行。而对于在商标权上设定担保利益,则需透过《统一商法典》规定的登记制度来完成。[2]

不同国家制度间的差异对于知识产权证券化的发展具有一定的影响。从"金融创新是基础交易制度的功能新组合"这种观点来看,不同国家出现的证券化架构将由该国的基础交易制度产生。所以不同的交易制度,就可能会产生不同形态的组合,创新的结果也就不必然相同。美国法制禁止企业与商标权分开转让,结果就是关于商标权证券化的交易都势必需要以较为复杂的企业整体资产证券化进行。相对来说,我国商标质权制度显得更为灵活,有可能走出不同的金融创新道路,设计出不同的证券化架构来。

三、其他专有权的质权设定

此外学界注意到若干有价值的无形资产,虽具有财产价值及可转让性,但却被排除在权利质权的适用范围之外。利用此类权利的担保体制逐渐受到关注[3],这其中对知识产权证券化交易中较具有意义的是对于域名权、商业秘密和商号权的探讨。

1. 域名权

在第四章对可转让知识产权的探讨中,本书发现容易识别或知名度高的域名,其本身就有交换价值,而对其进行转让在真实经济活动中早已成为一种产业。那么域名权是否可以成为设质的标的?[4]

学者对此有正反意见,例如从技术观点看,域名的作用有如电话号码,是一种虚拟交易架构中的辨别方式。从这种观点来看,很多容易记忆

---

[1] 冯浩庭:《智慧财产权利证券化之研究》,台湾政治大学智慧财产所2004年硕士论文,第197页;美国法院称其为"assignment in gross"。

[2] 同上书,第199页。

[3] 王成慧:《知识产权质押问题研究》,吉林大学法学院2006年硕士论文,第8页。

[4] Alexis Freeman, "Internet Domain Name Security Interests: Why Debtor Can Grant them and Lenders Can Take them in this New Type of Hybrid Property", *American Banker Institute Law Review*, Volume 10, 2002, p.853.

或是看着吉祥的电话号码,往往能在市场上卖个好价钱,那么因此就将电话号码作为质权标的,似乎太过牵强。

但域名毕竟在很多方面不同于单纯的技术标志。特殊条件的域名价值连城,绝非一般的电话号码可以比拟;而域名传达的内涵可以引起联想、引发消费者的识别行为,事实上起到了网上商标的功能。此外。在网络经济的急速发展之下,网络虚拟世界中的交易与真实世界中的交易早已密不可分,因此对于域名权进一步由利益而承认为一种的财产权、进而作为可供设质的标的,不论是因为经济活动的需求还是鼓励交易的观点,都有可取之处。[1]

2. 商业秘密

所谓商业秘密是"不为公众所知悉、能为权利人带来经济利益、具有实用性并经权利人采取保密措施的技术信息和经营信息"[2]。目前学界对商业秘密能否成为质押权标的,大致存在如下三种观点[3]:通说认为商业秘密是一种财产权,但将其定性为相对财产权或是一种无形财产的分歧,却产生了是否能为质权标的不同结论。认为是一种相对财产权的论点认为,商业秘密主张仅能针对出于故意实施或利用不正当竞争手段实施的侵害,因而这种权利并不具有完整的占有、使用、收益和处分权等权能。此外,商业秘密具有秘密性,一旦公之于众便失去其应有的价值,在质权制度必需的登记程序中不具操作性,因此无法成为质权标的。而将其定性为无形财产权的论点认为,商业秘密是人们智力活动的实用性结果,权利人除了自身使用外,还可以以一定的交换价值许可他人使用。理论上可以成为质权的标的。至于质权设定程序中的所可能出现的意外披露,可以藉由赋予交易各方保密义务来排除。

3. 商誉权与商号权

在我国最高人民法院《物权法》研究小组对于《物权法》适用的诠释中,认为商誉权与商号权都可以成为质权标的,只要是其连同企业一并质押。[4]

---

[1] 朱伯玉、管洪彦:《域名权可为抵押权标的之民法分析》,载《法学论坛》2005年3月期。
[2] 参见我国《反不正当竞争法》第10条对于商业秘密的定义。
[3] 参见李玉香:《现代企业知识产权类无形资产法律问题》,法律出版社2002年版,第112页。
[4] 黄松有主编:《〈中华人民共和国物权法〉条文理解与适用》,人民法院出版社2007年版,第669页。

这种观点似乎不具现实的操作性。《物权法》或《担保法》并未明确企业名称可作为质押权标的,且由于公示登记制度的缺失,导致以企业名称为标的进行质押难以实际操作。然而,随着网络交易平台或对企业大数据的挖掘,评估发现企业名称所蕴含价值,并以该价值进行质押的操作模式逐渐形成。以商誉质押为例,2014年4月有担保公司试水电商等轻资产中小企业的商誉质押融资[1]:电商企业由于缺乏固定资产作为抵押物,而电商的流水及利润获得了银行的认可,且电商的网店具有一定的信用(如淘宝上的"钻"),进而电商获得了一定额度的融资,即便出现了风险,质押权人可接手网店自行经营,即可弥补风险。所以,上述案例是典型的以商誉质押融资模式,而并非以该电商的未来应收账款质押的。遗憾的是,上述质押并未有相关的质押登记公示,致使实践中商誉质押融资积极性及融资规模受限。

对于以上几类知识产权的设质制度,在世界范围内都是急速发展的领域。虽然此议题引发关注,但从知识产权证券化交易制度的观点来看,在该等权利上设定担保利益主要都是出现在商标权证券化的操作中,然而此类证券化交易一般以整体资产证券化的方式完成,因此对于个别种类知识产权设质的讨论并非最为紧要。

而从我国《物权法》中权利质权的制度设计来看,也为该等权利质权的设定留下了操作空间。《物权法》第223条第7款确立了法律法规可以规定出质之其他财产权利的口袋条款,这种弹性措施目前来看不失为一种稳妥的做法。

第三节 对知识产权衍生债权的质权设定风险与投资人保护

本节探索的是,于知识产权证券化交易中,在以下权利上设定质权的风险:第三类(以既有知识产权为基础的将来合同债权);第四类(以既有知识产权为基础的将来非合同债权);第五类(以将来知识产权为基础的

---

[1] 参见周宇宁:《网店信用等级可做抵押融资》,载《广州日报》2014年4月17日AII2版。

将来合同债权）；第六类（以将来知识产权为基础的将来非合同债权）。

前文提到，如果对于这些权利的转让能构成真实交易，则对于投资人而言将是最佳的保障。然而实务中，这种理想状态因各种原因无法达成，因而需要在这些权利上设定担保利益，以使证券化能够顺利发行。

具体而言，在上述第三类和第四类权利上设定担保利益，由于是否构成真实销售难以在事前完全确认，因此在被证券化资产（即由将来债权或收益权实现而得的现金流）上设定担保利益，即使被证券化的资产被纳入破产财团，投资人还可以对现金流取得第一顺位的请求权。

而对第五类和第六类权利而言，对其设定担保利益，在所谓"将来知识产权证券化"的交易制度下有很好的应用。由于未完工甚至未开始制作的创作，不可避免地必须在发起人的实质控制下最终才能完成，因此发行人对这种将来的权利转让无法成立真实销售。此时，便透过在这种将来财产权上设定担保利益来保护投资人。

在以上这四类权利上设定担保利益，可能的路径有四：第一，知识产权质押制度的扩张；第二，应收账款质押；第三，一般债权权利质押；第四，浮动担保制度。这些制度各有其作用的范围与限制，在不同的法律体制下具有的操作性也各不相同。

此外，本书还注意到在这个环节中，由于发起人与投资人间信息不对称所引发的投资人保护问题。就一般证券而言，由于地理、传播环节、社会身份以及知识结构等差异，投资者所能获得的信息量远低于证券发起人。发起人占据着优势地位将信息垄断，从自身利益的角度思考，为减少披露成本而尽量不披露或少披露信息，使得证券投资人的权益处于风险之中。[1]

而这种信息不对称的情况，在知识产权证券化中的权利质押环节尤为明显。在证券化交易后，知识产权的控制和运用权利，大都还掌握在发起人手中。如果没有适当制度对于信息的披露进行规范，投资人对于权利的变化情况将缺乏了解的渠道，因而交易风险将主要由投资人承担。因此，其实探索上述每一路径的可行性，最主要的就是考虑在该路径下，

---

[1] 牛松、王建平：《我国证券市场信息披露的问题及对策研究》，载《安徽大学学报（哲学社会科学版）》2007年7月期。

如何对投资人权利有所保障。

以下各小节依序对采用这些路径的操作、限制和蕴含风险展开探讨。

一、路径一——知识产权质权制度的扩张

1. 知识产权质权制度下的质权

观察知识产权证券化案例可以发现,一般情况下发起人在证券化交易前已经以知识产权为基础与它方签订授权合同,而对此基础知识产权设质时,质权效力的范围是否将涵盖该授权合同下所产生的权利金？如果答案是肯定的,那么知识产权质押制度本身就可能支持证券化中的质权设定。换言之,证券投资人在取得知识产权的质权时,同时也取得在知识产权衍生债权或收益上的担保利益。

2. 质权效力范围

一般对于动产质押中质押效力的理解,认为其质押效力及于质物及其从物、孳息、代位物、添附物等。[1] 例如我国《担保法》第68条对动产质押所及的标的范围作出的规定为"质权人有权收取质物所生的孳息。质押合同另有约定的,按照约定。前款孳息应当先充抵收取孳息的费用"。此外如德国民法也规定了债权上的质权扩及于债权的利息。而我国《最高人民法院关于适用〈中华人民共和国担保法〉若干问题的解释》（以下简称担保法解释）对股权出质的效力范围也作出了规定,"以依法可以转让的股份、股票出质的,质权的效力及于股份、股票的法定孳息"。[2]

3. 对于孳息的分析

那么对知识产权而言是否也可参照,将类似于"孳息"的权利金纳入知识产权质押效力范围内？如果这种"孳息"产生的法律关系来自于质权设定之后,则至少在我国法律框架下较为清晰,应当是在知识产权质押效力所及的范围。[3] 然而当该等法律关系在质权设定之前发生时,则对

---

[1] 参见谢在全：《民法物权论》,中国政法大学出版社1999年版,第774—775页。
[2] 参见我国《担保法》第104条。
[3] 我国《担保法》第80条的规定,知识产权出质后,出质人不得转让或许可他人使用,但经出质人与质权人协商同意的可以转让或许可使用,出质人所得的转让费、许可费应当向质权人提前清偿所担保的债权或向质权人约定的第三人提存。

此学者多所争议。目前大致有如下两种观点[1]：一种观点认为，经登记设立质权后，知识产权的占有转移，其收益应优先偿付质权人债权；而相反的观点则认为，质权设立只有概念上的占有转移效力，所有权人的收益权并未转移，且属质权设立以前处分权行使结果之延续，不能为质权效力所及。

本书认为，可以从"孳息"的理解来调和这种争议。一般经济上对"孳息"的理解，是一种不需要实质劳务就可取得的"被动性受益"(passive income)。例如，把资金购买股票或存在银行之中，不需要权利人的特别智力投入，权利人便可以因此收取收益。然而，从知识产权取得的收益而言，权利人所需投入的劳务程度可能有很大的差异；当权利人除了许可使用外不负有任何履行义务时，权利金的收入有孳息的性质；然而，在更多数的许可使用中，权利人或多或少的担负起一定的义务，这时以孳息的概念来理解权利金收益，便产生与经济事实背离。

鉴于此种争议的存在，以知识产权质押制度作为进行上述四类权利的质权设定的制度途径，存有法律上的风险。现实而言，在我国的担保法律框架中也没有操作性。

二、路径二——应收账款质押制度

1. 会计与法律制度的交汇

所谓应收账款是一种会计制度中的总账户，在资产负债表中列为流动性资产。按一般会计准则的规定，应收账款在服务或商品已经提供而未收到支付时，在应计的基础上(accrual basis)确认，而具体确认的时间可能因销售的方式不同而有所区别，如寄销、分期收款销售等就有不同的确认时点。[2]

考虑以应收账款质押制度路径对上述四类权利设定担保利益，事实上是法律与会计制度的交汇地带的困难探索。以我国《物权法》228条对于应收账款的出质规定为例，按照文字上的理解，标的权利首先要成为会

---

[1] 秦道友：《论知识产权质权》，安徽大学法学院2003年硕士论文，第28页。
[2] 黄松有主编：《〈中华人民共和国物权法〉条文理解与适用》，人民法院出版社2007年版，第658页。

计上能够认列的应收账款,然后才能依照制度框架进行质权设定。换言之,如果服务或商品还没有交付,或是在会计准则中规定的应收账款确认时点还没有出现,则这种权利本质上还只是一种将来债权,而非应收账款。由于这个概念处于法律与会计制度的交汇地带,在使用上常常引起混淆,运作时便产生了不确定性。

例如,最高法院《物权法》研究小组认为,应收账款还可分成已经发生的应收账款和将来发生的应收账款,并且认为两类的应收账款都适用于《物权法》对于应收账款出质的规定。[1] 在这种思路下,对上述四种权利的设质都可轻易地在应收账款质押制度的路径下完成。然而,"将来的应收账款"在概念与经济意义上显然不同于会计上的"应收账款",反而更像是一种将来债权。如此一来,除非在法律制度中重新对"应收账款"进行定义,否则在这种思路下的适用性便存在矛盾。[2]

此外,这种混淆在实务中也产生了使用上的疑虑。例如,担保法解释第 97 条规定的公路桥梁、公路隧道或公路渡口等不动产收益可以作为出质标的。有人认为,在《物权法》出台后,在该等受益权上设定质权必须依循应收账款质押的规定来完成。[3] 然而,如果依照会计准则对应收账款的确认原则,服务或商品还没有交付前,将来的收益权还不成为应收账款。对于这些不动产收益,在不特定的使用人来到特定地点前,并不可能产生交付行为,如此就不可能成为能被认列的应收账款。在这种情况下,以应收账款质押规定来对该等权益设定质权,存在错误适用的问题。

2. 应收账款质押制度的可能扩展

本书认为,这种混淆从会计上的保守原则来观察,可以很好地指出问题所在。对经济活动中产生的一般债权(不论是现有或将来)而言,当服务或商品的提供人已经完成交付义务后,债权的实现性比较高,这个交易关系只剩下服务或商品接受方的金钱支付义务。相对而言,如果债权的履行除了接受方的金钱支付义务外,还有其他义务有待履行,这种权利被

---

[1] 黄松有主编:《〈中华人民共和国物权法〉条文理解与适用》,人民法院出版社 2007 年版,第 668 页。
[2] 藉由定义的路径具有可行性,例如美国《统一商法典》以定义字 Account 来涵盖动产担保制度下的标的,避开了使用会计概念上的应收账款 receivables,来避免理解上的混淆。
[3] 陈龙业主编:《物权法百问通——担保物权》,中国法制出版社 2007 年版,第 234 页。

实现的可能性相对较低。在保守的原则下，不能承认它的完全价值。而对这两种情况进行区分，就形成交易制度下对于"应收账款"与"将来债权"的区隔对待。

从这种观点分析上述四类权利，可以看到只有交易性质简单的第三类（以既有知识产权为基础的将来合同债权）和第四类（以既有知识产权为基础的将来非合同债权）权利才有可能以应收账款质权制度进行操作。具体而言，就是当知识产权人将权利授权他人使用时，除了同意使用外，并不再负有任何义务有待履行，此时依据会计准则可以对被授权方应支付的权利金确认为应收账款时，才有构成这种操作的可能。然而，本书在第二章的分析中指出，实务上这种简单的情况并不常见。至于第五类（以将来知识产权为基础的将来合同债权）和第六类（以将来知识产权为基础的将来非合同债权）权利，由于知识产权本身还未形成，即使是使用最为宽松的观点，似也难认为其可以适用应收账款质权的制度框架。

然而，如果在法律制度中对"应收账款"的定义进行澄清或扩张，例如具有一定实现可能的将来收益权都可适用应收账款的质权制度，则扩张的范围越大，在上述四类权利上设定担保权益透过应收账款制度路径来实现的可行性便越高。比如，美国《统一商法典》全文便避开会计上的惯用字 receivables（应收账款），而是借用 Account（债账）一词并对其进行大量定义的方式，来规范对于权利的担保制度，就是这种思路的体现。

三、路径三——一般债权质押制度

1. 一般债权质押制度的定义与立法

以二分法对债权作区分，可分为证券债权与一般债权。所谓证券债权是指通过有价证券形式所代表的债权，如票据、债券、存款单等[1]；不属于证券债权的债权就被归纳为一般债权。规范以一般债权设质的制度便是一般债权质押制度。本节探讨的四类权利并不以有价证券的形态表现，因此规范其设质的制度可被归类为一般债权质押制度。

很多国家的法律都规定了一般债权质押的制度。例如，《德国民法

---

[1] 参见胡开忠：《权利质权制度研究》，中国政法大学出版社 2004 年版，第 152 页。

典》对在一般债权上设定质权有明确的规范[1];《瑞士民法典》对于一般债权质押的制度还细分为是否有权利证书的情形;《意大利民法典》规定了一般债权的质押制度,并把证券债权质权实现的规范与一般债权实现区分开来;英国法下称设质的债权为应收账账,还进一步将其区分为账本债务和一般债务,后者基本就是对于一般债权的设质制度规定。[2]

我国《物权法》并未明确规定一般债权是否可以成为出质标的。虽然应收账款作为一般债权的一种形式,其可作为出质标的已经被明确,然而在上一个小节对应收账款的讨论中可见,应收账款从法律角度而言代表的是一种风险较小的一般债权,其适用性还与会计准则相关联,具有相当的局限性。

那么《物权法》中的弹性条款,即"法律、行政法规规定可以出质的其他财产权利",是否能作为一般债权质权制度的框架?[3] 从适格质权标的的基本原则来说,因为一般债权具有交换价值与可转让性,符合质权标的基本原则。然而,以这种弹性条款作为在一般债权上设定质权的路径,在实践面与理论面都存在问题。

从实践面来看,由于弹性条款本身明确了"法律、行政法规规定"作为其他财产出质的前提,因而在没有法律规定的情形下,质权不可能具有法律效力,这就是基本的物权法定原则支配的结果。[4] 从操作层面看,只要法律法规不对配套的登记制度作出规定,则实质上等同于禁止对此类标的设质。此外,法律法规的简单承认还没有办法完全解决一般债权的设质问题,因为我国的《担保法》没有规定普通债权质权人所享有的权利,所以即使一般债权作为适格标的得到承认,也没有登记制度配套。由于这部分规范的缺位,一般债权抵押制度的运行也还无法良善。[5]

在理论上的争议,反对一般债权作为设质标的的学者认为,由于标的

---

[1] 参见沈达明:《法国/德国担保法》,中国法制出版社2000版,第290页。
[2] 费安玲主编:《比较担保法》,中国政法大学出版社2004年版,第309—310页。
[3] 参见《物权法》第232条第7款,《担保法》第75条第4款。
[4] 费安玲主编:《比较担保法》,中国政法大学出版社2004年版,第131页。
[5] 胡开忠:《权利质权制度研究》,中国政法大学出版社2004年版,第345页。

的不确定性,使这种标的不具备可转让性。[1] 赞成的学者认为,一般债权质权制度可具有提升经济流通的效率;而对于债权实现的确定性,可以透过对质权人进行监督来提升解决。[2]

2. 一般债权质押制度在知识产权证券化中的功能

根据上文第二章的观点,第三类(以既有知识产权为基础的将来合同债权)权利具有可转让性,且明显具有交换价值;因此法律不应将其排除在质权标的之外。固然这种标的具有不确定性,但这种风险应该由交易当事人在市场机制中决定风险的价格,而非由法律为当事人决定。

而第四类(以既有知识产权为基础的将来非合同债权)权利可以根据合同不存在的原因考虑,如果没有合同是因为交易习惯或固有的经济活动而成立,限制这类权利转让或出质反而违背经济活动的现实。

至于第五类(以将来知识产权为基础的将来合同债权)和第六类(以将来知识产权为基础的将来非合同债权)权利,由于作为债权基础的知识产权本身还未形成,故而以此债权作为质权标的时不确定性自然更高。本书在第二章对此二类权利转让合法性的探讨中,认为即便不确定性高,法律也不应该代替当事人否定其转让的价值;在制度上未必需要一步到位,可以由限定适格交易方的特别法为起点,有限度地明确其转让的合法性,作出制度演化的第一步。同样的角度,亦可适用于该等权利的质权设定中。

毕竟,没有一种资产能够完全排除风险。而在英国的浮动担保制度与美国的动产担保制度下,在这四类权利上设定担保利益都具有可行性,而以它们作为担保品的安排也在知识产权证券化中起到重要的作用。换言之,国外实践的经验表明,对于所谓不确定性高的风险,完全有可能透过制度与市场决定的风险溢价来控制。以此为理由限制这些权利的出质,等于无视于经济活动的现实与人类交易制度演化的趋势。

四、路径四——浮动担保制度在将来债权设质中的应用

前文提到,对上述四类权利设定担保利益,在英国的浮动抵押制度、

---

[1] 胡开忠:《权利质权制度研究》,中国政法大学出版社2004年版,第153页。
[2] 参见周林彬:《物权法新论》,北京大学出版社2002年版,第696页。

或是美国《统一商法典》第九章下的浮动担保物权(floating lien)的制度下,都具有操作性。在这些制度下,不论是企业现在还是将来可取得的全部或部分资产,都可以成为担保品,因而对于上述四类的权利而言,即使债权还未实现、甚至是作为债权基础的知识产权尚未完成,投资人都可以在其之上设立担保利益。

我国借鉴英国的浮动抵押制度,在《物权法》中规定了浮动担保制度,增加了担保制度的适用范围,是其一大革新。然而,这样的制度是否能支持在上述四类权利上设定担保利益?本小节首先阐述在英国的浮动抵押制度与美国《统一商法典》的制度路径下,如何达成对上述四类权利的担保权益设定,然后以此为基础,探索我国《物权法》下浮动担保的制度框架是否能够支持类似的操作。

1. 英国的浮动担保制度

(1) 制度演化

英国的浮动抵押制度是普通法下的产物,其制度的形成与规范,是由法官在判例中发展出来的。因此,探索英国浮动担保制度的演化轨迹事实上就是对于浮动担保制的一个思索过程。[1]

英国浮动担保制度的发展跟随着担保品种类的扩张而展开。首先,在19世纪英国的经济活动中,由于有限责任公司体制发展成熟,大量增加的公司在融资上产生巨大的制度需求。从企业一般的资产分类来看,在土地建筑物、设备、存货及应收账中,在当时的经济与法制条件下,设备成为最容易被接受的担保品。然而设备时常需要更换,当以新设备来代替旧有设备作为担保品时,担保程序便须重来,造成双方交易成本的上升。面对经济活动提出的制度需求,最终在1862年的Holroyd对Marshall一案中,英国法院终于承认在将来获得财产上设定固定担保的交易安排。[2]

在这种安排得到支持后,制度在实践之中向其他资产的种类扩张,如存货及应收账款。相对于设备,存货及应收账款具有更高的流动性。按

---

[1] 有关英国的浮动抵押制度的历史发展轨迹,可参见苏合成:《英美全面业务抵押制度研究》,北京大学出版社2004年版,第15—17页。

[2] 参见苏合成:《英美全面业务抵押制度研究》,北京大学出版社2004年版,第15页。

照原来的做法,担保人处置每一笔资产时还要获得担保权人同意,资产实现收益要存入担保权人账户,然后在下一笔担保贷款交易中,再把原来存入的收益借出来购置财货,然后再一次进行这些循环,整个程序繁复而无效率。因此,实务上债权人便逐渐允许债务人把销售收益存入其银行账户内自由处理,而无须把这些收益拨还担保权人。在这种安排下,浮动担保制度逐渐成形。最终这样的交易模式在 1870 年 Re Panama, New Zealand and Australian Royal Mail Company 一案中得到英国法院的确认,认为这种担保方式可以不仅包含担保人在经营上的收益,还包括公司现在及将来的财产。[1]

随后,英国浮动担保制度便在这种思路下发展细化。然而,就如典型普通法国家的法律制度一样,法律制度的定义或具体范围永远都在经济活动与法院判决的互动间变化。因此至今英国法律也没有为浮动担保制度作严格的定义。唯或可作为参考的是英国 Romer 大法官在 Re Yorkshire Woolcombers' Association Ltd. 案中表现的立场,其认为具备以下三种特征的担保交易便是浮动担保:第一,标的是现在及未来某个类别的资产;第二,该资产在担保人业务运行时不断变化;第三,在担保权人采取某些法律步骤前,担保人可以在日常经营中继续利用那些资产。[2]

(2)制度特点

根据学者研究总结,英国的浮动担保制度演化至今具有以下主要特征[3]:

标的浮动性。担保品在担保人的营运过程中经常发生变化,当资产流出担保人时便脱离标的的范围;而流入担保人时则自动成为标的。抽象表述是这种担保是在担保人现有及将来所有的财产上浮着,不是束缚在个别或特定的财产上,标的物在不同形态的权利之间变化。这种浮动的性质因某些条件的成就而终止,浮动担保转化为固定担保,担保的效力

---

[1] 参见鲍为民:《Floating Charge——浮动抵押》,载《河北法学》2004 年 11 月期。
[2] 苏合成:《英美全面业务抵押制度研究》,北京大学出版社 2004 年版,第 17 页。
[3] 黄松有主编:《〈中华人民共和国物权法〉条文理解与适用》,人民法院出版社 2007 年版,第 542 页;任清:《论英国法上的浮动抵押》,载中国民商法律网,http://www.jcrb.com/zyw/n35/ca28976.htm,2007 年 6 月 3 日访问;何小峰主编:《资产证券化理论与案例》,中国发展出版社 2007 年版,第 111 页。

就固定在当时担保人所有的全部财产上,这个过程称为"结晶"(crystallisation)或"封押"。

标的广泛性。浮动担保制度下的担保品几乎不受任何限制,可以广泛地包含动产、不动产或无形资产、存货、应收款、知识产权以及由其产生的一般债权,不论他们是否已经或将来才流入担保人的资产范围。而范围的界定上也还存有弹性,可以设定为全部财产担保(general floating charges);也可以是针对某一类或某几类财产(有限浮动担保 limited floating charges),例如只把现有和将来的知识产权,以及它们所产生的收益进行有限的浮动担保。

经营自主权。有学者认为浮动担保制度最重要的特征,是担保人对担保品仍有经营自主权,也就是在经营过程中使用和处分担保品,如将其出售、出租、设定抵押等。这种自由处分权利也正是浮动担保标的具有浮动性的原因。[1] 形象的比喻是在担保人正常经营时,浮动担保权处于"休眠"状态,担保人可以自由处置担保品,甚至是向第三方转让比浮动担保更具有优先效力的物权。

接管人的任命。一般担保制度中,实行担保权益主要通过拍卖、变卖或折价方式进行;而浮动担保制度中通常是以任命接管人(receiver)的方式来实行担保权,两相对比下便成为浮动担保制度的一种特性。接管人被视为担保人的代理人,可以为了担保人的利益而继续经营债务人的业务。如以一般实行担保权的方式,通过拍卖或变卖实行担保权,还可以把该业务整盘卖出(going concern)来保障债务人业务的价值。

(3) 对知识产权证券化的支持

英国的浮动担保制度为知识产权证券化提供了良好的操作平台,对于在本书归结出六类权利上设定担保利益,都可借助浮动担保的制度途径完成。从立法体例来分析,在对此六类权利设定担保权益时,并不需要如大陆法系的法律制度一般,先将权利进行分类,如知识产权质权、应收账款质权或一般债权质权等。对于担保人来说,只要担保权人可以接受,担保人现有或将来的财产无论它们是以哪一种权利的形态作为表征,都

---

[1] 任清:《论英国法上的浮动抵押》,载中国民商法律网,http://www.jcrb.com/zyw/n35/ca28976.htm,2007 年 6 月 3 日访问。

可以被浮动担保制度的担保效力所涵盖。

具体以第六类(以将来知识产权为基础的将来非合同债权)为例,在这类权利上设定担保利益,不论以知识产权质权、应收账款质权还是一般债权质权为操作路径,都必须先对权利的性质归类才有可能进行,而每一种途径都存有理论上的争论与实践上的障碍,以上各节对此所产生的风险已经逐一分析。

相对而言,在浮动担保制度下,担保人可以简便地以现有或将来取得的全部财产作为标的,即使是无法确定能否实现的将来权利也可被纳入范围之中。此外,操作上可以更进一步细化,利用有限浮动担保的制度框架(limited floating charges),将担保标的限定于既有或将来取得的无形财产权、或是范围更小的知识产权本身。例如在 Chrysalis 证券化案例中的担保交易就是一个典型的例子,在该案例中,浮动担保的标的只有音乐著作权的发行权,也就是说,担保权人在实现担保权时,证券化交易人 Chrysalis 音乐著作权发行权以外的资产都不会纳入"结晶"的范围。

此外,担保人对担保品的处置持续保有自主权为知识产权证券化提供了良好的空间。前文提到,知识产权的特性之一是其重复利用性与多权利主体存在的可能;因为这种可能性,知识产权存有无限价值潜力。在一般知识产权质押制度下,一旦知识产权成为担保品后,由于制度一般都会限制担保人对担保品的处置行为,能够释放出来的价值潜力即便没有完全消失,也将大为减弱。相对而言,在浮动担保的制度框架下,担保人对于证券化的基础知识产权仍然掌握了其充分的权能,存有将该知识产权价值作更大发挥的操作空间。

而浮动担保中的接管人指派制度,也为知识产权证券化提供重要支持。前面提到,知识产权的价值受到市场环境影响很大,如果传出发起人破产的消息,即使被证券化资产已经被破产隔离,知识产权的可变价性和市场价值也将立即大幅降低。为了避免这种情况,证券化架构中往往安排有候补服务商的制度,如 Guess 证券化中的安排就是一例。而英国浮动担保中的接管人指派制度,其作用类似于候补服务商能提供的功能,为证券化的发行创造了良好的条件。即使是在发行人面临破产的情况下,接管人的积极管理也能使证券投资人在破产程序中可能受到的损害减低。

由于浮动担保制度具有以上特点,加上英国对于真实销售的判断偏向形式主义,只要交易双方在形式上遵守真实销售的作为,尽管在交易实质上是担保贷款,真实销售的效果仍将得到支持。[1] 在这种制度环境下,证券化交易中很容易架构出交易各方都能接受的风险与利益分配方式,知识产权证券化也就蓬勃地发展开来。

2. 美国《统一商法典》下的担保利益

（1）制度演化

虽然美国法是在英国法基础上发展起来的,但美国本身取消了普通法院与衡平法院的划分,在担保制度的体例上又参考了大陆法系的做法,制定出详细的《统一商法典》将担保制度统一起来,因而在担保制度方面与英国的浮动抵押担保制度呈现出不同的风貌。《统一商法典》中并未明确规定浮动担保,而是在制度运行的结果中起到浮动担保的效果。因而有学者认为,美国《统一商法典》的结构更类似于大陆法系中对于未来财产所设置的财团抵押,而异于英国法上的浮动抵押。[2] 然而美国《统一商法典》相较之下,更充分体现了简化、功效、自由灵活的担保立法观念。[3]

（2）制度特点

美国《统一商法典》下的担保制度最突出的特点是不对动产担保进行抽象的形式区别。在第九章中,担保品根据其性质或用途被分为四类,即有体动产、投资动产、其他准无体财产权与其他无体财产权。框架上是以担保品的类别为标准对动产担保制度进行功能性区分,根据担保品的种类,决定了其可设定的担保权的种类以及公示制度;而不采用动产质押、权利质押或是动产抵押等概念化的分类方法。

透过第九章建立的规范,担保交易在《统一商法典》规范的制度下可以产生类似于浮动担保的效果,在《统一商法典》的官方评论中,称其为

---

[1] 何小峰主编:《资产证券化理论与案例》,中国发展出版社 2007 年版,第 110 页。
[2] 徐洁:《担保物权功能论》,法律出版社 2006 年版,第 276 页。
[3] 陈静:《英美法上的浮动抵押担保制度及其借鉴》,中国政法大学研究生院 2006 年硕士论文,第 18 页。

"浮动担保物权"(floating lien)制度。[1] 在第9章的规范下,担保权益在担保品被出售或处置时,会自动转附于担保品出售或处置所得到而可被确认的收益上。此外,担保人可以自由地使用,混合或处置全部或部分担保品,而不会影响担保权益。具体而言,这种效果主要透过以下规定来达成:

后获财产条款(After-Acquired Property Clause)。第9-204(a)条规定,个人消费品和商事侵权赔偿请求权外,担保合同可在后获财产上设立或规定担保物权。

未来贷款条款(Future Advances Clause)。第9-204(c)条规定,担保合同可预订担保品用来担保将来的贷款或其他价值,即使该贷款或价值不是因该合同的约定而提供。

认可的处分权。第9-205条规定了类似英国浮动担保制度下的经营自主权。若债务人混合或处置全部或部分担保品,或使用混合或处置收益(定义如下),都不会影响担保权益。

收益权利条款。第9-315(a)规定,对于担保品任何出售、租赁、许可使用,互易或其他方式处置担保品,不会影响担保权人在担保品上担保权益的延续,而担保权益会依附在任何可确认而源自于担保品的收益(Proceeds)上。

总之,美国《统一商法典》第九章构建了一套相对完整的担保交易规则,为交易当事人提供了较为明确的交易准则。正如有学者所言,依照这套游戏规则办事,当事人就可以最大限度地减少交易成本,保障交易安全,方便当事人充分发挥各种动产担保的功能,从而为搞活融资、提高资源的利用效率提供了有力的制度保障。[2] 概而言之,《统一商法典》这种由一元化的担保概念所导出的统一化的一套术语和单一法律机制,更加明晰了当事人间的法律关系,有利于维护交易的安全与便捷。[3]

---

[1] 〔美〕《美国〈统一商法典〉及其正式评注》(第三卷),高圣平译,中国人民大学出版社2004年版,第133页。
[2] 参见阎秋平:《论美国统一商法典第九编》,对外经济贸易大学大学1999年博士论文,第13页。
[3] 高圣平:《美国动产交易法与我国动产担保物权立法》,载《法学家》2006年第5期。

(3) 对知识产权证券化的支持

在本书所归纳的六类权利上设定担保利益,在《统一商法典》的制度框架下都能具有操作性。要言之,在 9-102 一节中,制度适用于的账款(Account)明确包含现有和将来的权利,以及现有和将来的许可使用。如此便包括了现在的知识产权以及现在和将来知识产权在将来所产生的许可使用费。[1] 而 9-102(64)一节在 2000 年的改版中,也扩展并明确了收益包含担保品的出卖、出租、许可使用、互易或者其他处分而得到的所有财产。这两条款产生的法律效果,基本上涵盖了所有可能从既有或未来知识产权上所取得的现在或将来权益,不论其是否具有合同的基础。[2] 因此,对本书介绍 Royal Pharma 案例或 Pararmount 证券化案例中,不论知识产权是否已经形成,或是实现将来权利金的可能性如何,都可以在《统一商法典》所建立的担保制度平台上进行。

此外,第 9-204(c)条(未来贷款条款)为"以未来权利作为未来贷款的担保"提供操作的可能,具体可以由 Paranoumt 证券化的案例说明。在证券发行时,Paramount 工作室还未开工制作任何电影,而是当将来制作完成的电影符合一定的条件时,在循环期(revolving period)将其加入证券化的资产之中。而在加入之时,Paramount 工作室将收到相当于 25% 制作费的资金。注意到前述些权利流转在证券化交易时都还没有发生,而 9-204(c)的规定使得在 Paramount 工作室将来著作权上设定担保利益(future right)来担保将来的借贷(future advance)变得可能。

3. 对我国《物权法》中的浮动担保制度的综述

我国《物权法》在制定过程中对国外浮动担保制度作了广泛而深入的论证,最终决定吸取发达国家的经验并结合我国的现实状况,将浮动担

---

[1] 美国《统一商法典》第 9-102(2)节原文为:"Account", except as used in "account for", means a right to payment of a monetary obligation, whether or not earned by performance, (i) for property that has been or is to be sold, leased, licensed, assigned, or otherwise disposed of, (ii) for services rendered or to be rendered.

[2] 美国《统一商法典》第 9-102(64)节原文为:"Proceeds", except as used in Section 9-609(b), means the following property: whatever is acquired upon the sale, lease, license, exchange, or other disposition of collateral; and rights arising out of collateral.

保制度引入我国。[1] 此可谓我国担保法制上的一大革新。那么,我国《物权法》下的浮动担保制度究竟能为知识产权证券化交易制度提供什么程度的支持呢？

(1) 我国浮动担保制度的具体内涵

从目前《物权法》的条文来看[2],我国浮动担保制度的具体涵义可从以下几点来说明。[3]

第一,适格主体的限制。得以设立浮动担保的主体限制于企业、个体工商户、农业生产经营者；而国家机关、社会团体、事业单位、非从事农生产的自然人不可以设立浮动担保。这实际上是一种冲突目标间妥协的结果。有论者主张适格主体仅能限于股份有限公司,因为这种制度下,担保权益的实现相当倚赖担保人的信誉,而只有股份有限公司一般规模较大、信息披露制度较为完整,因此能够减少风险,维护交易安全。但反对者认为,在市场经济环境中,这种风险的考虑应该由交易方自治来解决,而非由法律规范。最终妥协的结果,便出现对适格主体的范围界定。

第二,适格标的的限制。可以作为担保标的的仅限于生产设备、原材料、半成品及产品。其他的不动产、动产、权利（如应收账款与知识产权）不得为标的。由于不含权利标的,所以事实上《物权法》规定的浮动担保制度应该是一种浮动抵押制度,而且是仅仅包含动产抵押的浮动抵押担保制度。

第三,实现条件。担保权益实现的条件是债务人不履行到期债务、或者发生当事人约定的条件。这点类似于英国法下对于浮动担保"结晶"的规定。

第四,受偿顺序。制度规定债权人有权就实现抵押权时的动产优先受偿,实际上这就是浮动担保的体现。在实现条件还未成就时,担保人可以自由处分财产,于是在这之前抵押财产处于变动状态,对于被处分的财

---

[1] 我国《物权法》第181条规定,经当事人书面协议,企业、个体工商户、农业生产经营者可以将现有的以及将有的生产设备、原材料、半成品、产品抵押,债务人不履行到期债务或者发生当事人约定的实现抵押权的情形,债权人有权就实现抵押权时的动产优先受偿。

[2] 参见我国《物权法》第181条。

[3] 王胜明主编:《中华人民共和国物权法解读》,中国法制出版社2007年版,第389页；黄松有主编:《〈中华人民共和国物权法〉条文理解与适用》,人民法院出版社2007年版,第544页。

产不能被追及,而新增的财产自动成为抵押财产,担保权人就实现担保时确定的财产享有优先受偿的权利。

(2) 我国浮动担保制度对知识产权证券化的支持

从以上分析可以得知,我国的浮动担保制度并不具备支持在本书归纳的六类权利上设定担保利益的可能。制度本身将标的限于有限种类的动产,自然就不包括权利质权。此外,就立法体例而言,浮动担保制度是规定在《物权法》第十六章抵押权之中,与规定权利质权的第十七章属于不同的担保制度,不存在类比适用的可能性。

(3) 对我国浮动担保制度的评述

《物权法》确立浮动担保制度固然是我国担保制度上的一大举措,然而可惜的是,在利益权衡的妥协中,权利质权并没有进入此制度的框架中,相较于英国浮动担保制度的适用,还具有很大的差距。如果认为浮动担保制度本身有较高不确定性,再将它与无形财产制度叠加,其风险可能会以加乘结果出现,而且从立法技术来说难度也较高,这样的理由可以理解,因为其也代表了制度演化的阶段性。

然而,有学者主张在《物权法》建构的浮动担保制度框架下排除知识产权的理由,是因为适用法律统一的原因,亦即根据物权法定主义的原则,知识产权不能作为抵押权标的。[1] 这种理由却似乎代表了法律制度在演化上的局限并有脱离经济活动的可能。前面提到,若干知识产权的质押事实上有更接近抵押的特征,目前将知识产权纳入质权制度的体系规范,较多是由于立法技术和法制发展的历史原因,而非理论上的必然。而现在如果先以知识产权不能成为抵押权标的为理由,将其排除在担保法制重大新举措的适用范围外,则似倒因为果。这种适用法律统一性的问题不会在美国担保制度中出现,因为美国的担保体制是一元化的体制。从概念上来说,框架上是以担保品的类别为标准对动产担保制度进行功能性区分,而不采用动产质押、权利质押、或是动产抵押等概念化的分类方法,这种一元化的担保概念,似乎更为明晰且易于操作。

由于这种适用法律统一鸿沟的存在,要借由后续行政法规调整来扩

---

[1] 黄松有主编:《〈中华人民共和国物权法〉条文理解与适用》,人民法院出版社2007年版,第545页。

张浮动担保制度的适用范围来将知识产权纳入框架之中,似乎并不具可能性。至少相对于在权利质权的弹性条款(第 223 条第 7 款)的添增适用、对于应收账款(第 223 条第 6 款)的定义解释、或是将知识产权质押有效范围的确立等制度途径而言,要达成在本书归纳的六类权利上设定担保权益的操作,难度都高出很多。

第四节　我国制度条件下对权利质押环节风险的监管

本书在第二章中,已经探索证券化中一般监管的目的与监管内容,本节在这个基础之上,专注于讨论在权利担保的交易环节中,知识产权证券化相对于其他资产的证券化有什么特殊之处?这些特殊之处会产生哪些监管议题?

回答这些问题首先应该明晰监管制度与权利担保制度间在证券化交易中所产生的交互作用。本章中有很多关于哪些权利可作为适格担保品的争辩,其中主要的争点都是由于无形财产不确定性所造成的风险。反对将适格权利扩大的论点,多是考虑保护交易方免于此风险、或是此风险对经济稳定可能造成不利影响。而赞成的论点,其理由基本上是,交易风险的判断应该由当事人判断而非法律介入,而且扩大适格权利有助于经济效率的提升。

本书从市场经济的角度出发,认为交易各方应自行判断承担风险的价格,而法律制度应该提供明晰的制度平台,以利交易各方判断风险并采取对应的处置措施。换言之,制度设计上应该是透过监管制度的强制性,将交易风险尽可能地呈现给交易各方以及市场,而非代替交易方决定,在什么样的风险下,交易是可以进行的。从这种观点来看,监管制度的设计不能独立于交易的现实而存在,必须与担保制度的设计相互搭配。

此外,这种视角必然要建筑在对投资人合理的保护之上。由于发起人与投资人间信息不对称所引发的投资人保护问题,在知识产权证券化中的权利质押环节特别明显。在证券化交易后,知识产权权利的控制和运用,大都还掌握在发起人手中。如果没有适当制度对信息披露进行规范，投资人将缺乏了解权利变化情况的渠道，因而交易风险将主要由投资人承担。

因此，本书在这种兼顾交易自由与投资人保护的观点下，对相关监管和信息披露的议题进行以下的探索。

一、对设质标的适格性的监管

在物权法定原则下，法律未明确规定可以出质的权利，实质的效果等同于禁止其作为出质标的，即使交易双方合意，也无法透过登记公示制度设立质权，担保权利不能有效对抗第三人。由于登记公示的披露信息同时也是监管的内容，本质上是担保中公示登记制度的延伸，因而从这个角度来看，对设质标的适格性监管的探索，实际上是考虑担保制度如何与监管制度设计互相搭配建立的问题。换言之，考虑一项权利是否纳入担保制度运作，必须同时考虑是否能建立与之搭配的公示与披露制度。

具体而言，本章中探索的在六类权利上设定质权的几种制度路径，包括应收账款，一般债权质押，以及知识产权质押的扩张等。在该等权利上设定质权，首先应该要能确认经由哪种制度路径，然后便须对标的作出法定要求的公示或披露。例如，如果将应收账款质押扩展并细化，使之成为能够支持在符合某一些条件的将来应收账款（下简称"适格将来应收款"）上设定质权的制度，首先应该从公示登记制度考虑，对于"适格将来应收款"的公示登记需要涵盖哪些新息；而监管所要求的信息披露，便应以此为基础进行。

而在此基础上，在证券化的发行中，监管制度还可以视交易额的大小与参与交易方的人数，依照比例原则要求高于法定公示程度的披露。因为证券化交易是一连串基础交易的功能新组合，某一项基础交易制度中产生的风险可能在组合的交易中被放大或变形，而与基础担保交易制度中的风险呈现出不同样态。所以，如果对于证券化中的担保交易，以制度路径下的公示登记制度为基础，并要求高于法定公示程度的披露，则符合监管上的基本原则，也符合操作上的可行性。此外，前一章所述随证券发行对象不同而采取等比例的信息披露以及市场营销行为的规范，在此亦可适用。

二、对融资结构的监管

本章分析担保制度在知识产权证券化中的角色,发现对于六类权利的转让或质权设定的组合,可以形成多样化的证券化结构。知识产权或基于知识产权的收益权,可能分别或共同地成为转让标的、担保标的,或者两者兼有之。这种结构的设计除了法律框架的引导外,更多是交易双方在个案中,对于风险采取规避措施、或满足特定交易需求等因素交互作用所产生的结果。要从理论上或制度本身对其分类、或是掌握所有可能出现的交易架构,是不切实际的做法。

然而从监管的角度来看,在每一种交易结构被设计出来后,应该要能考察担保权益在证券化交易中起到什么样的作用;对于担保利益的设定,牵涉本书归纳的哪一种权利类型;遵循哪一种制度路径来完成;以及被转让权利与被设质权利间的相互关系为何。这种考察让并不是要对特定类型的交易结构予以肯定或否定,而是透过监管上强制信息的披露与透明化,使市场和交易各方能充分考虑在交易中面临的市场波动或交易风险,并进而决定采取何种控制风险的措施。

至于披露的程度,可以依照比例原则进行,对于交易数额比较巨大、或是参与投资方比较多的交易,可以要求更高的披露程度。当然这种监管还可依照监管水平和市场影响,与证券交易的监管制度相结合。这点可以美国证券发行的私募和豁免注册制度中的协调效率和公平的价值取向作为借鉴。在制度设计上,保护投资者的安全,同时又兼顾发行人的筹资权利,进而实现资本市场的稳健、安全、自由运行,最终促进经济的繁荣发展。[1]

三、对质权登记与后续变动的监管

知识产权的权利特性之一,是同一个知识产权上可以存有数个权利主体使得各权利主体能在各自的有效区域内行使权利,主体地位彼此独立,权利互不干涉。而这些权利范围可以简单地由授权合同决定,所以在该等权利上的担保利益,就有陷于混乱的可能。对此本书认为一套明确

---

[1] 周晓刚:《美国证券发行注册豁免制度研究》,载《证券市场导报》2001年4月号。

高效的登记制度是减少这种混乱的手段,依照登记先后、范围来决定受让人在对抗过程中的优先性,一旦争议出现,可使社会成本降至最低。

这样的登记制度势必衍生出监管的需求。在证券化的架构阶段中,相关信息应该被充分披露;同时,这种披露的义务还应该在证券流通期间持续性地存在,举凡对于任何涉及知识产权所有权、质权或任何权利负担的设定或者状态变化都应该依照必要原则进行披露。

注意到这里的披露牵涉了横跨两种体制下的公示披露要求。

第一种是对于应收账款质押制度下的公示披露。在我国《物权法》制定过程中考虑到,为了交易的安全与效率,统一应收账款的登记机构势在必行。这个系统应能够透过现代化、集中化和互联网技术,搭建出一个信息准确及时、查询操作简便、成本低廉和使用安全的登记系统。对此《物权法》规定在既有的信贷征信机构基础上进行强化,以满足应收账款设质登记的制度需求。[1]

第二种是知识产权质权制度下的公示披露。我国知识产权质押登记制度在《物权法》出台前,主要是在《担保法》和知识产权相关行政法规及部门规章所建立的框架下运行。《物权法》颁布后,其中第 227 条确定了知识产权中财产权出质的,质权自有关主管部门办理出质登记时设立。这个体制下登记制度产生不少问题,例如:担保登记机关繁多,如国家知识产权局负责专利权质押,国家版权局负责著作权质押,国家工商行政管理局负责商标权出登记等。目前,著作权、商标权、专利权等各主管部门有各自的登记规则,其申请登记主体、登记程序等不尽相同,规定相对较为陈旧落后,登记效率较低而且部门间难以沟通,有可能或出现不当的重复质押。[2]

这两种登记制度分离运行、分别记载对同一知识产权权利行使有影响的法律行为。例如就著作权而言,著作权人可以在著作财产权中的发行权上设定担保权益;而著作表演权可以授权他人进行商业化利用产生应收账款;而对于衍生著作开发的权利,则可以全部转让出去。这些权利都是以同一知识产品为标的物或交易基础,而权利范围的具体界定则通

---

[1] 王胜明主编:《中华人民共和国物权法解读》,中国法制出版社 2007 年版,第 492 页。
[2] 唐旭:《知识产权质押、物权与金融发展》,载《中国金融半月刊》2007 年第 5 期。

过合同来完成,此时如果公示披露的制度不能及时有效的将这些交易的情况传递,就有可能引起交易的混乱,产生不利于经济稳定的影响。

美国法学界在担保登记制的演化中已经观察到这个问题,因此开始思考解决之道。探讨中的方式之一,是建立跨《统一商法典》州一级的担保登记制度和联邦法下知识产权登记制度的一元化登记体制,将权利转让、担保、授权、许可使用的各种交易登记公示整合起来。[1]

《物权法》颁布后,我国在知识产权出质方面从过去的"质押合同登记生效"制度,改变为"质权设立登记生效制",在原有体系下发展出来的知识产权质权登记系统,势必要经历一些整改。目前我国已经建立股权、专利权等多种权利质押登记制度,然而,由于不同登记机关之间并无共享登记信息之机制,造成了使用不便,增加了权利质押融资之成本。而此时正值信贷征信系统逐步完善之际[2],或许可以借鉴美国在这方面的探索经验,将各类权利交易登记制度下的信息纳入统一的系统,或是至少建立系统资料库间的连线共享,从计算机技术的运用上看,这种路径完全可能。而在此基础上建立的监管措施在信息披露方面,具有更高的操作性。特别是,这样的制度将减轻投资人在取得信息成本不对称上的负担,更能使对投资人的保护得到落实。

本章小结

本章继续第二章中的六类权利分类,探讨在这些权利上设置担保利益的制度设计与风险,以及在证券化交易中针对这些风险可采取的监管措施。

对第一类(既有知识产权)和第二类(将来知识产权)权利的分析发现,世界各国对于将来著作权和将来专利权的质权制度在理论上与实践上都存有差异。本书认为理论上以该等权利设定质权符合市场经济原则,也是世界上多数国家的立法趋势,然而我国的制度框架并不完全支持

---

[1] 张旭:《商标权质押融资的风险及评估》,载《中华商标》2007年1月期。
[2] 2013年1月,国务院颁布了《征信业管理条例》,是年3月15日开始实施,我国征信制度建设逐渐完善。

此类交易,而学界也存在不同的看法。

对于第三类到第六类权利(简言之,就是基于现有或将来知识产权的将来债权或是权益)的设质,本书认为有三种可能的制度路径:第一,透过对现有知识产权质权制度的扩张,将"孳息"明确纳入知识产权质押的效力范围。第二,透过对应收账款质权制度的定义,将应收账款与会计上的定义作出区分,并建立应收账款质权人实现权利的机制。第三,透过行政法规对一般债权质押制度进行细化与扩张,使其能提供在此制度中进行担保利益设定。然而,在这些制度建立起来前,我国现有的担保制度仍然无法支持该等类型的权利质权,知识产权证券化能够发展的空间也大为受限。

在此议题上,我国虽然引入了浮动担保制度,但其适用与内涵上比英国的浮动担保制度或美国《统一商法典》第九章中的浮动担保物权都相对较小。且从立法体例来看,其本质是一种有限的浮动抵押制度,不可能类比适用在权利质押上。

在监管方面,本书认为监管制度的设计不能独立于交易的现实而存在,必须与质权登记公示配合。监管措施应在质权登记公示制度的基础上,依据比例原则对证券化交易中的质权设定情况要求更高程度的披露。此种思维借鉴于美国证券发行的私募和豁免注册制度中的协调效率和公平的价值取向,在制度设计上保护投资者的安全,同时又兼顾发行人的筹资权利,进而实现资本市场的稳健、安全、自由运行,最终促进经济的繁荣发展。

此外,在证券化交易结构中,知识产权或基于知识产权的收益权,可能分别或共同地成为转让标的、担保标的、或者两者兼有之。监管措施对此应进行考察、要求披露,以利于市场与交易方进行风险判断。同时,本书认为建立一元化的登记公示体系能有效降低权利冲突对经济稳定造成的负面影响。我国或许可借鉴美国经验,将各类权利交易登记制度下的信息纳入统一体系,如此监管措施在信息披露方面将具有更高的可操作性。同时,这样的制度还可减少投资人取得信息的成本,更容易使投资人的保护得到落实。

第四章 内部风险之三
——权利瑕疵担保环节的风险、对策与监管

第一节　知识产权证券化中的权利瑕疵担保

证券化的交易各方在掌握各种权利瑕疵可能发生的情境后,必然在法律规定的基础上达成双方所能接受的协议调整,并且当这种协议的法律效果能被预见时,才能为发行的证券定价,证券化交易才有可能进行。而在此方面,最为相关的制度框架便是权利瑕疵担保制度。因此,权利瑕疵担保环节,也就成为证券化交易中的重要环节。

然而,当证券化的标的涉及知识产权时,由于知识产权的种种特性,使得权利瑕疵与协议调整的问题变得复杂起来。本节首先分析权利瑕疵担保责任制度的起源、演化以及当今世界各国实践的情况;接着探讨这种制度在权利交易中(如知识产权或其衍生债权)的适用性;而后分析相关问题的本质。

一、权利瑕疵担保制度

1. 制度的思维与一般框架

权利瑕疵担保责任制度源于罗马法上的追夺担保。所谓追夺担保是指第三人基于所有权、用益权或抵押权,向买受人追夺买卖标的物时,出卖人应负起的担保责任。[1]

权利瑕疵担保责任制度建立在基本的公平原则之上。以买卖为例,出卖人有转移标的义务,而买受人有支付对价义务,公平原则的基本体现就是这两种义务必须对等。买方一般透过货币履行支付义务,而货币作为一般等价物,为价值的绝对代表,可以完全地依照交换价值再转换为其他商品或权利。而标的物通常不是一般等价物,必须通过买受人对其的完全占有,才能实现价值买受方在交易中支付的价值。由于这种一般等价物(货币)与非一般等价物(商品)的先天非对称状态,买卖双方的权利义务处于一种不对等的地位。因此权利瑕疵担保责任制度赋予出售方法定的瑕疵担保责任,确保买受人取得对买卖标的完全占有,来回应这种权

---

[1] 黎国梁:《论出卖人的权利瑕疵担保责任》,载《安康师专学报》2005年2月期。

利义务的不平衡状态,使买卖双方的权利义务获得平衡。[1]

罗马法上的追夺担保被各国和地区民法所继受,无论是大陆法系还是英美法系,大多数国家和地区都确立了瑕疵担保责任制度。各国和地区在继受这种制度后,在各自的文化背景与法律框架中逐渐演化出具有差异化的制度,特别是在担保责任的产生、范围以及交易方透过协议调整的限度上,都存有若干差异(见下小节)。[2]

2. 各法域实践现状

(1) 大陆法系国家和地区

《德国民法典》明文规定,出卖人负有使买受人取得买卖标的义务,同时还有使第三人不得对买受人主张任何权利的义务。德国法进一步明确了买卖双方可以协议免除或者限制出卖人的瑕疵担保义务,但出卖人故意隐瞒其瑕疵时,这种限制或规定无效。[3]《法国民法典》规定了出卖人有防止追夺的义务,即担保其出卖物不会全部或部分受到追夺,以及担保买受人不承受在买卖成立时未予申明的有关该物的负担。不论交易当时有无对此作出约定,出卖人都负有这种义务。[4]《法国民法典》也对责任协议减免之法律效力作出规定,范围与前述的《法国民法典》中的规定类似。

意大利的权利瑕疵担保责任制度加重卖方所担负的责任,规定即使有特约免除出卖人的担保责任,如果发生追夺,买受人仍然可以要求出卖人返还支付的价金并偿还费用;而只有在买卖双方对买受人承担的具体风险达成合意时,出卖人的这项义务才得以免除。[5] 日本与我国台湾地区的权利瑕疵担保制度与德国民法下的框架相类似,规定了出卖人有使买受人取得权利之义务。

(2) 英美法系国家和地区

英美法的权利瑕疵担保责任制度在判例法的体制下,责任的产生、范围和协议调整的限度比较多是由判例形成的规范,成文法的规定只有限

---

[1] 吴志忠:《论出卖人的权利瑕疵担保责任》,载《中南财经政法大学学报》2006年第3期。

[2] 丁琛、张淑静:《知识产权的权利瑕疵担保问题》,载《知识产权》2005年第4期。

[3] 参见《德国民法典》,郑冲、贾红梅等译,法律出版社年2001年版,第86—87页。

[4] 参见《法国民法典》,罗结珍译,中国法制出版社1999年版,第376页。

[5] 参见《意大利民法典》,费安玲等译,中国政法大学出版社2004年版,第360页。

地见于英国《1979年货物买卖法》和美国《统一商法典》之中。

在协议调整方面,英美法系的权利瑕疵担保责任制度经历了演化而偏向当事人契约自由原则发展。例如,英国的《1979年货物买卖法》承认,在买卖合同中显示出或者从合同的各方面情况可推断出意图的情况下,卖方只应转移他或者第三人可以拥有的所有权。[1] 此外,美国的《统一商法典》也规定,在两种情况下卖方的瑕疵担保责任可以被改变或免除:第一种,通过买卖双方的协议约定并使用具体明确的语言;第二种,买方有理由知道卖方对所卖之货并未主张所有权,或者卖方意图只是出卖他或第三人所拥有的部分权利或所有权。[2]

相对于大陆法系在权利瑕疵担保责任救济上的规定,英美法系国家的立法还有一个特色。大陆法系国家一般的立法例是对权利瑕疵担保的个别情况分别规定买受方可得的救济;而英美法是比照合同违约承担责任。[3]

(3) 联合国国际货物买卖合同公约

《联合国国际货物买卖合同公约》对于世界各国的商业活动产生了一定的影响力,也常成为立法体例的参考。该公约在权利瑕疵担保责任制度方面有类似于美国《统一商法典》的制度框架,但在以下方面有特殊之处。[4]

第一是扩大卖方责任。《联合国国际货物买卖合同公约》规定卖方所交付的货物必须是第三方不能提出任何权利或要求的货物,除非买方同意在这种权利或要求的条件下收取货物。而其中所谓的"要求",包括了第三方没有基于正当所提出的权利要求。

第二是赋予买方通知义务。在《联合国国际货物买卖合同公约》下,买受方主张出卖方应承担权利瑕疵担保责任的前提是满足规定的通知义务,亦即买方在已经知道或理应知道第三方的权利或要求后,必须在合理时间内通知卖方此权利或要求的发生与性质。

第三是扩及知识产权侵权。《联合国国际货物买卖合同公约》明确

---

[1] 吴志忠:《论出卖人的权利瑕疵担保责任》,载《中南财经政法大学学报》2006年第3期。
[2] 同上注。
[3] 参见美国《统一商法典》第2-607条,英国《1979年货物买卖法》第53条。
[4] 吴志忠:《论出卖人的权利瑕疵担保责任》,载《中南财经政法大学学报》2006年第3期。

规定了出卖方对货物知识产权的担保。出卖方对其所交付的货物负有担保第三方不能根据知识产权主张任何权利或要求的义务,只要是这种义务具有以下构成要件:第一,该权利或要求主张的基础是货物在转售地国、使用地国或买受方营业地所在地法律规定的工业产权或其他知识产权;第二,该权利或要求是卖方在订立合同时已知道或者不可能不知道的,且同时是买方并非在订立合同时知道或者不可能不知道的;第三,不是因为卖方遵照买方所提供的技术图样、图案、程序或其他规格进行生产或制造而发生的。

总结来说,虽然各国的立法现状存有差异,但归纳世界各国权利瑕疵担保责任制度,仍可以见到几个共同点[1]:第一,权利瑕疵担保责任是一种法定责任。权利瑕疵担保责任的基础是法律规定,而并非当事人意思表示。第二,权利瑕疵担保责任是一种无过失责任。只要买卖标的之权利有瑕疵,出卖人即须负责,有无过失在所不问。第三,权利瑕疵担保责任受到民事行为的有限调整。当事人得以特约免除、限制或加重权利瑕疵担保责任制度所规范的法定责任,但这种调整必须在法律许可的限度内进行,而各国的规定不尽相同。

3. 责任的构成要件、法律效力与权利转让中的准用

(1) 构成要件

从归纳世界各国的权利瑕疵担保责任制度可知,权利瑕疵担保责任一般在以下情况适用[2]:第一,标的物的所有权全部或部分属于第三人。前者如出卖他人之物;后者如未经共有人同意而出卖共有物。第二,标的物所有权受到限制。也就是标的物上被设定了其他的权利,如地役权、抵押权或租赁权等,从而使买受人不能完全行使合同生效时买受人认为将取得的所有权。第三,标的物侵犯他人的知识产权。例如上述《联合国国际货物买卖合同公约》的规定;此外,在英国的权利瑕疵担保责任制度下,买受人取得的标的物侵犯他人的商标权或专利权时,被视为属于出卖人违反法定默示条款,买受人可请求出卖人赔偿损害。[3] 第四,以债权或

---

[1] 吴志忠:《论出卖人的权利瑕疵担保责任》,载《中南财经政法大学学报》2006年第3期。
[2] 黎国梁:《论出卖人的权利瑕疵担保责任》,载《安康师专学报》2005年2月期。
[3] 胡江峰:《出卖人的权利瑕疵担保制度研究》,载《福建政法管理干部学院学报》2004年10月第4期。

其他权利作为买卖标的,权利在买卖合同订立时不存在。[1]

在以上这些情况出现时,权利瑕疵担保责任一般在以下要件满足时成立[2]:第一,合同有效。只有合同有效,当事人才能在权利瑕疵担保制度下主张权利。第二,权利瑕疵在合同成立时已经存在。至于若是权利瑕疵在合同成立后才出现,则是否构成权利担保瑕疵责任目前学理上仍有争议,有认为构成一般的债务不履行、合同自始无效、或仍可构成瑕疵担保责任等不同看法。[3] 第三,瑕疵在合同履行时仍未消除。因为如果消除了,则买受人自然可以取得对抗第三人的权利,出卖人也就不负有担保责任。第四,买受人为善意。即买受人不知或不应不知标的物存在权利瑕疵。

(2) 法律责任效力

与出卖方的责任效力相对的是买受人可以主张的救济手段。前文提到,大陆法系国家一般的立法例是依据权利瑕疵的个别情况分别规定的救济方式,而英美法是比照违约的情形承担责任。[4] 总括来说,买受人的救济手段包括以下几种,根据各国具体的法律规定,这些救济手段可能被分别或共同地提出[5]:

请求损害赔偿或降低价金。此为金钱上的救济手段,根据交易公平的基本原则,当交易标的物之价值因为权利瑕疵而减损时,买受方支付的对价理当相应减低;而当权利瑕疵的出现致使买受人遭受损失时,买受人可请求损害赔偿。例如,《法国民法典》规定买受人可向出卖人主张的损害赔偿范围涵盖了履行利益。一般而言,降低价金不能与解除合同的救济并用(见下段)。有时法律还对这种取舍作出强制性的规定。例如在美国,权利瑕疵依照其程度区分为实质性和轻微性。在实质性的情况时,买受人可解除合同并请求损害赔偿;在轻微性的情况,买受人仅可请

---

[1] 胡江峰:《出卖人的权利瑕疵担保制度研究》,载《福建政法管理干部学院学报》2004 年 10 月第 4 期。
[2] 黎国梁:《论出卖人的权利瑕疵担保责任》,载《安康师专学报》2005 年 2 月期。
[3] 陈月秀:《智慧财产权证券化——从美日经验看"我国"实施可行性与立法之刍议》,台湾政治大学法律学研究所 2004 年硕士论文,第 142 页。
[4] 参见美国《统一商法典》第 2-607 条,英国《1979 年货物买卖法》第 53 条。
[5] 黎国梁:《论出卖人的权利瑕疵担保责任》,载《安康师专学报》2005 年 2 月期。

求损害赔偿。[1]

解除合同解除。作为传统上买受方对于权利瑕疵的救济手段,如果权利瑕疵导致买受人不能对标的物行使所有权而使交易的目的无法达成,买受方可以行使合同解除权。然而如上所述,各国法律立法对于目的是否是无法达成有不同认定,而合同解除权一般与请求损害赔偿也并不能同时行使。

继续履行请求权。罗马法下权利瑕疵担保责任并未规定买受人的继续履行请求权,因而大陆法系国家在继受这种制度之初,也是以前述的降低价金、请求损害赔偿或解除合同等作为优先救济手段。然而基于民法上"促成交易,而非使可达成的交易崩溃"的基本原则,德国民法在演化中开始提升继续履行请求权的优先性,规定在买卖关系中存在权利瑕疵时,买受人应先向出卖人主张继续履行、以获得没有瑕疵的标的物;而只有在主张继续履行未果时才能主张其他救济手段。

违约金请求权。对于承认交易人可协议调整瑕疵担保责任的立法体例中,一般都支持双方对于违反瑕疵担保义务时的违约金规定。例如,在我国台湾地区的民法立法中,如果交易双方将协议明订于合同中,一旦买卖的标的物上出现权利瑕疵,买受人便可以根据合同向出卖人主张违约金的支付。

中止支付价款。以中止支付价款作为一种救济是我国《合同法》的独创。在有确切证据证明第三人可能就标的物主张权利时,买受人可以采取中止支付价款的救济。注意到这种救济主张无需等到事实发生买受人便可行使,其性质类似于一种履行抗辩权。

(3)在权利转让上的准用

权利瑕疵责任制度源起于以货物为标的物的买卖交易,而权利瑕疵在货物买卖关系中也是最为典型的情况。然而在知识产权证券化制度中,权利瑕疵责任制度真正的作用在于权利买卖中权利瑕疵产生时的制度规范。

先就原则上来说,权利瑕疵责任制度以规范货物买卖为典型,其他合

---

[1] 胡江峰:《出卖人的权利瑕疵担保制度研究》,载《福建政法管理干部学院学报》2004年10月第4期。

同准用。从交易中抽象的法律关系分析,以知识产权或债权作为交易标的买卖合同并无异于以货物为标的的买卖合同。交易的核心都是交易客体所代表的财产权,而交易的行为是卖方将自己的财产让渡给买受方,而买受方向卖方支付价金。事实上,正因为在交易中所显现出来的共同性质,知识产权被称为"以权利为标的"的物权、诉讼中的"准物权"或"无形准动产"。从这种抽象关系看,权利瑕疵责任制度应该可以准用于知识产权的交易。事实上,《德国民法典》就在买卖合同制度中,规定卖方在权利买卖中的担保责任和使买受方取得权利的义务,承认了权利瑕疵担保制度适用于知识产权和债权的买卖。[1]

然而,这样直观的承认在世界各国的立法体例中较为少见。[2] 例如,美国法下的权利瑕疵担保制度是以《统一商法典》第二章关于货物(goods)买卖的规定为框架的制度。《统一商法典》在2-103节中,货物的定义特意排除了投资证券(证券化的债权)和诉权物(choses in action)[3],表明在此作出的规范并不直接适用于知识产权或债权的转让交易。然而,《统一商法典》中的正式评述也明确指出:虽然本节将投资证券排除适用,但假如从本节的立法理由来看,且由于《统一商法典》并无特别规定"禁止将任何在此的条文类推适用于投资证券"。[4] 也即,上述规定仍不能完全排除投资证券适用《统一商法典》的可能,存有适用空间。

有学者认为这种准用的效果也出现在我国《合同法》所规定的权利瑕疵担保责任制度框架中。《合同法》下的权利瑕疵担保责任制度具体落实在"出卖人就交付的标的物负有保证第三人不得向买受人主张任何权利的义务"(第150条)。而所谓的买卖关系,是"是出卖人转移标的物

---

[1] 丁琛、张淑静:《知识产权的权利瑕疵担保问题》,载《知识产权》2005年第4期。
[2] 同上注。
[3] 美国《统一商法典》2-103(k)原文为:"Goods" means all things that are movable at the time of identification to a contract for sale. The term includes future goods, specially manufactured goods, the unborn young of animals, growing crops, and other identified things attached to realty as described in Section 2-107. The term does not include information, the money in which the price is to be paid, investment securities under Article 8, the subject matter of foreign exchange transactions, or choses in action. 原文可见于 http://www.law.cornell.edu/ucc/2/article2.htm#s2-105,2007年6月8日访问。
[4] 参见[美]美国法学会、美国统一州法委员会:《美国〈统一商法典〉及其正式评注》(第一卷),孙新强译,中国人民大学出版社2004年版,第47页。

的所有权于买受人,买受人支付价款的合同"(130条)。如此看来,权利瑕疵担保责任制度并未直接适用于知识产权的买卖。然而,《合同法》也规定了,"法律对其他有偿合同有规定的依照其规定,没有规定的参照买卖合同的有关规定"(174条)。鉴于其他法律并未对知识产权转让中的权利瑕疵担保责任作出规定,而转让知识产权合同作为一种"有偿合同",就可以适用第150条规定的权利瑕疵担保责任制度。[1]

二、制度在证券化交易的应用

在其他资产证券化交易中,交易方一般都能透过尽职调查、分析历史资料,掌握证券化基础资产的风险面貌,然后,再藉由定价或是信用增强措施反映风险、管理风险。例如,在住房贷款证券化交易中,最基本的原则是:贷款合同的履约率决定支付证券本息的现金流稳定性。所以,如果违约发生率超过预期,将使现金流不稳定,直接影响证券化的成败。在证券发行前,证券化的组织者可以透过分析历史资料得到大体趋势;在证券化交易后,履约率与国民年平均所得增长、利率与通货膨胀率等经济指标相关,因而可以经由对经济指标的预测来掌握或者是规划规险措施。因此,权利瑕疵的风险可以被量化,交易各方便可以采用各种惯用的措施来分配风险,或是以溢价来反映风险。

然而,这些适用于其他资产证券化的风险管理控制手段,在知识产权证券化交易中,由于以下原因很难完全适用。

1. 知识产权的权利不确定性

本书在第二章探索了知识产权权利本质,指出知识产权是基于国家主权,赋予个人在某种知识产品上的独占权利。换言之,知识产权的存在,是法律作用下的人为结果,而非在经济活动中自然出现。因此,知识产权权利的原始取得以及权利范围的界定,势必以国家认可或授予为条件。然而,国家主权的彰显不可能脱离人为的行政,而人为的行政自然受到知识、经验与资源的限制,可能出现漏查或不够周延的情况。如此一来,不论是审查程序、还是在审查程序外的确权诉讼行为,都可能随时造成知识产权的权利范围变化或权利消灭。

---

[1] 丁琛、张淑静:《知识产权的权利瑕疵担保问题》,载《知识产权》2005年第4期。

换言之,即便是基于知识产权产生的应收账款,在数量上多到足以透过统计方式,对将来现金流的数量与风险进行估算,但是如果作为交易标的的知识产权出现任何权利瑕疵,应收账款收益权的法律基础便受到影响,甚至可能消失。从现金流的观点看,一旦原来产生现金流的第三方,基于法律上或合同权利停止支付行为,偿付证券本息就会受到影响。

2. 尽职调查的局限性

在一般资产证券化交易中,对于基础资产的量,主要是透过律师和会计师的尽职调查来掌握。然而这种做法对知识产权证券化中权利瑕疵的判断未必有效。对于知识产权而言,侵权或无效案件的判断都具有高度专业性,也有很多模糊地带,在技术上很难通过一般法律尽职调查有效辨明。而即使相关领域的专业人士配合进行调查,有时也未必能绝对确定权利的范围。例如,实务上常常出现,知识产权人自己无法认定权利是否与他人重叠。考虑到这种不确定性将导致将来营运活动的不可预知性,因而必须诉诸司法、进行"确权之诉",来辨清权利范围的案例。这说明,知识产权权利范围的界定,在很多情况下属于知识产权制度下的不可能,必须借助其他制度的协助来完成。因此,在诉讼还没有真正到来前,没有人能够保证知识产权确实而完整的权利范围,或是存在有第三方主张在同样范围中享有权利的可能。

3. 将来知识产权证券化

随着知识产权证券化应用范围的扩大,有些证券化交易,在现金流还没累积足够的历史资料时便已经进行。例如,在 Royal Pharma 案例中,只有少量的新药已经进入市场销售。而在 DreamWork 和 Paramount 案例中,连基础的著作权还未被创作或创作完成,证券化的发行便已经进行。换言之,现金流的历史不是很短,就是还未出现。

在这种创新的发行架构下,传统证券化中透过历史信息来掌握证券化中的第三方债务人履行、或是将来收益支付人的履约行为的方式已经不具操作性。知识产权证券化的组织者,必须更凭借对于市场以及对产业的了解,来预测将来所能产生的现金流。

三、制度在知识产权证券化中的功能挑战

然而,以上特殊风险的存在,并不代表交易无法进行。不论风险的大

小如何难以预测,只要能将风险事件的情境(scenerios)进行归类,交易双方就有可能透过协议来进行风险分担。例如,交易双方可以规定在风险事件出现时各方所应担负的责任和享有的权利,如:请求损害赔偿权、降低价金、解除合同、请求继续履行、请求违约金、中止支付价款,或是以各种形态对于责任或权利加重或免除责任等。

这种协议约定必须在法律的基础框架中进行。交易各方必须确知对于风险分配的约定,必须有法律的支持,不会被认为无效。因为,如果法律效果的预见性达不到,风险就无法被管理、测算,从财务角度看,就无法为证券化的架构建立定价模型,证券化也就根本无法进行。[1]

因此,真正问题所在并不是交易的风险大小或是风险的形态,而是当事人是否能对风险的分配达成协议,以及协议的法律效果是否能具有预见性。例如,以我国合法交易的体育彩票为例,彩票购买方因彩票未中奖而损失投注金额的风险极为巨大。然而,投注彩票本身没有制度风险,开票的结果清清楚楚,满足什么情况奖项,就得到相应数额的奖金。因此,即使风险极高,交易各方也愿意这样进行。从法律的语言来说,就是协议的法律后果具可预测性。

第二节　权利瑕疵担保环节的风险与投资人保护

一、风险的样态

前节提到,知识产权证券化中的交易各方需要一个清晰而具有预测性的权利瑕疵担保制度,来作为协议约定的基础。具体而言,这个制度至少要能够在以下权利瑕疵的情境发生时,清楚地规范交易各方的权利义务:

---

[1] 有论点认为由于知识产权证券化是一种债权融资且是无追索权债券的法律规定性,对发起人对知识产权的产权权益没有影响,从而实质上成为一种知识产权未来收益的保险单。参见李建伟:《知识产权证券化:理论分析与应用研究》,载《知识产权》2006年第1期。但本书并不认同此种观点,因为保险业能够吸收风险在于大数法则的应用,但在个别的证券化交易似不可能达到大数法则,从而此举可能将个别企业的经营风险导入金融体系,造成风险的扩散、放大。

第一种情境是知识产权或其衍生的权利不存在。例如,著作人的创作是抄袭他人而得;或是专利权或商标权被撤销。此外,基于知识产权而签订的授权合同所产生的债权或应收账款,如果合同无效、被撤销或是债务人已经履行完毕,则债权的买受方将无法取得交易中所预期的权利。

第二种情境是所有权全部或部分属于第三人。例如,卖方在向买受方出卖某种知识产权或其衍生的债权前,卖方已经向他人转移该等交易标的;或是例如在两个共同发明人持有同一知识产权的情况下,其中一个权利在未经另一方同意的情况下,擅自对知识产权进行处分。

第三种情境是权利受到限制。例如,在某种知识产权上或其衍生债权上,已经被设定了某种权利质权等。

第四种情境是商品或服务侵犯他人的知识产权。证券化交易中用以支付证券本息的现金流的最终来源,是一般消费者使用基于知识产权的服务,或是购买利用知识产权的商品所支付的价金。而当服务或实体商品侵犯他人的知识产权时,购买人可能依据权利瑕疵责任担保制度,向提供服务或商品的第三方债务人(知识产权的被授权方)主张救济。

以上情况还要考虑瑕疵事件发生的时点。就知识产权而言,常见到权利人在取得权利证书(如专利证书或是商标证书)后,权利因为各种原因被撤销或被评定为无效。在这种情况下,知识产权便有可能是在转让合同签订时并无瑕疵,而是签订之后才出现撤销或评定无效的情形。而这种撤销或评定无效的情形虽然是在事后发生,但合同签订前事实的基础可能早已存在,而出让方知晓这种情况却未告知受让方。

这种风险一旦发生,往往将由证券的投资人来承担。因为信息不对称,证券发行人占据着优势地位而对信息垄断,从自身利益的角度思考,为减少披露成本而尽量不披露或少披露信息,使得证券投资人处在一个相对不利的地位。而这种情况在知识产权证券化中更为明显。这主要是知识产权证券化中所涉及的资产,是一般人在日常生活中较少接触、驾驭的无形财产,它们的存在是法律作用的结果,不如有形资产来得直观而容易掌握。而且,发行人通常也是知识产权的权利人,他们从无到有地开发出知识产品,对知识产品开发的过程、历史和背景了如指掌,绝非投资人透过尽职调查或购买证券前的分析评价所能比拟。此外,评价知识产权,不论权利客体是技术专利、商标或著作权,需要有一定的专业知识。而就知识产权证券化的交易结构而言,远比股票公开发行上市来得复杂,其间的法律关系往往不是一般的投资人所能理解。因此,如何在这种权利瑕疵风险前妥善地保障投资人的权利,便成为知识产权证券化中一个重要的课题。

二、我国台湾地区法制框架下的分析

以分析台湾地区的法制对上述风险样态进行分析,是因为台湾地区民法较大程度演绎了物权行为理论模式,与大陆地区的非物权行为理论模式形成一种对比。两相对比之下,可以说明大陆在权利瑕疵担保责任上现有争议的原因与背景。

因为民法以物权行为理论模式为基础,台湾的权利瑕疵担保责任制度在权利买卖中的准用能够看出较为清晰的逻辑。在物权行为理论模式下,法律行为分为负担行为和处分行为。负担行为是一种债权行为;而处分行为是一种物权行为和准物权行为。负担行为和处分行为两者间在优先顺序上有所差别:负担行为没优先顺序原则的适用,也就是说负担行为的效力不以行为人有无处分权为有效要件;而处分行为有优先顺序的适用问题,且以行为人具有处分权作为核心效力要件。[1] 这种负担行为和处分行为的分离在抽象的术语上称为处分行为的无因性。[2]

上述权利瑕疵的几种状况本质上是因出卖人无权处分行为引起。在物权行为理论模式的制度下,无权处分会引起行为效力待定的后果。效力待定的后果最终会因为无权处分他人的财产事后能否得到他人追认而产生两种法律效果。

第一种情况是最终没有得到权利人追认。在这种情况下,处分行为无效,然而物权行为的无效不影响债权行为的效力,因此买卖合同仍然有效。此时买受方便可在一个有效合同的基础上,要求出卖人履行义务,包括权利瑕疵担保责任制度下的担保义务。

第二种情况是无权处分他人的财产事后得到他人追认的。这种情况

---

[1] 胡江峰:《出卖人的权利瑕疵担保制度研究》,载《福建政法管理干部学院学报》2004 年 10 月第 4 期。
[2] 王泽鉴:《民法概要》,中国政法大学出版社 2003 年版,第 88 页。

下无权处分最终成为有权处分,买受人取得完整的权利,也就没有向出卖人主张权利瑕疵担保责任的需要。

由于脉络清晰,在我国台湾地区民法的框架下较容易得出权利瑕疵担保责任能够适用于权利买卖,包括知识产权权利的转让、知识产权的授权以及基于知识产权衍生债权的转让交易。[1]

三、我国大陆地区法制框架下的分析

大陆地区并不承认物权行为理论模式,而是采取统一法律行为的概念,所谓物权行为的通常表现为债权行为的履行。在这种立法框架下,权利瑕疵担保责任的制度从理论层次到实践层次都存在若干的争议。有些学者认为,我国民法或合同法的体制下本来就没有权利瑕疵担保责任的制度。[2] 有学者认为,在我国法律制度下权利瑕疵担保责任的制度的功能不大、甚至可以忽略;而部分学者认为,姑且不论权利瑕疵担保责任的制度存在的功能,从目前法律的规定来看,瑕疵责任担保制度本身具有一定的冲突性,无法为交易各方提供良好的法律效果预见性;有些学者则认为将权利瑕疵担保责任适用在权利买卖上有一定的困难。本书以下分别就这些立场进行归纳与分析。

1. 制度的存在意义

有学者认为在我国立法体系之下,权利瑕疵担保制度没有存在的必要性。原因是此制度基本上无法在现有体制中发挥功能,例如出卖人出卖他人之物、出卖他人共有之物、出卖受到承租人购买权,或是抵押权人优先受偿权利等负担之标的,其买卖合同自始无效,或者在未经权利人追认前合同不生效(《合同法》51 条)。[3] 既然不存在有效的合同关系,那么买受人便没有向出卖人主张瑕疵担保责任的基础。[4]

---

[1] 参见我国台湾地区"民法"第 347 条关于有偿契约准用的规定。陈月秀:《智慧财产权证券化——从美日经验看"我国"实施可行性与立法之刍议》,台湾政治大学法律学研究所 2004 年硕士论文,第 140—141 页。

[2] 该论点参见巩寿兵:《权利瑕疵担保责任独立性之否认》,载《平原大学学报》2006 年 8 月期。该论点主要是基于对《合同法》第 150 条和第 151 条的不同理解。

[3] 参见我国《担保法》第 49 条。

[4] 胡江峰:《出卖人的权利瑕疵担保制度研究》,载《福建政法管理干部学院学报》2004 年 10 月第 4 期。

有学者反对这种诠释,例如一种理解是:《合同法》第150条关于权利瑕疵担保的规定,明确指出"法律另有规定的除外"。而《合同法》第51条对无处分权人处分他人财产所作出的规定,就是一种法律规定的例外,明确了这种情况不适用第150条规定的权利瑕疵担保责任。其他的权利瑕疵情况,例如未取得其他共有人同意而出卖共有物、出卖抵押物、或是出卖租赁物,均可依第150条规定的权利瑕疵担保责任适用。[1] 此外,还有一种理解是,由于无权处分的情况(第51条)涵盖了第三人对买卖的标的物享有权利的(第150条)情形,所以第51条为一般法而第150条为特别法,根据特别法优先于一般法的普遍原则,可以决定出在个别权利瑕疵情况中的法律适用问题。[2]

对于这种对立的论点,还有学者认为应该将第51条删除,以便维持瑕疵责任担保制度明晰的法律效果。特别是现代社会的交易大量的以未来物为交易标的(例如知识产权证券化中的将来债权或将来知识产权),如果认为这样的合同都无效,显然将成为一个背离经济活动现实需求的制度。[3]

2. 制度的运作障碍

尽管接受部分学者的观点,承认上述瑕疵担保制度在我国法律框架下的存在以及内在逻辑,然而在运作上,因为以下几个原因,使得在知识产权证券化交易中,这样的制度框架仍不足以提供交易各方以协议方式分配风险足够的法律效果预见性。

(1) 协议调整的规定缺位

前面提到国际间对于瑕疵担保的立法,一般都承认交易双方以协议方式,对瑕疵担保责任进行有限度的调整。从学理上说,按照契约自由公平的原则,这种协议调整只要不危害公共利益,应该能得到法律支持。然而公共利益是一种抽象的概念,所以所谓的"有限"调整,在实践上就容易造成协议双方难以确认的法律后果。

在美国法律架构下,《统一商法典》第2-312节的规定可以提供交易

---

[1] 参见梁慧星:《如何理解合同法第五十一条》,载《人民法院报》2000年1月8日版。
[2] 参见崔建远:《无权处分辨》,载《法学研究》2003年第1期。
[3] 参见张建:《权利瑕疵担保责任探析》,载《山东行政学院山东省经济管理干部学院学报》2005年6月第3期。

足以依循的规范框架。该节明确规定了"明确"语言和针对"特定"的客观情况,协议的排除或调整可以得到承认。而在判例法环境下,交易方可以从判例归结出在类似交易中所谓的"明确"和"特定"应该要到什么程度才能够为法院所支持。

《德国民法典》在这方面则作出了较为原则性的限制,规定对于瑕疵担保义务的加重或减免必须考虑到出卖人权利与义务的平衡、以及对买受人权利保护等因素。对于程度过大而失去平衡的责任加重,或是在出卖人故意隐瞒瑕疵下的责任减免,一律视为无效。[1]

我国法律框架没有明确规定协议调整是否属于契约自由的范围,对可以调整的程度没有作出规范,不能使证券化的参与方足以预测协议对权利瑕疵的风险分担的法律效果。

(2) 免除责任的规定过于简要

《合同法》对出卖人的瑕疵担保责任作出例外的规定是:合同订立时买受人知道或应当知道第三人对买卖的标的物享有权利的,出卖人不负瑕疵担保责任。相对于其他国家的立法而言,这种一刀切式的规定显得不够细致,也减少了交易双方以协议对瑕疵担保责任进行调整的空间。以英美的立法为例,在类似的情况下,卖方的瑕疵担保责任可以被"改变或取消"。而德国立法则以权利负担的形式划分,即使买受人知道该等负担的存在(如抵押权、土地债务、定期金债务、船舶抵押权或者质权等负担),出卖人仍然有排除此类负担的义务。《意大利民法典》更偏向于促成交易的原则,规定即使买受人被告知标的物上存有担保或约束而仍然进行交易,出卖人在买受人受到追夺时依然要承担责任[2],只是买受方可对出卖人主张的救济不包括对损害赔偿的请求权。

有学者认为德国与意大利这种制度能促进商品流转,因为买受方不会承担过多注意的义务;而即使知道交易标的存在瑕疵,也不会因为出于利益受损的疑虑而对交易裹足不前。[3] 事实上,这样的制度也能为以知识产权为标的的交易制造空间。前文提到,由于知识产权无形资产的特

---

[1] 吴志忠:《论出卖人的权利瑕疵担保责任》,载《中南财经政法大学学报》2006年第3期。
[2] 同上注。
[3] 同上注。

质,同一知识产品上存在有多重权利主体的可能性。那么如果简单认为买受人知道第三人对买卖标的物享有权利时,出卖人就可以不负瑕疵担保责任,这样的瑕疵担保制度显然无法满足现实经济活动中以知识产权为标的之交易需求。

(3) 承担瑕疵责任的后果不明确

上文提到权利瑕疵出现时,各国立法对于买受人的救济有不同规定,而通常包括以下的一种或数种:损害赔偿请求权或降低价金请求、合同解除、继续履行请求权、违约金请求权、及中止支付价款等。在我国立法中,除了明确提到中止支付价款的救济,其他的救济的形式或法律支持的范围并未被明确规定。

相对而言,国外的立法一般在权利瑕疵担保制度框架中,还进行较为细化的规定。例如,德国民法具体规定了各种救济手段的优先性。当买卖标的出现权利瑕疵时,买受人应先向出卖人主张继续履行,借此获得没有瑕疵的标的物;而在主张继续履行未果时,买受方才能主张其他救济手段。此外,法国与美国在权利瑕疵担保制度框架中也都对损害赔偿请求权的行使和范围作出较为明确的规定。[1]

3. 准用于权利买卖的限制

对于知识产权证券化而言,探讨权利瑕疵担保制度的意义在于其适用于准物权为买卖标的之可能。所谓的以准物权为买卖标的,具体而言就是本章第一节中提及的几种权利转让,例如,发行人与第三方债务人进行的知识产权买卖或授权权交易、发行人与特设载体间的知识产权转让交易、以及发行人将应收账款或将来债权转让给特设载体的交易等。

各国和地区对于权利瑕疵担保制度在权利买卖上准用性的明确程度并不相同。所谓"准用",在法律上的概念是说事件性质相同时,方得准用。[2] 而交易或事件的性质是否相同的判定,却会带来交易的不确定性。例如,上文探索部分学者的看法,认为在我国法律框架下,可以得出瑕疵责任担保制度准用于权利买卖的结论。然而这只是学理上的分析,在实践中交易各方不可能单就学理分析就满足对于法律效果预测性的

---

[1] 吴志忠:《论出卖人的权利瑕疵担保责任》,载《中南财经政法大学学报》2006 年第 3 期。

[2] 周天泰:《智慧财产权融资之法律问题初探》,载台湾《万国法律》2005 年 2 月期。

要求。

第三节　风险的因应对策与知识产权保险制度

一、应对风险的思路

上节提到，我国立法框架下的权利瑕疵担保制度从理论基础、运行、乃至于在权利买卖适用性等各方面仍存有不确定性。在这种情况下，知识产权证券化交易中的交易各方，很难凭借现有的法律框架来达到风险分配后果的可预见性。

本书认为，如果在制度上要营造利于知识产权证券化交易的环境，可能由两种路径来达成。

第一种路径是透过特别法的规范。要从民法及合同法架构中把这些障碍或模糊排除、理顺从理论层次到实践面的逻辑脉络，牵涉较多的问题，进行上较为艰难。此时特别法可以展现出灵活度，在缩限适用主体与适用交易的前提下，对于权利交易中瑕疵担保作出明确的规范。换言之，这种做法可以避免修改民法及合同法可能造成的广泛影响，而只适用于证券化交易下的特别法能对制度产生的效果进行控制。只是这种所谓"叠床架屋"的立法方式，仅能当成法律制度演化过程中的一种过渡手段，我国的权利瑕疵担保制度最终仍须得到理论层面的澄清与运作上的细化与扩展。

第二种路径是透过第三方保险的辅助。所谓第三方保险人，是在证券化中非发起人一方，但对于被证券化资产所能产生的现金流，作出以最低程度担保的一方。保险人的资信独立于发起人、被授权人和特设载体；而保险事件的客观参照是现金流，只要是现金流达不到特定水平，保险人就向受益人（通常是证券化的投资人）负责，而不问事件的发生原因是来自于市场因素、还是知识产权或其衍生债权的权利瑕疵。

在第三方保险人介入证券化的发行后，尽管在证券化的架构中还是存在无法完全预知的风险，但风险在发起人与投资人间零和分配的局面被打破了。在买受方与出卖方的零和分配中，风险若不被投资人承担、就要被发起人承担。当第三方保险人存在时，投资人不必考虑风险发生的可能与后果,因为保险人将对投资人提供最直接的救济,因此这种安排成为证券化常用的信用增强手段。

注意到这种方式虽然可促进证券化的发行,但毕竟不是最终解决方式。因为保险人在提供保险时,仍然需要对于各种可能发生的风险情境进行分析,并考虑风险一旦发生时,权利人主张权利所可能造成的经济损失,并在这个基础上决定提供保险时收取的保险费。这种考虑从经济层面来看,与投资人考虑承担风险时决定的风险溢价并无不同,只是保险人在这方面已经累积较多经验,能够应用其专业尽可能地减少风险情境出现时造成的损失。

二、以第三方保险应对权利瑕疵风险的安排

第三方保险或担保在知识产权证券化中经常被运用。以本书分析的几个案例为例,在 Bowie Bond 证券化交易中,EMI 音乐公司提供外部信用增强,以三千万美金的授权金担保该债券本息之清偿。在 DreamWork 证券化案例中,Ambac 保险公司提供电影著作依约完成的完工保险;在 Royal Pharam 证券化案例中,资信优良而专注于金融交易保险的 MBIA Insurance Group 公司提供保险保证本息按照时间表支付、并于法定到期日之前清偿证券本息。

欧美先进国家在金融保险领域的发展较为成熟,保险业的专业分工较细,提供的险种种类也较多。在知识产权证券化交易中,第三方提供的保险主要有以下几类:

1. 单线保险

第一种是在美国较常见,由单线保险公司(monoline insurance)提供的财务保险。例如在 Royal Pharam 证券化案例的 MBIA Insurance Group 便是一例。单线保险公司一般以签发担保债券的方式提供财务担保,担保的标的是证券化的债务不履行。保险的内容(insurance coverage)具有相当的弹性,可以是只有待履行债务的一小部分,也可以是保证发行证券百分之百无条件不可撤销的全额担保(unconditional irrevocable 100%

guarantee)。[1]

　　这种安排在财务上显现出明显的效果。由于对投资人而言，所需要考虑的信用评级可以很大部分地脱离发行人本身的信用风险、被证券化资产的品质以及知识产权或其衍生债权上权利瑕疵所产生的风险。在提供百分之百无条件不可撤销全额保险的情况下，投资人完全可以只考虑保险机构的信用评等。这就是为什么在 Royalty Pharma 以知识产权的将来授权金作为被证券化的发行中，这样看似高风险的投资标的，还能使 Moody's 与 Standard & Poor's 两家信用评等机构均给出最高投资等级评价的原因。[2]

　　2. 一般保险

　　所谓"一般保险"的保险标的，是证券化的某一类资产或整个资产池，而非对于证券本息的支付提供保险，因而这类的保单有 pool insurance policies 之称号。当被保险的资产发生损失时，保险人给付预定的保险金。[3] 这种保险的提供机构必须对被证券化资产有丰富的经验，还要对法制框架下可能产生的交易风险有所了解。由于这种保险在风险计算上，与一般财产保险机构有重大差异，通常是由专业的信用增强保险机构办理，普通的财产保险业并无办理此类业务的能力。[4]

　　3. 完工保险

　　完工保险在电视、电影业等创意产业中的应用已行之有年[5]，在所谓将来著作权证券化的发行制度下，完工保险被引入证券化的架构中，例如在 DreamWorks 证券化的发行便是一例。

　　完工保险在电影产业中发挥的作用是在制片人（若在证券化交易便成为发行人）向银行贷款时，银行审贷及放贷所要求的担保。实务

---

[1] 参见 Zoe Shaw, *Credit Enhancement and Cash Flow Analysis*, Euromoney Publications plc 1996, p.12；转引自冯浩庭：《智慧财产权利证券化之研究》，台湾政治大学智慧财产所 2004 年硕士论文，第 106 页。
[2] 参见本书附录 Royalty Pharma Finance Trust 证券化案例分析。
[3] 冯浩庭：《智慧财产权利证券化之研究》，台湾政治大学智慧财产所 2004 年硕士论文，第 107 页。
[4] 王志诚：《金融资产证券化——立法原理与比较法制》，北京大学出版社 2005 年版，第 155 页。
[5] 陈月秀：《智慧财产权证券化——从美日经验看"我国"实施可行性与立法之刍议》，台湾政治大学法律学研究所 2004 年硕士论文，第 78 页。

上,当制片人有了电影剧本、预算计划和电影发行合同时,如果银行同意贷款给制片人,就会再要求制片人提供完工保证公司开具的保单,由其担保电影制作能在符合企划书的预算、日程与品质等条件下完成。提供完工保证的保险公司,必须承担电影制作超过预算时的超支,直至电影完成。[1] 从抽象的法律意义来说,保险标的是一种以将来知识产权的完成,并且确保著作权的完整、免于权利不存在或存有瑕疵的风险。

完工保险制度充分地展现了保险产业的专业分工。在电影或电视制作期间,提供保险的机构会要求制片人提供各式详细的进度报告以及成本预测,以便实时掌握预算的使用情况。当出现制作超支或超时时,保险人立刻介入进行核算,甚至接管制作作业。[2] 由此可知,保险机构经营此类转项业务的前提是对产业本身的深刻了解。

三、知识产权保险制度评述

作为一种专业保险,知识产权保险制度目前还未被引入到知识产权证券化交易中。然而,知识产权保险在欧美发达国家行之有年,而在我国的法律环境下,这种保险制度则可能在瑕疵担保议题上,为法律效果预测性不足带来解决的契机。

1. 知识产权保险在证券化中的效果

知识产权保险一般分为知识产权执行保险(IP Enforcement Insurance)与知识产侵权保险(IP Infringement Insurance)。前者的保险标的,是知识产权权利人在行使权利的过程中,受到他人权利侵害而向他人主张权利时所产生的损失;而后者,是当第三人主张被保险人的行为侵害到其利益时,向被保险人提诉而被保险人由此产生的损失。[3]

两者在知识产权证券化中都具有应用的潜力。例如,在知识产权被他人仿冒、或非法使用时,知识产权执行保险可减少证券化现金流的可能波动。知识产权侵权保险,则是当他人在基础知识产权上主张权

---

[1] 董泽平:《新创风险事业创业财务策略之研究——以独立制片人电影专案筹资为例》,台湾大学商学研究所2006年博士论文,第62页。
[2] 同上注。
[3] 葛冬梅:《美欧智慧财产保险制度介绍》,载《科技法律透析》2004年6月期。

利时(也就是知识产权权利出现瑕疵时),提供证券化中交易各方的保障。

2. 知识产权保险的险种

美国在知识产权侵权保险业务所发展出来的保单,对于不同侵权形态有针对性,能够比较有效地锁定风险。例如,媒体责任保单(Meida Liability Policies)主要是针对非专利权类别的知识产权(如著作权、商标权)而制定。而由于此类权利的侵权范围可能非常广泛,而且透过电视与网络的传递可以产生较大范围影响,因此这类型的保单对于金钱损害赔偿通常没有设定上限。[1]

此外,也有将保险范围集中在诉讼费用的辩护费用保单(Defnese-Cost Only Insurance)。顾名思义,这种保险的理赔范围只涵盖因第三人主张权利而引发诉讼时所产生的律师费、专家费与其他程序性或行政上的费用,由和解或损害赔偿产生的费用,并不在理赔的范围内。[2]除此之外,也有一般性的保单,适用于一般知识产权在权利出现争议的情况,在使用、散布、销售或是广告推销等经济活动中,被保险人因知识产权侵权争议所产生的诉讼费、和解费和损害赔偿金都在理赔的范围内。[3]

欧盟在1997年起也开始有计划地发展专利保险机制。在现有的规划中,有五种保险架构方案正在被讨论着,对于不同的争议模式、保险的涵盖范围、理赔的标准和保费的收取各方面正展开评估。[4]

四、知识产权保险下的路径思考与投资人保护

保险的目的,在于透过专业分工,将风险分配给最熟悉该种风险的一方来承担,从而在降低风险情境出现时,减低对交易各方所造成的冲击。基于以下理由,知识产权保险,或许能在我国的制度环境中,补足瑕疵担

---

[1] 参见 E.C. Osterberg, "A Primer On Intellectual Property Risk Management And Insurance", *les Nouvelles*, Vol.38 No.2 (2003), p.94;转引自葛冬梅:《美欧智慧财产保险制度介绍》,载《科技法律透析》2004年6月期。
[2] 葛冬梅:《美欧智慧财产保险制度介绍》,载《科技法律透析》2004年6月期。
[3] 同上注。
[4] 同上注。

保责任在法律效果可预见性上的不足,为知识产权证券化交易制造有利的环境。

1. 制度的建立具有可行性

我国的保险业和保险品种距离欧美先进国家的水平仍有一段距离,要等到产业自行成长到能够处理较为专业化的风险,仍需要一段时间。然而,如果将产业中的财务、法律与技术专家结合起来成为一个专业化极高的团队,然后再以此团队为"种子",向产业中的经营机构提供服务,同样也能够产生有效的专业分工效果。换言之,这种专业上的细化,未必要形成一种产业标准,并不需要每一个保险机构都要具备这种能力,才能建立这种保险制度。

2. 政策途径的可操作性

知识产权保险制度具有透过政策建立机制的可能。由于这种保险的交易量并不会太多,因而未必需要一个完整的市场框架才能展开,而可以透过政策途径来建立这种机制。这种政策途径,符合我国发展自有知识产权的战略方针。同时,还可以解决知识产权瑕疵担保的法律效果预见性议题,为交易各方在进行架构安排时,提供协议风险分配的一种选择,而为知识产权证券化制度营造发展条件。

3. 政府参与的合理性

参考其他国家和地区的发展经验,类似的政策性机制在建立初期可以由政府介入,来推动其运行。韩国在20世纪80年代后期成立韩国技术信用保证基金(KOTEC)便是一例。该基金作为一个独立、专门的技术信用保证机构,向中小企业及风险事业提供关于技术方面知识产权交易的信用保证。基金的规模在2000年底已达43850亿韩元,其中29460亿韩元是由政府提供的。[1] 而我国台湾地区也在展开类似的尝试,台湾地区的行政当局从2002年起开办了专项基金,以专案的方式补助企业在解决知识产权权利争端上的费用。[2]

这种政府介入提供信用支持的方式,看似与市场经济的建构背道而

---

[1] 韩国技术信用保证基金的运作参见 http://www.moea.gov.tw/~meco/cord/ms_plan91/0577A/0577A6.pdf,2007年6月8日访问。

[2] 陈月秀:《智慧财产权证券化——从美日经验看"我国"实施可行性与立法之刍议》,台湾政治大学法律学研究所2004年硕士论文,第145页。

驰,但在国际上有很多成功经验。典型的例子就是美国证券化的发展轨迹。当证券化制度的滥觞——住房抵押贷款证券化,在美国首次在20世纪70年代出现时,美国本身的法制框架也不完善,经济体系内外还有很多问题没有解决[1],此时若不是由政府及半政府的担保机构介入,并且以联邦政府作为最终的信用保证支持,市场未必能够认同这种金融创新。由于政府的担保提供市场信心,住宅抵押贷款债权证券化开始蓬勃发展,进而证券化的基础资产向各种类型扩散,才能发展到今日全球资产证券化交易的巨大规模。[2]

抽象来说,创新的交易制度或金融产品在刚出现时,市场对其没有熟悉感,运行也存有风险。相关的问题,在没有真实的交易时,并不能够被清楚地辨识、考察、进而被解决。此时政府资源的参与,就犹如化学反应中的催化剂,让具备反应能量的交易各方开始进行交易,然后由市场自然地在交易之中摸索出效率较高的交易制度、并对法制框架的完善和细化提出需求。

4. 对投资人利益保护的权衡

这种权利瑕疵的风险与前面几章探讨到的风险并不完全相同。如上所述,在知识产权的领域中,权利的存在及其范围,有时并不能被界定清楚。即使权利人(通常是证券化的发起人)相对投资人而言有较为完整的信息,但是没有人能够完全断定权利是否会在将来受到意外的挑战而出现瑕疵。正因这种风险来自于知识产权的制度本身,所以本节探索如何透过保险制度将这种风险转嫁给第三方,同时也达到保护投资人的目的。

然而保险需要成本,选择这种路径,意味投资人至少要负担部分的成本,从而由此引发两个层面的问题。在第一个层面的问题是这种额外成本的结构是否能够透明化。如果无法做到充分披露,则投资人极有可能在发起人刻意隐瞒下,承担起全部的成本。原本应该由权利人承担的权利瑕疵担保责任,透过保险机制的运作所产生的风险溢价,反而转化为由

---

[1] 何小峰主编:《资产证券化理论与案例》,中国发展出版社2007年版,第83页。
[2] 林苍祥等:《金融资产证券化商品公开招募之规范研究》,载 www2.gretai.org.tw/prints/doc/75b.doc,2006年6月8日访问。

投资人承担的成本,投资人的权益虽然在权利瑕疵风险前得到保障,却形成另一种不公平。

第二个层面的问题是,在风险与成本间抉择,投资人有可能不愿意选择保险。这如同有的人愿意购买交通意外保险,而其他人选择承担风险的道理一样,决定于个人的风险偏好。然而,就如同在若干领域中的强制保险一样,是否要将这种自主权交给投资人,则成为问题的关键。本书认为,可以参照前两章探讨的比例和分层原则,考虑证券发行对象对风险的承担能力,以及证券化交易架构的复杂度和募集资金的数额。对于风险承担能力较差的投资人,或是潜在风险较高的证券化发行,应有强制性或程度较高的保险要求。

第四节　我国制度条件下对权利瑕疵担保的风险监管

知识产权证券化标的不同于其他证券化标的,其权利本身相对而言较不稳定,交易各方必须对权利瑕疵的风险进行协议分配、或是考虑利用知识产权保险制度排除风险可能产生的损失。由于这些异于其他资产证券化的安排,也就产生不同于其他资产证券化的监管需求。

一、对于协议风险配置的监管

在知识产权证券化中,因为作为转让或授权标的的知识产权、或其衍生债权,可能出现权利瑕疵,如:权利被撤销、范围变化或是被第三人主张权利等情况。面对这些风险,交易双方透过合同决定,各种风险情境中的风险分配与救济措施,例如,对于权利瑕疵担保责任的加重、减轻或免除。这本来是一个双方意思自治的过程,应该由交易各方依据个案的条件通过市场机制来决定。然而,因为以下两个原因,这个环节产生了加强监管的必要性。

第一个原因,是这种权利瑕疵出现的高度可能。其他证券化中的被证券化资产,如住房贷款或贸易应收账款,一般而言,权利的状态比较稳定;但知识产权出现这种权利争议的问题却很常见。而这种风险一旦发生,证券化的基础便产生动摇,整个证券化结构的稳定性立刻受到影响。因此,鉴于这种风险的影响性,监管措施应当等比例地在这个交易环节中加强。

第二个原因,是基于我国法制环境下的现实。权利瑕疵所产生的风险与责任的规范,与权利瑕疵责任担保制度最为相关。上章第二节分析了我国现有的权利瑕疵责任担保制度,结论是现有制度不能为交易各方对于他们之间的协议分配提供足够的法律效果的预见性。因而,在这个制度下的交易行为应该受到更多的关注。

具体的监管内容,应该要考察交易各方对权利瑕疵所引发风险的协议安排。举凡牵涉以证券化知识产权或其衍生债权的转让或买卖,都应该披露,并且说明关于权利瑕疵责任协议安排的方式与合理性。具体而言,这些转让或买卖,至少包括了发行人与第三人间的知识产权的买卖或授权交易;发行人与特设载体间的知识产权转让交易;发行人将基于知识产权的将来收益(如应收账款)转让给特设载体的交易;被授权人利用知识产权提供服务或制造货物销售给其他方的交易。

对于这些协议安排所缺乏的法律效果预测性,可以参照招股说明书的方式,将其作为一种风险因素(risk factor),要求在证券发行的架构下进行强制性的披露,并对此风险因子作出定量或定性的描述。[1] 如此消除信息不对称性所需成本将由发行人承担,而保护投资人的目的则较容易达成。

二、引进知识产权保险制度下的监管

在一般资产证券化交易中,第三方提供的保险可作为一种促进交易、稳定交易架构的手段。而在知识产权证券化交易中,面对知识产权权利瑕疵的高发性、以及在现有制度下协议安排缺乏法律效果的预见性,以知识产权保险的专业分工是可行的解决途径。而当采取这种解决途径时,以下几个方面监管措施势必要相应地到位。[2]

第一个方面,是对于该类保险提供者的市场准入监管。此类保险的

---

[1] 参考中国证监会不时颁布招股说明书信息披露的内容与格式准则中有关风险因素的规定。
[2] 何小峰主编:《资产证券化理论与案例》,中国发展出版社 2007 年版,第 49 页。

提供机构,必须是一种高度专业化的组织,这种机构运行的机制可以藉由政策建立,也可采用类似韩国的做法,由政府牵头形成。然而作为市场参与者,必须要符合市场的原则与规范。因此,对于此类机构的形态、人员组成、注册资本与营运方针等,都应作为市场准入监管的考察内容。此外,该类机构还应建立信用评等,因为在证券化交易中,提供保险的机构的信用评等应该高于发行证券的级别,如此方能发挥预期的第三方信用增强功能。如果该类机构的信用评等低于证券化资产,则保险的提供便失去意义。

第二个方面,是对于保险具体内容的监管。在一般证券化中,对于第三方信用增强的监管,包含第三方信用提供在量上的监管,以及对提供信用在形式上的控制。具体的监管措施,应该要求披露保险覆盖的范围,并且考察保单的内容是否符合经济行为的常理。基本上,保险人的功能是对于交易的辅助与加强,而非成为交易中的主要一方。然而,如果保险的协议安排直接决定了交易的实质,或使保险人在架构中获得或可能获得超出保险费形式以外的请求权,则保险人的角色便出现混淆,反而增加证券化架构的风险。

第三个方面,是与其他监管措施的协调问题。一旦对证券化中的保险行为进行监管,如何协调和完善既有的金融监管机制的问题必须解决。资产证券化,本来就是一项跨行业的综合业务,既会涉及证券、担保、信托等金融业务领域,又会涉及工商业企业资产交易的非金融行业。[1] 而就知识产权证券化而言,涉及的领域还可能扩及知识产权的主管机关。因而对于知识产权证券化产品的审批、运作与监管都将具有较高挑战。这种协调工作,在拟定监管方针的初期阶段,便可对知识产权保险或其他第三方保险提供人在证券化交易中的参与进行规范,并在监管的制度框架中预留空间。

---

[1] 巴曙松、刘清涛:《当前资产证券化发展的风险监管及其模式选择》,载《杭州师范学院学报(社会科学版)》2005 年 02 期。

本章小结

本章首先指出，由于权利本质的差异，知识产权或其衍生债权常出现权利瑕疵的原因与事实。因此，相较于其他资产证券化交易人，知识产权证券化的交易各方承担更大的风险。然而，本书也认为风险的存在并不代表交易无法进行，只要交易双方能够就风险如何分配达成协议，而且协议的法律效果具有可预测性，风险就可以被管理、测算，证券便能定价而发行。

鉴于这种预测性取决于权利瑕疵担保责任制度的法律框架，本书对权利瑕疵责任担保制度的缘起、演化以及当今世界各国和地区的实践状况进行总结。接着，在此基础上，探讨我国法制中关于权利瑕疵担保责任的制度规范与运作。本书发现，我国的瑕疵担保责任制度从理论基础、法规诠释到实行层面上都存有争议，特别是对于以权利为买卖标之准用不明确，因而不足以提供知识产权证券化中交易各方对于风险协议分配的法律效果可预测性。

本书注意到这种风险与前面几章探讨到的风险并不完全相同。在知识产权的领域中，权利的存在及其范围，有时并不能被界定清楚。即使权利人（通常是证券化的发起人）相对投资人而言有较为完整的信息，但是没有人能够完全断定权利是否会在将来受到意外的挑战而出现瑕疵。

本书认为，在这种背景下，问题可以由两种途径解决。第一种，是透过特别法的规范，对于特定适格交易方或交易标的进行的权利买卖，制定清晰的权利瑕疵担保责任制度，从而避开从《民法》和《合同法》调整所可能引发的大范围影响。第二种途径，是通过强化第三保险制度，特别是知识产权保险制度，来打破知识产权证券化中，发行人与投资人间对于权利瑕疵风险分配的零和局面。

当采用第二种路径时，考虑对投资人权利保护，应进一步要求成本结构的透明化，以及对交易人自主性的限制。本书认为，可以参照前两章探讨的比例和分层原则，考虑证券发行对象对风险的承担能力，以及证券化交易架构的复杂度和募集资金的数额，对于风险承担能力较差的投资人,或是潜在风险较高的证券化发行,进行强制性或程度较高的保险要求。

  如果要引入这种专业的保险制度,在监管上就必须有配套的措施。本书分别对保险提供者的市场准入监管、保险具体内容的监管、以及与其他监管措施的协调问题提出了探索与分析。此外本书认为,监管内容还必须要考察交易各方对权利瑕疵的风险所作出的协议安排。由于这些协议安排,在法律效果上具有不可预测性,所以或许可以参照招股说明书的方式将其作为一种风险因子(risk factor),强制性地对其作出定量或定性描述,藉此由发行人承担消除信息不对称所需的成本,从而提升对投资人权利的保护。

第五章　外部风险之一
——制度所蕴含的道德风险、对策与监管

第一节　知识产权证券化的潜在道德风险

一、经济活动中的道德风险

道德风险的概念,最早来自经济学家在市场经济中观察到的行为。由于自利动机是每一个"经济人"采取行动的原始驱动力,因此个体在经济活动中,便会在制度框架中尽可能地采取自利行为,例如"搭便车",或在交易中隐瞒部分事实的行为。[1] 由于这种行为,市场的价格机制无法发挥将资源配置优化的功能,从而导致社会总体的经济效率与效用水平下降。研究信息经济学的学者则认为,这些行为的根源在于信息的不对称性,属于一种市场失灵的状况。[2]

这种概念具体形成"道德风险"(moral harzard)一词则是最早出现在保险业中,为了考虑提供保险的成本,保险提供者必须设法将这种风险行为内化到保费结构中。道德风险的在投保情境中的表现有两种形态:第一,投保人在投保时不完全披露(甚至谎报)信息的风险,并在投保时作出逆向选择(adverse selection)。例如,健康的人倾向不投保;而自知有隐疾的投保者则不作完全披露。第二,是投保人在投保后,减低了采取行动防止风险的动力。例如,投保车险后在驾驶安全上反而更放松,结果使得保险公司赔不胜赔。[3]

后来经济学家发现道德风险也能够解释很多经济现象,因此对于道德风险的研究便在各个领域扩张开来。如今学者把如投机主义、不诚实、欺骗、偷懒等现象都纳入道德风险范畴,道德风险的概念与内涵被扩展和

---

[1] 例如,英国著名经济学家亚当·斯密认为,追求个人利益是一般人性,作为经济活动主体的就是体现人类利己主义本性的个人。参见陈冬花:《技术合同履行中的道德风险研究》,武汉理工大学科学2003年硕士论文,第3页。

[2] 张静春:《技术创新、道德风险与经济增长》,载《经济社会体制比较(双月刊)》2003年第1期;〔美〕保罗·萨缪尔森、威廉·诺德豪斯:《经济学》(第17版),萧琛主译,人民邮电出版社2004年版,第172页。

[3] 参见陈冬花:《技术合同履行中的道德风险研究》,武汉理工大学科学2003年硕士论文,第3页;参见〔美〕保罗·萨缪尔森、威廉·诺德豪斯:《经济学》(第17版),萧琛主译,人民邮电出版社2004年版,第172页;张静春:《技术创新、道德风险与经济增长》,载《经济社会体制比较(双月刊)》2003年第1期。

丰富化。当前,经济学中对于"道德风险"通常解释为:在交易过程中,从事经济活动的人在最大限度地增进自身效用时,所作出的不利于他人的行动。[1]

信息经济学派的观点侧重于研究交易双方达成协议后,一方利用信息优势采取不利于另一方行为。表现出来的具体现象,就是交易方在得到某种机制的保障时,倾向于采取风险更高的决策,因为其对于其行为引起的损失不必完全承担责任,但在获利出现时却可获取更大的收益。有学者更浅白地诠释了道德风险在金融危机中的表现,认为道德风险可简单表述为:一个人可以作出某些风险程度高的决定,一旦出了问题却要由别人承担。[2]

二、知识产权证券化中道德风险存在的样态与成因

根据上述"道德风险"的通常理解,本书认为在知识产权证券化中发生的道德风险可以归类为两类:第一类,是证券化交易对市场与社会造成的道德风险;第二类,是发起人对交易他方造成的道德风险。下文描述这两种风险产生的样态与成因。

1. 对市场与社会造成的道德风险

知识产权证券化可以比喻为一种制度机器,或是制度建立者为了知识产权人融资便利而建立起的一种制度程序。而由于这种制度产生的杠杆效果,个体的道德风险行为可能被放大,而使市场或社会公益受到重大的危害。

利用证券化交易制度,发起人可以获得融资上的杠杆效果,把静态还未实现的权利,转化为动态而在手的现金。这种制度可以使发行人避开筹措资金时银行间接融资程序的干扰,直接将资产出售给投资人,从而有助于价格的发现。具体的统计显示,透过间接融资的贷款—价值比一般为25%,而以证券化交易的贷款—价值比可达到的75%,可见证券化制度可以为发行人提供可观的融资杠杆效果。[3]

---

[1] 陈冬花:《技术合同履行中的道德风险研究》,武汉理工大学科学2003年硕士论文,第3页。
[2] 张静春:《技术创新、道德风险与经济增长》,载《经济社会体制比较(双月刊)》2003年第1期。
[3] 参见本书第二章第二节的分析。

将这种杠杆效果应用在知识产权上将会有更大的发挥,因为不同于其他证券化中的有形资产,知识产权是可以不断被重复使用的无形资产,这种特质或可比喻为智慧之火,只要提供良好的环境和资金作为燃料,就可以不断地燃烧扩大。而就如火的特质一般,虽然不具备形体,其正面可以推动生产、造福人群,反面却也能毁灭财产、造成损失。如果证券化的高杠杆效果提供燃料的对象是毁灭财产的恶火,则无异于在火上浇油,扩大负面影响力。

因此,如果发起人将这种融资方式用于有害社会安定、秩序或是存有争议的知识产品,则知识产权证券化制度便成为一种扩大道德风险的制度。因为证券化制度的放大效果,原来知识产权制度下利害冲突的平衡点将被改变。具体而言,知识产权制度规定的审查、权利授予或权利行使的合法界限,固然是以公共利益为界,但是一项表面中性或是效益远大于成本因而法律能够承认其地位的知识产品,经过证券化制度的放大效果作用后,造成的社会成本却可能变得不可忽视。以网络游戏为例,一款游戏的制作成本不低于制作一部动画电影,往往需要上亿资金,制作过程中带动周边产业发展的效应也极其明显。当网络游戏完成后,内涵的故事情节、人物造型以及程序编写受到著作权法或计算机软件保护法的保护毋庸置疑。然而,当这款游戏推出后席卷上千万网民的注意、甚至使众多的初高中在学青年过渡沉迷时,这么一个知识产品产生的家庭问题、社会问题便不能被忽视。

拿日本的例子来说,日本已经将证券化制度应用在游戏软件的开发上。[1] 然而,由于文化背景不同,对于电脑游戏产业或是网络游戏的扩展,各国有不同的看法。有人主张,学龄使用者过分沉迷于电脑游戏将产生社会问题;相对地,有人主张,开发此类游戏能够提升信息产业技术水平,应该予以鼓励;有人则主张应该有一定程度的限制以调节冲突的利益。无论如何,这正是知识产权证券化一个具有争议的应用。从发起人乃至参与证券化交易各方来看,作为一个"经济人",并不需要去考虑为

---

[1] 参见 Miki Tanikawa, "Brief Case: Gamers Turn into Investors", *International Herald Tribune*, May 18, 2002, available at *http://www.iht.com/articles/2002/05/18/mbrf1_ed3__0.php*, last visit on June 8, 2007。

此类应用进行证券化交易所可能造成的社会成本,事实上,这种成本也很难纳入财务的测算中。

2. 对交易方造成的道德风险

由于知识产权在价值决定上的特殊性,知识产权及其衍生受益的价值受潜在消费者、市场条件、替代品等因素的影响极大,而这些因素又可能被发起人的行为所左右,即使发起人已经与证券化资产分割,发起人的行为仍可能影响知识产权的价值。当证券化的架构未能妥善规范这些行为时,发起人就有可能不顾投资人的利益而采取该等行为。具体而言,这些行为包含:

(1) 损害声誉的行为

例如,以唱片收益进行证券化交易的架构中(如本书介绍的 Bowie Bond 及 Chrysalis 案例),在证券流通期间内的唱片权利金收入,很自然地受到音乐家个人形象或声誉的影响。在这种产业中,知识产权的价值并不全然来自于知识产权的实用性,而是消费者在使用知识产权时所产生的经验,例如对于旋律的欣赏,或是对于艺术家、音乐家创作理念或个人形象的认同。换言之,发起人的形象(image)将影响消费者的消费意愿。基于这种特性,有学者甚至称此类的证券化是"名人资产证券化"(celebrity asset-backed securities)。[1]

然而众所周知,此种类型的消费深受消费者喜好变化无常的影响。一位艺术家或歌手,很可能由于个人生活上的一些作为,在所谓支持者(fans)心目中的地位一夕之间突然改变;而当艺术家或歌手在支持者心中的地位不如前时,证券化所能产程的现金流,就可能会因为消费的减少而下降。例如,美国的摇滚音乐家 Michael Jackson 在屡屡传出丑闻和诉讼案件后,声望大不如前,其音乐作品的销量也因此下跌。

此外,当证券化的发行是以发行人的商标或商誉作为基础资产(例如本书介绍的 Guess 证券化案例)时,则发行人对于本身声誉的经营,也可能产生类似的效果。

---

[1] John Jackson, "Royalty Securitization: Taking Cabs to Bankruptcy Court", *Thomas Jefferson Law Review*, October, 1999, p 223.

(2) 直接竞争的行为

在专利权权利金证券化的架构中,如果发起人利用证券化所取得的资金,开发下一代技术或者其他替代性技术,则新技术的使用者可能与原技术的使用者在市场上竞争,从而减少了以原来技术作证券化交易的现金流量。[1] 固然证券化交易的现金流量降低也会使发行人遭受损失,但证券投资人的损失可能大得多;而且对于发起人而言,只要是损失与竞争带来的利益加总大于零,发起人作为一个理性决策的"经济人",便有足够动机采取行动。

直接进行竞争的行为还可能在所谓的"逆向选择"(adverse selection)中产生。知识产权交易中,特别是有技术内涵的知识产权,出让人很容易利用信息的非对称性和不完全性进行逆向选择。[2] 具体而言,在专利权将来收益的证券化交易中,发行人如果是原权利人,则其对技术和产业动态熟悉程度绝非投资人所能比拟。发行人如此便可能把最具潜力的技术留在手中,而把较为次要、但也还能产生足够吸引力的技术进行证券化。[3]

(3) 间接竞争的行为

此种道德风险行为还可能因知识产权的可分割处置特性而产生。知识产权的财产权是一组权利,权利人可以将其分开进行转让、授权或出质。而当被证券化的知识产权只是部分的权利时,发行人理论上可以对未被证券化的权利进行处置。例如,在 DreamWorks 的证券化案例之中,被证券化的资产是电影在美国以外地区播放的收益。而电影的著作财产权本身,还存在很多其他可利用之处。例如进行衍生性的开发,把电影改编成音乐剧(Musical)。而发行人对于此等权利的利用,如果超出了证券化各方原先考虑的应用范围、同时又对消费的需求有互补性(例如看了音乐剧就不看电影),则证券投资人原先期待的将来收益,便可能因为发起人的行为而减少。

---

[1] 阙光威:《智慧资本的法律定性与智慧财产证券化的可行性研究》,载台湾《政大智慧财产评论》2004 年 4 月。

[2] 参见陈冬花:《技术合同履行中的道德风险研究》,武汉理工大学科学 2003 年硕士论文,第 19—20 页。

[3] 阙光威、陈月秀:《智慧财产证券化初探》,载《证券市场发展》2005 年 7 月期。

在上述两类的道德风险中,相对而言"对社会和市场造成的道德风险"影响范围更为巨大,而且并不会因为个案的情况而不同。只要是利用到知识产权证券化交易制度,就存在这种风险。因此,本书在以下的内容中,将专注于探讨此类风险的内涵、制约途径和监管措施。

第二节 公共力量介入调节的需要与途径

一、制约道德风险的需要性

前小节提到,当交易方使用知识产权证券化的这种制度机器失当时,可能产生对市场和社会整体利益的损害。而同样从制度机器这种观点来看,市场参与者在使用"公司制度"这种制度机器时,主流思潮对企业或企业家要求了"社会责任",这是指企业家在利用企业制度机器为股东创造利润的同时,还应承担对员工、对消费者、对社区和环境的责任。换言之,企业或企业家作为一个"经济人"的思维,必须将利益考虑扩大到股东利益之外,而涵盖员工、消费者、社区等在内的利益相关者的利益,而与企业所在的环境形成一个良性互动。[1]

事实上,社会责任与企业的法律责任和企业的道德责任三种概念,互相有交集和也不同的侧重点[2],但是整体的效果是对于企业采取道德风险行为的制约。例如,企业所能从事的营业范围不能逾越国家机构颁布的营业执照中的规定,而执行业务的具体作为不能超过公司法和公司章程性文件的规范,此外还有各部门法律如劳动法、消费者保护法和环境保护法等制约"经济人"利用"公司制度"谋取个人利益行为的规范。

然而,作为同样是一种具有集中资源、放大影响力功能的制度机器,知识产权证券化制度在这种制约措施上便显得缺位。鉴于知识产权证券化制度能集中金融资源,以及透过杠杆效果对社会产生巨大影响力的特性,单靠市场机制的调节将会产生失灵的后果,因而对于其可能产生的道

---

[1] 刘逸坤、张爱忠:《论企业的社会责任》,载《中国民营科技与经济》2005年5月期;潘新新:《企业家社会责任探析》,载《经济理论研究》2007年2期。

[2] 陈永正、贾星客、李极光:《企业社会责任的本质、形成条件及表现形式》,载《云南师范大学学报》2005年5月期。

德风险产生势必要以某种形式进行调节。

二、现有制约机制的局限

不当使用知识产权证券化交易，可能对市场和社会整体的利益造成危害。其中的核心原因，在于知识产权客体本身的性质。如果参与各方仍可从证券化的发行中获利，纵然客体可能是一项危害社会安定、秩序或是存有争议的知识产品，但是，作为"经济人"仍有可能不顾对市场或社会造成的风险，而仍以证券化交易的方式进行开发。

解决这种道德风险的守门员（gate keeper），首先就是知识产权制度本身。知识产权制度对危害公共利益的知识产品，不进行权利的认可及保护，抽象来说，就是把对于此类的道德风险制约内化为法律制度的一部分。例如，我国的立法，对违反国家法律、社会公德或者妨害公共利益的发明创造，不授予专利权。[1] 而在创作品方面，依法禁止出版、传播的作品，不受著作权法的保护；另外对于著作权的行使，也规定了以不得违反宪法和法律，不得损害公共利益为限。[2]

然而，这种"守门员"在面对知识产权证券化制度时，由于以下几种情境中产生的道德风险存在，无法发挥功能，而成为这种解决方案的局限，或是一种制度失灵的情况。

1. 对不同知识产权的制约效果不同

前文比喻，知识产权涵盖众多不同的权利类别，犹如散布在光谱上的色彩，受到详细程度各不相同的法律制度规范。例如，与专利权或商标权不同，著作权的形成并不需要经过政府机构的审查与授证，而是在著作人完成创作时便依法存在。因此，在著作权出现前，知识产权制度并没有一个可行的机制，来判断该等创作是否应受到法律的保护。退一步而言，即使法律不保护该类创作，也未必会限制它在经济活动中的交换价值或交易行为。例如，各国对于脱离艺术层面的色情作品有不同程度的制约，有的甚至将其排除在著作权的保护之外，然而此类作品的交易却从未停止。此外，如商业秘密类型的知识产权，法律本身承认其财产性，在实务上也

---

[1] 参见我国《专利法》第5条。
[2] 参见我国《著作权法》第4条。

具有交换价值,但是知识产权制度对该等权利的行使或认定不作细化规范,也因此就难以对其进行道德风险上的制约。

2. 知识产权证券化无法对将来知识产权制约

以"将来知识产权证券化交易"来为将来的知识产品进行融资的案例,已经逐渐在欧美先进国家发展成熟,例如,本书分析 DreamWork 和 Paramount 的证券化案例就是典型。在知识产权证券化制度为创作者或发明者提供资金融通便利的金融创新中,知识产权制度对道德风险的制约同时也失去了话语权。创作者或发明者透过证券化制度的力量,集中金融资源,借以进行创作或发明,但在知识产品产出之前,没有人能够真正地预测这种知识产品将对社会的整体利益产生什么样的影响。而这种未知的风险,可能被参与交易的各方以"经济人"的思维所忽视,因为对他们而言,不需要承担知识产品对社会整体利益造成的负面影响,但却可以独享其中产生的利益。

三、调节与介入的途径

对于知识产权证券化的高杠杆可能导致市场机制失灵,从而产生对社会的道德风险,现有的制度无法进行有效的制约。因而,对可能产生的道德风险,势必要对知识产权证券化地交易进行某种形式进行调节。本书认为,调节的思路可以有以下三种。

1. 制度框架

第一种思路是借由法律框架来调节。例如上文提到,既有的知识产权制度对于一部分道德风险的制约已经内化为法律。虽然现有制度尚无法覆盖所有知识产权证券化中产生的道德风险,但以现有的制度框架为基础,进行强化,将概念、内涵和制度运作扩展、丰富和完善,能够扩大其涵盖面。理论上来说,由法律框架来调节是最好的一种制约方式,因为制度框架的制约具有透明性,可为经济行为提供预测性,有助于市场经济的建设。

然而,对这种制度框架进行完善,将是跨越好几部法律的工作,除了前面所提的知识产权制度外,反垄断法、反不正当竞争法,以及公司治理的规范势必要达成一个新的精巧平衡,只从单部法律作片面的调整,仍然给"经济人"套利的制度空间,达不到制约道德风险行为的效果。因此,这种大范围的调整，比较难在短时间内完成。

2. 监管作为

第二种思路是较大程度地依赖监管手段。这个思路合乎市场经济的逻辑，因为，证券化交易制度本身产生的是一种在市场中被交易的产品（证券），在证券化交易制度中的经济行为有较高的随机性、分散性和差异性，所以其中的道德风险用监管制度进行制约，具有较高的制度弹性、能够依照个案的情况来达成效果。

然而，以监管作为解决道德风险的思路，必须考虑"监管什么"和"如何监管"的问题。不同类型的知识产权之间，具有本质上的差异性，例如文学的创作和新药的开发能够产生什么样的道德风险，便牵涉不同层面的问题，一者为社会文化面，另一者则在医药卫生面。在这种监管环境下，要如何判断、制约道德风险，牵涉监管体制、监管主体、监管权限和监管内容与方式的种种问题。本书将在下一节对此展开更为细化的探讨。

3. 政府支持与调节相结合运用

将政府的支持力量与对道德风险进行调节的目的结合，最好的例子便是肩负政策使命的国有投资公司。这些类型的公司，既是市场的参与者，也是市场的调节者；在其经营使命上必须达成政策赋予的调节目的，将资源导向政策制定的方向，而其行为则遵循市场的规范。

这种思维也可以应用到知识产权证券化交易中，对在市场和社会上造成的道德风险进行调节。本书在第四章中关于知识产权保险的探讨中提到，以政府的力量介入知识产权的保险业务，可以解决现实环境中，权利瑕疵责任分担的法律效果预见性不足的问题。而这种力量的介入，可以使支持的力量与调节的目的结合。具体而言，由政府组成官方或半官方的保险机构，对于某一知识产权证券化的发行是否提供知识产权保险，考虑的因素可以包括该种知识产品在社会扩大后，对社会整体利益产生什么影响。如果评估的结果认为，证券化的发行将扩大作用于市场或社会整体的道德风险，那么作为市场参与者，这个保险机构可以自主决定不提供保险，如此使得证券化便无法发行，达到在市场中调节道德风险的目的。

第三节　我国制度条件下对道德风险与制约手段的监管

前一节提到,知识产权证券化是一种能够集中资源、放大影响力的制度机器,发行人如果不当使用这种制度来集中金融资源,会透过杠杆效果,对社会利益产生巨大的影响。而鉴于市场机制的可能失灵,知识产权证券化交易势必在道德风险上有相应的制约机制。因此,监管措施就可以分别从两个层面思考:第一,如何减少市场机制失灵的发生;第二,对于为了制约道德风险而对证券化交易进行调节所采用的手段,对其权力的行使如何进行监管。

1. 借力自律团体

由于不同种类的知识产权在本质上存有差异性,因此判定其可能产生的道德风险,势必需要一定程度的专业性。当然,从政府机构中找出相应的专业对口的部门并非难事,以我国为例,文化部或广电总局对于创作类型的知识产品,或是药监局对于药品对社会大众可能产生利弊,都具有判断的职能。然而,要把该等政府机构纳入金融市场的监管体制,成为监管主体,并在监管权限和监管内容上作出适当的划分,部门间的沟通协调工作会变得相当复杂。而即使在制度上设计出促进形成意见的机制,势必也将以牺牲监管效率和浪费大量行政资源为代价,与市场经济的建设背道而驰。

可行的替代方案是采取引入非政府专业机构监管的措施,作为金融监管体制的补充。就个别类型的知识产权而言,社会上都存在着相应类型的社会团体,例如同业公会或研究学会。这些团体的成员,对特定类别的知识产权相对熟悉,对于知识产品的特性、或是广泛应用后对社会整体可能产生的影响,都能通过相对较低的成本作出专业评估。如果知识产权证券化的监管体系能够与此社会团体形成合作互补,透过博弈关系使得该等社会团体产生自律行为,并在监管行为中参酌社会专业团体所形成的意见,对知识产权证券化交易进行监管,则较可能以有限的行政资源,发挥制约道德风险的作用。当然,这种自律团体监管在理论上存有正反两种观点的争议[1],不过在实务上作为政府监管的补充,则是一种务实而折中的做法。

2. 对透过保险制度调节时的监管

本书在前一节的分析中,认为在知识产权证券化交易中,由半官方机构提供知识产权保险,除了可以解决当前制度环境下对权利瑕疵责任法律效益的可预见性问题,还可以透过该等机构的市场行为,对证券化交易可能对市场或社会产生的道德风险进行调节。采用这种路径,是由于该等保险机构是以市场参与者的身份行事,本书第四章中提到对知识产权保险提供者的监管措施,也必须到位,例如对市场准入和保险内容的监管等。

此外,监管措施还应促使该类机构决策的透明度提升,特别对于该类机构的章程性文件内容,以及经营决策是否依据章程规定的程序达成。当政府作为该等机构的出资人时,自然有权利在章程性文件中制定营运方针与作业流程,然后依照作业流程决定是否未对某一个知识产权证券化交易提供保险,从而达到调节可能产生的道德风险的目的。相反地,如果决策过程失去透明度,反而造就了寻租的机会,不但无法达成预期的效果,还可能因对不当证券发行的支持而放大对社会整体利益的危害。

本章小结

由于所有"经济人"都有自利动机,当采取风险行为的成本由他人承担、而利益由自己独享时,"经济人"就有可能最大限度地为增进自身效用采取不利于他人的行动,而为参与经济活动的其他方带来了道德风险。

本书在知识产权证券化中观察到的道德风险有两类。第一类,是发起人对交易他方造成的道德风险,例如在证券化交易后,发起人不再注意自己的行为是否对知识产权价值造成减损、转而开发有替代性的知识产品或是其他足以减少投资人预期利益实现的行为。第二类,是证券化交易对市场与社会造成的道德风险。这指的是参与证券化交易的各方利用

---

[1] 吴弘、胡伟:《市场监管理论——市场监管法的基础理论与基本制度》,北京大学出版社2006年版,第63页。

证券化制度为自己获利,但却不顾被证券化的知识产权在扩散应用后对社会整体利益产生的负面影响。

本书认为,第二类的道德风险对于社会造成的道德风险影响范围巨大,而且在知识产权证券交易行中普遍存在。因此,本书深入探讨了此类风险的内涵和制约途径。本书的结论是,知识产权制度不足以完全制约这种道德风险。特别是,证券化的发行可使发起人取得融资的杠杆效果,再加上无形资产可无限重复使用的特性,如果被证券化的知识产品是有害社会安定、秩序或为存有争议的知识产品,造成的社会成本却将变得不可忽视。因此,本书提出政府应该以监管和参与市场的方式来调节可能发生的市场失灵。

在监管措施上,可能的做法是透过相应专业团体的自律行为,来对政府的监管行为进行补充。而如果采用半政府机构,并透过市场机制来调节道德风险,则监管上必须做到确保该机构的运作符合公司治理的规定,并且保持决策过程的透明,否则反而可能对社会利益产生更大的危害。

第六章 外部风险之二
——证券化违约所产生的公共风险、对策与监管

当发起人面临破产或重组,或是证券化产生的现金流不足以供特设载体向投资人偿付证券的本息时,证券化的架构可能面临非预期的终止。纵然这是参与证券化交易的各方都不愿见到的意外情况,然而作为制度设计者,必须在事先为这些可能的情况预作设想,并制定应对措施,以求在状况发生时,尽可能地减少对投资人利益和市场稳定造成的冲击。

本章作为本书的最后一章,目的就是要分析这种情境下的法律议题,以完成对知识产权证券化制度的完整探索。然而,必须提出的是,本章的分析比较多属于制度层面与理论层次的探索,实务上因为有担保机制(见以下第一节分析)的存在,知识产权证券化交易发生非预期的终止境况并不多见。当担保机制无法提供救济时,证券化中的相关利益人才需从破产程序[1]中寻求救济。

第一节 证券化出现非预期终止对公共利益的冲击

一、证券化出现非预期终止时的救济程序

1. 计划中的保护机制

一般而言,证券化交易都会设定一组依次渐进的措施,来应对被证券化资产所生的现金流不足以支付发行证券本息的情况。例如,在 Royal Pharam 和 Paramount 案例的发行安排中,知识产权授权金产生的现金流,不足以支付证券本息时,发起人有义务为证券化资产池替换获利性较高的知识产权,以将证券化的现金流提升到证券化交易时承诺的水平。

除了该等替换义务外,常见的担保措施还有提前偿还机制(triggered early amortization)安排,和第三方的担保措施。所谓提前偿还机制安排,是一种保护证券投资人的机制。在一般架构中,在基础知识产权和被证券化的将来收益上,都会设定担保利益(secured security),而以证券化的

---

[1] 本书以破产或破产程序来通称破产制度下的各种流程,实际上它们包括破产、重整、和解和清算的程序。然而这些程序各有侧重点,不同程序中各方权利义务的关系亦不全然相同,但除非本书作出区别,否则就认为对议题的分析并不因程序的不同而有所差别。

特设载体作为担保权益人。这种安排的目的，原先是确保万一发起人破产时，特设载体可以取得对于被证券资产的第一顺位求偿权。然而，从实务上来看，特设载体根本就不打算执行这个担保权益，而是希望由提前偿还机制的安排来避免损失。具体而言，当被证券化资产产生的现金流不如预期、或是滑落到各方事先同意的低位时，提前清偿的安排就会被触发，投资人的利益不仅立刻回收，还受到第三方的清偿保证。如此一来，投资人在发起人财务状况真正恶化前，或是距离破产边缘尚远的时候，就可以全身而退，基本上不会产生重大损失。

  第三方担保也可向投资人提供救济。以本书分析的案例为例：在 Bowie Bond 的证券化交易中，EMI 音乐公司提供外部信用增强、以三千万美金的授权金担保该债券本息之清偿；在 Royal Pharam 证券化案例中，资信优良而专注于金融交易保险的 MBIA Insurance Group 公司提供保险保证本息按照时间表支付、并于法定到期日之前清偿证券本息；而在 Guess 证券化交易中，投资人得到了以 Guess 商标及授权契约为基础的到期日还本保证（Maturity Guarantee）。[1]

  这些措施在证券化案例中都曾派上用场。例如在 2000 年 8 月全球首例的专利权证券化中，耶鲁大学透过 Royal Pharam 为一种艾滋病新药专利权的将来收益进行证券化。然而在证券化交易后，最主要的被授权人必治妥药厂（Bristol-Myers Squibb）出现作假账丑闻，导致从 2001 年起，专利授权的权利金收入一连三季度不够支付本息，最终证券在 2002 年 11 月进入提前清偿期，而期间现金流量与预期水平的差额，则由第三方保证人负责向投资人补足。[2]

2. 质权的实现

  当发起人替换证券化资产池中的资产仍无法提升现金流，或是发起人未履行该义务时，则投资人可由前述的提前偿还机制，或是通过第三方

---

[1] Ronald S. Borod, "An Update on Intellectual Property Securitization", *Journal of Structured Finance*, Winter 2005, pp.70—72; John S. Hillery, "Securitization of Intellectual Property: Recent Trends from the United States", *Washington Core*, June 30, 2005, p.17; available at http://www.iip.or.ip/summary/pdf/WCORE2004s.pdf; last visit on June 8, 2007.

[2] John S. Hillery, "Securitization of Intellectual Property: Recent Trends from the United States", *Washington Core*, June 30, 2005, p.27; available at http://www.iip.or.ip/summary/pdf/WCORE2004s.pdf; last visit on June 8, 2007.

的担保措施获得补偿。虽然从多数的证券化案例观察,证券投资人一般都能从这些措施中得到保障,然而理论上投资人的救济还包括在这些措施失效时,以质权人的身份将担保品变现获得补偿。

具体而言,本书第三章分析了在知识产权证券化交易中,有六类权利可以设定质权的方式作为担保。特设载体既作为质权人,在发起人无法履行约定的义务时,就可以通过变卖、拍卖等方式来处置该六类权利,借以获得补偿。

3. 参与破产或清算程序

注意到以上救济措施适用的情境与发起人破产或重组的区别。本质上,上述救济措施是属于计划中的保护机制。保护机制启动的时点,是由交易各方事先协议设定,而不论是置换资产池的知识产权、早期清偿、由第三方负担预期现金流与实现现金流的差额、还是变卖担保品,都是一种双方的约定,与发起人的信用风险没有必然的关系。换言之,可能发起人营运情况尚属良好,只是证券化预期的现金流达不到各方在证券化交易时的预估,投资人仍旧可以依循事先约定的内容寻求补偿。

然而发起人破产或重组时,即便是被证券化的资产产生的现金流入依旧达到要求的水平,特设载体和投资人却要被卷入一种截然不同的风险情境。此时,证券化中发起人和特设载体间的权利转让,是否构成真实销售便成关键:如果破产法院认为该等转让不构成真实买卖,那么证券化的投资人将被当成是担保贷款人或无担保贷款人;甚至,在贷款文件不足的情况下,连无担保贷款人都不是,而仅是衡平法上的权利人。

就抽象的法律语言来说,如果是真实销售,则特设载体或投资人将被视为证券化资产的所有人,可行使取回权来取回仍受发起人控制的该等资产,理论上可以以较快速度脱离破产程序。而如果权利转让被视为是一种担保贷款、或甚至是无担保贷款,则投资人权利的救济便要受制于的冗长的破产程序。

二、破产或清算程序中的价值剧减现象

破产程序中的知识产权出现的一种特殊现象是其价值的剧烈减损。国外学者统计指出,在破产清算程序中,知识产权通常都被赋予极高的折价率,且每月价值的降幅可达 2% 到 5%,远远高于土地或其他实体资产。[1] 这种现象会使得证券化的投资人(或破产程序中的担保权益人)处于一个极为不利的地位。例如,在 Days Inn 案例中[2],担保权益人正因为考虑到破产程序带给相关知识产权价值的危害,因而与债务人达成协议,同意以折扣的方法解决他们的债务。[3]

在破产清算程序中,知识产权价值剧跌的原因可能源于以下因素。

1. 市场的心理面

如本书第五章关于道德风险的分析中提到,知识产权的价值时常变动,并深受相关方声誉或行为的影响。因此,一旦关于发起人经营不善的消息传出,与其名称有联系的证券或知识产权,即使内涵价值没有任何变化,都可能因消息面的因素使价值立刻受到冲击。换言之,破产或拍卖的消息本身就足以对知识产权的市场价值产生重大负面影响。

2. 对网络效应消失的预期

所谓"网络效应",是指知识产权的价值往往与发起人本身的市场规模或其他关系资源密切相关。被授权人愿意向发起人取得授权的原因,很多情况下只是因为知识产权本身内涵的价值,还因为发起人(授权方)本身的市场规模、经营团队或所能掌控的相关资源。例如,行动通讯的规格有 CDMA、GMS、PHS 多种,被授权人选择某种规格取得授权,除了考虑技术本身外,必然还考虑了围绕发起人所存在的各种资源和关联产业的成熟度。[4]

发起人面临破产,意味着使用该知识产权无法再得到这种网络效应的利益。市场还会担心,对于利用该知识产权的产品日后在维修或咨询服务方面都将随着发起人退出市场而不易取得;而且在围绕着某一种知识产权而发展起来的产业中,发生的交易也将因这种因素而减少并终将

---

[1] Weston Anson, "Valuing and Monetizing Intellectual Property in Bankruptcy", *The Secured Lender*, May/June 2002, p. 14.
[2] 本案中,发起人的特许经营协议、商标和商业名称转让给证券化的特设载体。彭冰:《资产证券化的法律解读》,北京大学出版社 2001 年版,第 21 页。
[3] 〔美〕斯蒂文·西瓦兹:《结构金融——资产证券化原理指南》,李传全等译,清华大学出版社 2003 年版,第 22 页。
[4] 阙光威、陈月秀:《智慧财产证券化可能的经营模式法制面探讨》,载台湾《月旦法学》2004 年 8 月期。

消失。因此,纵然某一项知识产权有较高的内涵价值或是在过去授权活动中能产生庞大的现金流量,但当相关知识产权与原权利人(发起人)隔离拍卖时,市场预期其能够变现的价值可能相当有限。

3. 对知识产权保护的弱化

具有高价值的知识产权常成为侵权者觊觎的目标,例如广受好评的大制作电影、或是具有高市场知名度的商标等。通常此类知识产权的权利人每年都需编列一定的预算,有系统地对于侵权行为实施打击,以防知识产权被弱化或是失去市场价值。这种保护、维持知识产权的工作如果是由被授权人分别进行,不仅成本无法负担、效果也有限。特别是被授权人间对于保护知识产权采取的行为有外部性,被授权人从经济角度的考虑不可能采取行动。因此,一般是由授权方使用统一的资源对知识产权进行保护,并在授权合同中将产生的成本均匀分担到每个被授权人的授权金中。

这种机制在发起人深陷于繁杂的破产程序中时可能失灵。在这些程序中,发起人首要的任务是救亡图存、或是在任务无法达成时将剩余价值作公平合理的分配。因此,对于知识产权的保护工作,发起人自然不可能将其摆在首位,而因为前述的原因也不太可能由被授权人自愿承担,如此一来,便造成行使权利人的缺位,给侵权者以可乘之机,知识产权的价值终将被弱化。[1]

三、知识产权公共财产性质引发的风险议题

在破产程序中,知识产权权利人在权利行使的缺位,将使知识产权逐渐淡化而失去市场价值。由于知识产权具有的公益性质,经历如此的破产程序,可能造成社会资源的浪费和社会整体利益的减损。

1. 知识产权的公益性

首先,知识产权蕴含的公益性可从以下几个方面体现:

第一,是创作的根源。法律承认知识产权的私有性,是由于个人智力和资源所产生的创新被广泛利用时对提升社会利益的可能增加,因而以

---

[1] F. Scott Kieff & Troy A. Paredes, "An Approach to Intellectual Property, Bankruptcy, and Corporate Control", *Washington University Law Quarterly*, Winter, 2004, pp.1313—1320.

有限期、有范围的私有性保护来换取技术或创作的公开。然而,任何人的创作不可能凭空而降,都是文化或社会演化中的长期积累,而受前人成果的启发所形成,因此完全将知识产品视为个人的财富并不确切。[1]

其次,前文提到,知识产权因为社会群体的利用而产生价值,如果没有人群的认同与使用,知识产权的价值便无从体现。相对的,一旦得到了大众的参与,知识产权的价值提升便无所限制,还可能进一步地向全球推展开来,成为人类社会永久的共同资产。关于这一点,从隽永的歌曲、经典的艺术作品,以及改善人类生活的科技中都可得到证明。

第三,是社会资源的倾注。知识产权的产生和权利保护事实上是以付出社会成本为代价。抽象来看知识产权的法制,就是一种人为制造的暂时垄断,以换取知识产权公开应用后的更大利益。这种制度成立的前提,是知识产权扩大应用后所产生的社会效益,将大于垄断产生的社会成本。也就是说,社会资源以垄断为代价,换取了知识产权的存在和扩大应用。而当社会付出垄断的成本,但权利人因破产或财务困难无法管理或扩大利用知识产权时,预期的社会利益便无法产生,成本和效益便失去了平衡。

特别是,如果知识产权的产生和推广,是借由知识产权证券化集中社会资源来完成,任凭知识产权在破产程序中丧失价值,就会造成公共资源的浪费。

2. 破产程序中权利人缺位造成的公共利益损失

在破产程序中,知识产权权利人权利行使的缺位,可能使知识产权逐渐淡化而失去市场价值。对于企业而言,破产程序是一种优胜劣败的淘汰制度,能够促进社会整体经济运行的效率。然而知识产权不同于企业,一项具有高度内涵价值的知识产权可能是产业发展的重要支柱,或能造就出巨大的产业群聚。因此,从社会整体的效益而言,或许可以允许知识产权人的破产,但却很难承担某些知识产权消失造成的影响。特别是对于推动产业发展的重要工业技术、维持民生健康的药品专利是源远流长的民族品牌等知识产权。

此外,在冗长的破产清算中,由于权利者行使的缺位,潜在被授权方

---

[1] 吴汉东、胡开忠:《无形财产权制度研究》,法律出版社2005年版,第100页。

考虑到知识产权最终权利归属的不确定性或是相应服务与咨询配套无法到位的情况,而对取得授权、进一步扩大实施利用知识产权的商业计划裹足不前。因此,在破产程序中,对知识产权的利用可能处于停滞状态,而如果这种程序长达数年,将阻碍社会整体利用知识产权的发展可能。

在破产清算期间知识产权的权利行使缺位,还可能对本国公共利益造成损害。当破产人无力保护知识产权时,知识产权便可能出现非预期的扩散。同样一项知识产品在没有原权利人的监督下使用,可能出现误用、滥用的情况。对于知识产品的使用人或终端消费者而言,可能会受到假冒伪劣产品的侵害。而如果知识产品具有技术含量,侵权人在缺乏指导下径自实施该等技术,或在其之上做后续开发,更可能造成民生安全的危害。此外,在信息流通国际化的时代,这些外溢的知识产品也可能为他国所用,特别是如前文所述,知识产品的出现是以付出社会成本而产生的。那么这种情况如果发生,变成了"楚材晋用",相当于使用自身的资源去协助他人的发展,终将影响产业的国际竞争力。

第二节 应对风险的对策之一——有效的变现机制

上节探索的内容,主要是破产程序中知识产权价值剧减和对社会利益影响的现象与成因。总结来说,知识产权证券化交易有集中社会资源、融资杠杆的效果,如不能妥善处理这些议题,对相关利益方造成的损害将在知识产权证券化交易中被放大。如此一来,知识产权证券化交易反而将为公共利益制造风险。参与证券化交易的其他方、使用知识产权的产业、社会总体的安全、甚至或国家知识产权的战略地位都会在这种破产程序中受到影响。

破产制度自然成为与此议题最直接相关的制度。就我国的情况而言,《企业破产法》出台预示着破产程序化、体制化与标准化时代的到来,它将是一个快速发展的法学领域。本节与下一节,以破产制度中知识产权证券化利益方的保护为核心,参考国内外的立法例与学者见解,展开在证券化架构一旦失败时,公共利益保护问题的探讨。

一、解决的思路与目标冲突

针对在破产程序中,知识产权的价格剧减及权利行使缺位造成的问题,解决上最直观的思路自然就是尽量快速的完整这个程序,将知识产权的权利归属尽早确认下来。

然而这个程序并不是一个直截了当的过程,不论知识产权是以真实销售转让给特设载体而由其在破产程序中直接行使取回权,或是特设载体在知识产权上享有第一顺位的担保权而在清算程序中享有别除权,特设载体都必须对知识产权进行处置。特设载体是为证券化交易而特别成立的临时性、非业务性组织,以其来行使知识产权的权能并不现实,故而特设载体必须将知识产权变卖给能够管理、并能充分利用该种知识产权的第三方。

然而,在这个转让和变现的程序中的高效率导向,则可能与破产制度中公平、公开处置破产财产的目标发生冲突。在破产程序中,为了平衡破产债权人各方的权利,多数的破产财产处置都须经过缜密的机制和法院的监督。例如,在可能的情况下,担保品的处置一般须以公开拍卖的方式变现。这种冗长的程序,或许保障了财产分配的公平性,却也使知识产权的价值急剧流失,结果使得相关利益所得减少,成为制度上的悖论,亦即越是要求以公平公开来保障债权人权利,反而使所有的权利人失去权利。

这个问题在不同债权人间还有更为微妙的目的冲突。就破产制度一般原则而言,在特定财产上享有担保权的权利人可以对特定财产享有优先受偿的权利;而如果行使优先受偿权利未能完全受偿的,未受偿的债权作为普通债权,与普通债权人一同进行财产分配。[1] 因此,知识产权证券化中的投资人如果取得具有优先性的担保权益,其自然希望债权能够完全从知识产权的变卖中获得清偿;但即便如此,其也有一个动机,即冒着知识产权价值下跌的风险而期望找到合适的买家并获得较高的对价。因为等待而价值下跌的风险将由所有债权人承担,而找到高价买家的利益可由其独享,这种利益的不对称性形成一种赛局,而赛局的最佳解,未必能符合公平合理又快速处置知识产权的要求。

---

[1] 例如我国《企业破产法》第 109 条和第 110 条的规定。

二、公平快速的处置机制

解决这个冲突的方案,最终还是得回到破产财产的变现机制上来。当市场能够提供一个透明高效的环境时,上述的从冲突便能够自然地降到最低。本书认为,对于知识产权的处置而言,建构一个透明高效的市场环境至少需要考虑以下两个方面。

1. 促进交易市场活跃

活跃的交易市场是指一个交易发生频繁、交易量具有规模而能吸引交易各方参与的平台。透过活跃的市场,知识产权的真实价值比较容易被发现,而且市场的交易机制也有助于交易公平性的维持。

市场最重要的组成包括制度平台和参与人员两部分。制度平台应该能支持丰富知识产权品种交易的进行,并且能够利用信息技术,使参与者得到及时而全面的信息,作为其决策的参考。在参与人员方面,除了参与交易的买方和卖方,更重要的是促进交易的中介机构,例如会计师、律师、资产评估人员和熟悉各类知识产权的专业人士。

从平台与人员两方面检视我国的现状,可以发现我国在平台构建上已经初具成效。以我国上海的技术交易所为例,其致力于促进跨地域、跨行业及跨组织间的技术贸易和高新技术产品交易,并以作为技术信息的汇集、发散地为目标。该交易所每年交易笔数与交易金额持续上扬,重要性不断地在提升。[1] 然而,现有的产权交易市集目前仍侧重技术交易,对著作权和其他类别的知识产权仍在探索和初步实践中,未形成一定的规模。

相较于平台的建设,我国在中介机构和专业人员的层面上的构建则较为缺乏。特别是市场上还较少有跨领域、跨学科的人才与团队来提供财务、技术与法律的整合性服务。以美国为例,由于上述知识产权在拍卖时快速贬值的特性,实务界意识到速度是知识产权变现过程的重要问题,因此致力于打造一套以各种专业人员组合而成团队的作业流程,借以缩短知识产权变现的时间。[2] 而我国台湾地区鉴于其市场本身专业人才

---

[1] 上海的技术交易所的现状参见 http://www.stte.sh.cn/home_page/default.asp,2007 年 6 月 8 日访问。

[2] Weston Anson, "Valuing and Monetizing Intellectual Property in Bankruptcy", *The Secured Lender*, May/June 2002, p.14.

不足,以及交易规模不如欧美市场等原因,透过市场自然培养出这类跨领域的专业团队缓不济急,因此由半官方组织开办知识产权资产评估师考试,由资质授予的形式为市场供应架构市场所需的人才,此举或可为借鉴。

2. 考虑例外程序的可能

活跃的权利交易市场可以促进知识产权公平快速地变现,然而变现或处置知识产权的程序还受到破产法的制约,因此寻求解决方案终究还是得考虑破产制度本身。

我国过去的破产制度框架,并不将担保权纳入破产财团,因此担保权利人相对而言可免除破产程序对实现担保利益的干扰。但根据我国《企业破产法》,为了避免担保权利被滥用,担保财产也被纳入破产财产[1]。尽管破产法明确了担保权人所享有的别除权[2],但只要担保权的行使可能受到破产程序的干扰,前述价值剧减的状况也就可能发生。因此,除非为担保权的行使设置某种例外程序,这种干扰和时间上的拖延就不能避免,知识产权的价值下跌便难以解决。

有我国台湾学者针对这种议题,提出探索援引适用于易腐败物(如水果)在拍卖程序中的例外,讨论为知识产权拍卖设置例外程序的可能性。然而该等适用,在处理如腐败水果或是有明确市价的金银等贵金属上,显得较为可行[3],知识产权变价的适用,我国台湾地区的法律框架中并没有给予明确的支持。

相对之下,我国大陆地区的破产法框架为这种例外适用在重整期间提供了操作的空间[4]。如果担保品在重整期间内,有"价值明显减少的可能",且其程度足以危害担保权人的权利,担保权人可以行使担保权。

---

[1] 我国《企业破产法》第30条规定,破产申请受理时属于债务人的全部财产,以及破产申请后至破产程序终结前债务人取得的财产,为债务人财产;另参见赵雷:《新企业破产法讲读》,中国工人出版社2006年版,第61页。

[2] 参见我国《企业破产法》第109条:对破产人的特定财产享有担保权的权利人,对该特定财产享有优先受偿的权利。

[3] 阙光威、陈月秀:《智慧财产证券化可能的经营模式法制面探讨》,载台湾《月旦法学》2004年8月期。

[4] 我国《企业破产法》第75条规定,在重整期间,对债务人的特定财产享有的担保权暂停行使。但是,担保物有损坏或者价值明显减少的可能,是以危害担保权人权利的,担保权人可以向人民法院请求恢复行使担保权。

虽然,这种操作是否适用于知识产权的处置,在《企业破产法》得到充分的实践经验前还不得而知。[1] 然而,本书认为,由于知识产权在破产重组过程中展现出的特性,确实是一种"价值明显减少的可能",因此,在知识产权质权人作为担保债权时,仍有一定的可能可以适用上述制度,这对于知识产权质权人而言将有更大的公平性。

此外,此制度框架已经留下了制度间衔接的开口,将来可以考虑以特别法或部门法的方式,规范以知识产权为担保品的处置在重整期间的例外适用规则。具体而言,例如可以规定占破产企业破产资产一定比例以下、而担保权利人能够证明其价值正在剧减的知识产权,可以经由特定的方式,如公开的产权交易市场,适用例外的规则而进行处分、不受重整程序的制约。

第三节 应对风险的对策之二
——产权的持续利用

前文提到在破产程序中,由于知识产权权利行使缺位将造成权利淡化和社会资源的浪费。解决这个问题最直接的思路,是在破产程序中尽可能地对知识产权进行持续管理和利用,这包含缴纳年费规费、打击侵权行为、对原被授权方提供咨询服务,以及持续地寻求新的授权方。如此,方能使知识产权的应用持续扩大、在经济活动中活泼地创造出价值,而不是一个被垄断、他人却又无法取得利用渠道的死寂领域。

这个目标的达成,有赖于破产程序中管理人权能的发挥,和代表各方利益者间的互动状况。本节从欧美证券化案例中"候补服务机构"的安

---

[1] 虽然知识产权方面的处置尚不得而知,但其他类型的担保物权能否得到有效处置却已有相关研究。有学者研究认为:实践中,债权人很难证明这一点,所以只能眼睁睁看着自己所享有担保权的财产被拖入重整程序而无法优先受偿,担保债权大幅缩水。这一立法缺陷,已经在实践中产生了恶果。由于新《破产法》实施后,采用重整制度拯救企业成为众多地方政府的首选,因此,破产重整的受理法院基本是企业所在地的地方法院,在担保债权人否决重整计划草案的情况下,有学者认为地方政府往往暗中干预法院工作,促使法院依据《破产法》作出强制裁定批准通过重整计划草案,使银行等担保权人的合法权益再次受到侵害。参见张世君:《破产重整中担保债权人的法律保护》,载《经济经纬》2009年第1期。

排出发,分析其在知识产权证券化交易中的积极功能;接着探索发起人与管理人于破产程序中在知识产权管理方面的地位与角色;最后考虑如何进行制度设计能够达成上述目标。

一、知识产权中的候补服务机构

由于意识到了知识产权在发起人财务或经营上出现问题时可能受到"池鱼之殃",造成价值的减损而使证券化的现金流下降,欧美的证券化在实务中摸索出候补服务机构(backup manager)的安排。所谓候补服务机构,是一个熟悉证券化基础知识产权、与发起人属同一产业的第三方机构。在证券化的架构阶段,证券化的各方交易人以协议方式,指派该等服务机构为"候补"。意即该等机构在发起人提供的服务达不到承诺水平或发起人在财务或经营上遭受困难时,该等服务机构将自动取代发起人的角色,开始管理知识产权、并为特设载体提供服务;甚至还在发起人申请破产时,以其专业能力介入经营基础资产的管理、并参与清算程序。[1]

例如,在美国知名服装公司 Guess 的证券化案例中,一家独立的流行与零售顾问公司 Jassin O'Rourke Group, LLC 被指派为候补服务机构。万一发起人 Guess 破产,O'Rourke 将取代其地位营运被证券化的知识产权,管理 Guess 的商标权与授权合同,并在必要时为被证券化资产寻求新的被授权人,以确保现金流入。[2] Rourke 是一家业界知名的流行品牌管理咨询公司,熟悉 Guess 经营的业务形态,但没有自己产品线,所以与 Guess 不会构成直接竞争。这一安排使得本案例获得较高的信用评等。

这种安排的精髓是,在发起人因破产而无法管理相关的知识产权时,候补服务机构也能以其类似的专业能力继续为特设载体提供相近的服务,避免证券化架构终止、知识产权拍卖所可能造成损失。此后,O'Rourke 还在类似的证券化交易(MLA Multibrand Holdings BCBG transac-

---

[1] Von Alexander Kirsch, "Securitization of Intellectual Property as a Funding Alternative", *A Thesis for Master of Arts at HFB Hochschule für Bankwirtschaft Business School of Finance and Management*, March 16, 2005, p. 98.

[2] John S. Hillery, "Securitization of Intellectual Property: Recent Trends from the United States", *Washington Core*, June 30, 2005, p. 148; available at http://www.iip.or.ip/summary/pdf/WCORE2004s.pdf; last visit on June 8, 2007,

tion 证券化交易案)也中担任类似的角色,而逐渐为知识产权证券化制度树立了一种典范,并且在其他种类知识产权证券化交易之中也得到了应用。[1]

二、候补服务机构与破产管理人间的赛局

注意到候补服务机构管理的财产,是发起人转让给特设载体的财产,或称证券化的资产池;而破产管理人管理的财产是破产人(发起人)的财产,两者有所区分。然而这两类的财产范围也可能重叠,管理人的角色和服务机构的角色可能同时有所对立与合作。

1. 对立角色

破产程序开始时,发起人与特设载体间的知识产权转让不外是构成以下三种关系:第一,真实销售;第二,担保融资;第三,存有疑义而等待法院裁决。如果是真实销售,即使发起人仍以某种形态占有知识产权,候补服务机构将代表特设载体或投资人行使取回权,标的知识产权将脱离管理人的管理权责范围。如果是担保融资,作为担保标的的知识产权归入破产财团,候补服务机构原有的权利行使受到限制,而管理人还可以进一步行使质物取回权[2],从而取得处置知识产权的权能。在第三种情况下,候补服务机构与破产管理人将产生争夺。候补服务机构势必要为了投资人和特设载体的利益,尽力将知识产权隔离于破产程序之外,而管理人则代表其他债权人的利益,主张知识产权仍属于破产财团,以期增加可用于债务清偿的资产。由此可知,三种情况都形成一种零和的关系,因此管理人和候补服务机构处于对立的状态。

2. 合作角色

合作关系则可能发生在知识产权的增值保值上。不论知识产权最终划为破产财团,还是因真实销售的破产隔离效果而与发起人分离,管理人

---

[1] Von Alexander Kirsch, "Securitization of Intellectual Property as a Funding Alternative", *A Thesis for Master of Arts at HFB Hochschule für Bankwirtschaft Business School of Finance and Management*, March 16, 2005, p.98.

[2] 例如,我国《企业破产法》第 37 条规定,人民法院受理破产申请后,管理人可以通过清偿债务或者提供为债权人接受的担保,取回质物、留置物。前款规定的债务清偿或者替代担保,在质物或者留置物的价值低于被担保的债权额时,以该质物或者留置物当时的市场价值为限。

和候补服务机构同样都不希望知识产权产生过大的价值折减。因为,最终不论落入谁手,失去变现价值的知识产权对谁都没有意义。此外,对于破产管理人而言,保障破产人财产的安全和价值最大化一般为法定的权责,然而破产管理人不可能对于某类型的知识产权或发起人的所在产业有深入了解,在管理和处置上也不如候补服务机构有效率,在没有专业对口的第三方协助下,最大化价值的目标很难达成、甚至连保障财产的安全都有问题。

如此一来,破产管理人和候补服务机构间便产生了一种赛局。赛局的最佳解,是否符合破产中利益人的利益,则取决于赛局的规则如何制定。赛局规则的制定势必要基于破产法的框架,但其中亦含有当事人间民事调整的成分。本书以下将对此进行分析。

三、角色调和

此赛局最理想的结果是:在破产程序中,知识产权不会因权属不明或破产管理人权责范围所不及而出现权利行使缺位的状态。而这个目的的达成,最终的因素还在于破产制度的框架中作出了什么规定、有什么调整弹性以及交易方进行了什么约定分析。

1. 对候补服务机构权责范围的约定

候补服务机构的权责范围是参与证券化各方协议安排的结果。例如,在 Guess 证券化的案例中,候补服务人在发起人经营出现问题时,将为被证券化资产寻求新的被授权人并管理知识产权,以确保证券化的现金流足以支付发行证券的本息。然而,这种协议的约定在破产程序中将可能受到破产框架的制约。在进入破产程序后,对破产人财产的处置基本上受到冻结,特别是在证券化架构有可能构成担保融资的情况下,如果候补服务机构还履行原先交易各方协议赋予的职责(例如,收取知识产权授权产生的现金流后进行分配),则可能与破产法的规定相抵触,候补服务机构也可能因此得担负民事责任。

然而,假如候补服务机构因担心这种风险而采取保守措施,可能将违反协议约定,而须对相对方担负违约责任。换言之,候补机构有可能处于两难的窘境[1],而无法依据合同约定发挥应有的作用。因此,从强化候补服务机构权责的方式来改变赛局规则的程度相对有限。

2. 关于管理人的权责范围

相对而言,就破产管理人方面来进行赛局规则的调整有较大空间。破产制度对于破产管理人的权责一般作出框架性的约定[2],以我国破产法为例,与知识产权处分最为相关的,就是管理人管理和处分债务人(发起人)财产的职责;此外,发起人还有决定债务人的日常开支和其他必要开支的权责。

然而,这个制度框架缺乏进一步指导管理人履行职能的规定。例如,所谓管理财产,具体的范围包含到什么程度?对于知识产权的持续扩大利用和保护,管理人对于投入的资源有多大的权限?此外,对于以知识产权为核心资产的发起人来说,其对经营管理知识产权可能是经常性的业务形态,那么因此所产生的费用是否可以作为日常开支处理?这些问题在《企业破产法》真正于实践中累积到经验前,很难有确切的答案。

美国在这方面累积的经验或许可作为我国在这方面实践的参考。《美国破产法》明确规定,破产管理人可以以使用、出售或出租等方式处置破产财产。而如果这种处置是属于一般交易行为(ordinary transaction),则破产管理人可以自由行使无须经过法院的批准;相对而言,不属于一般交易行为的重大交易行为(extraordinary transaction),则须经过较为复杂的批准程序。而在美国判例法制度下,法院在判断处置行为是否为一般交易行为,认为应该从处置行为的"垂直范围"和"水平范围"的两种构面来进行考察。所谓"垂直范围"是指与破产程序有利害关系各方的期待;而"水平范围"则是指债务人(发起人)所处业务经营的环境。[3]换言之,这个参考准则等于对本书上段中的提问作出了框架性的规范。

---

[1] 成之德等:《资产证券化理论与实务全书》,中国言实出版社2005年版,第67页。
[2] 例如,我国《企业破产法》第25条明确规定了管理人履行下列职责:(1)接管债务人的财产、印章和账簿、文书等资料;(2)调查债务人财产状况,制作财产状况报告;(3)决定债务人的内部管理事务;(4)决定债务人的日常开支和其他必要开支;(5)在第一次债权人会议召开之前,决定继续或者停止债务人的营业;(6)管理和处分债务人的财产;(7)代表债务人参加诉讼、仲裁或者其他法律程序;(8)提议召开债权人会议;(9)人民法院认为管理人应当履行的其他职责。
[3] 任谷龙:《论美国破产管理人制度》,对外经济贸易大学2005年硕士学位论文,第20页。

虽然这种框架不可能针对每一个案件的个别事实作出回答,但是管理人至少可以借由分析法院曾经在相似案件中作出的裁定来评估,在判例的基础上决定在该破产案中行使权的处置范围。具体至破产法上不同知识产权的处置时,基于知识产权的特性,亦有不同的规定,例如管理人是否可以拒绝履行知识产权实施许可合同。[1]

我国司法体制不若判例法国家,无法借由法院判例建立出实践中的操作规范。然而,最高人民法院的司法解释权在某种程度上可以作为对法条补充的解释,借以回应经济活动对法律制度供给的需求。具体而言,我国《企业破产法》中给管理人履行的职责范围留下了制度衔接的空间,规定管理人的职责范围还包含了"人民法院认为管理人应当履行的其他职责"。本书认为,法律赋予人民法院的这种权限,正可体现在不同类型的破产案件中由于资产性质不同而调整管理人权责的必要性。

就知识产权证券化中的发起人破产情况来说,知识产权在破产程序中价值的剧减,以及权利人缺位对社会公益可能造成的危害,正是需要人民法院行使这种权限来调整管理人权责的情况。人民法院可透过司法解释的方式,对于以知识产权为主要资产的企业破产程序中,管理人在处置知识产权时的权责进行适度的强化、并进行较为细化的规定,以确保知识产权在破产程序中能得到适当的保护和持续利用。

3. 对于管理人的激励

此外在制度设计上,还可以利用破产管理人的自利动机来激励破产管理人在知识产权保护和利用上的积极性。如果制度设计容许破产管理人管理知识产权成果独立于赛局结果的报偿,则管理人将有较大动机采取行动。具体而言,在经历漫长的破产程序后,不论知识产权的归属是候补服务机构,还是作为可供清算的破产财团,如果在破产程序期间知识产权的价值能够保障、甚至能够持续利用而产生增值,则破产权利人应该明确地因其采取的行为而得到奖励。

这种路径在我国的破产框架下具有可行性。在我国,人民法院对于

---

[1] 有关知识产权实施许可合同在破产法中处置方式的演变,可参考许德风:《论破产中尚未履行完毕的合同》,载《法学家》2009年第6期。

破产管理人的报酬方案和报酬数额在一定区间内有决定权。[1] 人民法院在制定报酬方案时,可以为破产程序中知识产权管理的成效设计激励因子。例如,将知识产权的保值或增值作为一个独立于最终清偿财产价值总额的衡量指标。换言之,只要在破产程序中,能够证明与破产人有关联的知识产权得到保值或增值,即使该等知识产权最终不计入最终清偿的财产价值,管理人仍可因此得到报酬。

此外,这种路径还具有合理性。前文提到,知识产权具有外部性和公益性,如果任由代表债权人利益的管理人,和代表证券化投资人利益的候补服务机构间进行赛局而不加干涉,社会利益将受到危害。因此,人民法院以公权力来介入这种赛局,透过适当激励方式影响管理人的行为,是框架中的合理解决手段。当然,对于报酬方案的制订,仍应适当均衡各方的利益,并且符合公开透明等政府行为的基本要求。

第四节　我国制度条件下对公共风险与制约手段的监管

由于知识产权在破产程序中表现出不同于其他种类资产的特性,因此当证券化交易面临非预期的终止时,知识产权证券化将可能对公共利益产生冲击。针对此特殊的议题,在监管上有必要采取相应的措施。下文分别以事前的监管和事后的监管对此议题进行分析。

一、事前的监管

所谓事前的监管,是指在证券化交易的筹备阶段,就对破产一旦发生时如何处置知识产权作出设想、并采取监管措施,以尽可能地减少对相关投资人利益和社会利益造成的冲击。具体的监管措施可从以下路径展开。

1. 管理方案的提出

对于符合以下两类情况的知识产权证券化交易,监管机构可视情况

---

[1] 参见《最高人民法院关于审理企业破产案件确定管理人报酬的规定》(最高人民法院法释〔2007〕9号);《企业破产法》第25条。

需要介入,要求证券化交易人和架构者提出,针对知识产权在不同证券化交易与交易过程中的管理计划,包括在破产程序中对于知识产权保护和增值的处置措施。

第一类,是发起人有较多或较复杂的债权关系,而当预期破产发生时,会因为债务人的协调过程较为复杂,而使破产程序延长。第二类,是证券化交易的基础知识产权具有较强的公益性,将这些知识产权置于破产程序的侵扰,可能对社会公益造成影响。当涉及专业判断时,在监管措施上则可以参考本书第五章关于借力于自律团体的监管安排。

2. 风险因子的披露

由于破产程序中知识产权产生的价值将剧减,知识产权证券化的投资人事实上处于一个比较不利的地位。这种不利的地位,可以从与其他资产证券化的投资人及发起人的比较来说。相对于其他以有形资产为标的的担保权益人,以知识产权为担保品的权利人在破产程序中,其持有的权利可能产生的价值衰减程度与幅度较大。而寻求重整机会的发起人,在谈判比较主动,可以较不顾忌时间的流逝。例如,在美国著名的证券化破产案例 Days Inn 中,尽管破产法律或合同协议赋予投资人一定的权利,但投资人担心清算过程过久对知识产权价值的巨大减损,最终也得放弃既有权利,而接受妥协的安排。[1] 此时,表面上看似乎能保护投资人的任何合同安排也变得毫无意义。

为事前防范此一风险的发生,监管措施应有所回应。固然投资人与发行人间达成的是一种民事协议,只要不违背法律都应得到支持。但这并不妨碍在监管上强制发起人就此风险向市场与投资人作出提示和说明。具体上,可以参照招股说明书的方式,将其作为一种风险因子(risk factor),要求在证券发行的架构下进行强制性的披露、并对此风险因子作出定量或定性的描述。[2]

3. 候补服务机构的安排

在知识产权证券化交易中,安排候补服务机构是实务上发展出来的

---

〔1〕 〔美〕斯蒂文·西瓦兹:《结构金融——资产证券化原理指南》,李传全等译,清华大学出版社 2003 年版,第 21—22 页。

〔2〕 参考中国证监会不时颁布招股说明书信息披露的内容与格式准则中有关风险因素的规定。

一种解决方案。当证券化发起人经营出现问题时,投资人可以迅速地依赖候补服务机构来管理知识产权,以确保证券化现金流足以支付发行证券的本息。然而,前文提到,候补服务机构在责任的履行上受到破产框架的制约,被期待的作用未必能够充分发挥。

换言之,由于协议约定与破产制度的可能冲突,证券化的投资人不应该过分期待候补服务机构能为其解决知识产权在破产程序中价值减损的问题。过度乐观地依赖协议,将使投资人对于证券化风险的评估失去真实性,因此在监管作为上,有必要对候补服务机构的权责范围进一步考察。具体而言,监管上可以要求发起人在证券化的架构阶段,提出专业人士的意见书,对于协议约定的可操作性和限制性作出说明,以提供市场和投资人风险评估的依据。

二、事后的监管

一旦进入破产程序,司法部门将在一定程度上取代行政部门的监管角色。法院对于破产程序有较强的控制力,从而可以在对破产程序期间围绕证券化而展开种种处置行为,进行监督与制约。在这种情况下,监管措施在以下两方面需有所强化。

1. **监管作为与破产程序的协调**

协调的主要目的,是加快司法部门对破产案件的审理和提高裁决的适当性。原先监管机构在证券化筹备与发行阶段中,掌握了关于基础资产和证券化交易期间大量的背景信息,这些信息如能够在部门间迅速交流,将能促使此一目的的达成。因此,在证券化交易的监管框架设计上,对于这种快速信息流通的渠道应该预先作出机制性的安排,特别是权责机关掌握的有关知识产权转让、出质或授权的登记公示等权属变化信息,必须在兼顾即时性、正确性的要求下,向司法部门和市场传递。关于此一登记公示平台的内容和构建,本书在第三章已进行深入的论述。

2. **对于监管者的再监管**

本书认为,由司法机关来调节破产管理人和代表证券化投资人权益的候补服务机构之间赛局的规则,从而达到保护和持续利用知识产权的目的,具有可操作性与合理性。具体方式,可以由人民法院对知识产权证券化破产案件管理人的权责进行细化规定,以及对于管理人的报酬方案进行不同设计。然而,这种解决方案不可避免地加大司法部门监督或审查破产案件的权限,如果不能有效地平衡,反而会鼓励利益团体的寻租活动,制造更不公平的结果。

解决这个议题,有赖于对监管者实行再监管的制度设计,设计的思路可以从分权制衡、业绩考核、行为控制、社会监督和国家监督等路径进行。[1] 就知识产权证券化而言,本书认为社会监督最能发挥作用。具体而言,这是指司法机关在制定个案中的管理人权责和报酬方案时,决策过程应该公开透明、接受社会检验。此外,也可仿效美国司法制度中的法官顾问制度,由相关专家提出对个案中管理人权责的调整和报酬方案的设计意见。当然,原来体制内的机制如"司法审查"或由上级机关及审计部门采取的监督措施,也可作为监管监管者的手段。

本章小结

所谓证券化的非预期的终止,是指当发起人面临破产或重组,或是证券化现金流不足以偿付证券本息且投资人未得协议规定救济的情况。本书的最后一章探讨在这种情境下,知识产权证券化不同于其他资产证券化的议题,以完成对知识产权证券化交易全面的分析。

本书首先发现,在多数证券化交易案例中,都安排了一组措施来消除这种情况出现时投资人权益所受的损害。例如,由发起人再补充获利性较高的资产、提前偿还机制、第三方担保措施等。这些措施可使证券投资人在发起人财务状况恶化前,或是距离破产边缘尚远的时候就全身而退,基本上不会遭受损失。

然而,一旦证券化交易涉及破产程序,投资人将面临极大的不确定性。其中,关于真实销售与破产隔离的研究,是所有种类资产证券化的共同热点问题。然而本书关切的议题,是知识产权证券化的两个特性所产生,即知识产权在破产程序中价值剧减的现象,以及权利人在破产程序中权利行使缺位,造成公共利益的损害。本书分别描述了它们这些现象以

---

[1] 吴弘、胡伟:《市场监管理论——市场监管法的基础理论与基本制度》,北京大学出版社2006年版,第82页。

及成因。

本书考虑了两种解决这个议题的路径。

第一种路径,是在公平原则下加速破产程序。这包括了建立活跃的交易市场,以及为知识产权在破产程序中的处置建立例外程序。本书认为,新《企业破产法》的制度框架留有制度衔接开口,将来可以考虑以特别法或部门法的方式,规范以知识产权为担保品的处置在重整期间的例外适用规则。

第二种路径,是介入破产管理人和代表投资人利益的"候补服务机构"间的赛局。本书分析此二者间同时存在对立与合作关系,以及因此而形成赛局。如果任由赛局进行,将使知识产权的权利在破产程序中淡化而失去利用性,造成社会资源的损失。本书认为,由司法机关介入赛局规则的调整,从而达到保护和持续利用知识产权的目的,具有可操作性与合理性。具体可由对管理人的权责进行细化规定,以及对管理人报酬方案的设计来实施。然而,此解决方案将加大司法部门在监督或审查破产案件时的权限,如不能有效地平衡,反而会鼓励利益团体的寻租活动,制造更不公平的结果,因此在监管作为上便需要有"监管监管者"的制度来平衡。

此外,在监管风险方面,还应考虑如何在证券化的架构阶段就预防这种风险的产生。本书认为对于两类(发起人有较多或较复杂的债权关系;或是证券化交易的基础知识产权有较强公益性)知识产权证券化的发行,发起人应该提出知识产权的管理方案接受评估。此外,由于知识产权在破产程序中价值剧减将使证券化的投资人处于不利地位,因此发起人应向市场和投资人作出说明哪种风险因子的存在与性质。

结论与建议

知识产权证券化在欧美的快速发展,说明这种金融创新回应了时代需求。在无形资产于经济活动中比重日益增加的环境下,有形资产的融资制度捉襟见肘,知识产权证券化制度被创造出来,一定程度上解决了企业的融资难的问题,并优化了金融资源的配置。而人类全体的视角来看,知识产权证券化还能够促知识产品的创作者和使用对知识产权增值的分享,利用市场经济的力量,提升公平正义以及人类经贸发展的和谐共荣。

当世界逐渐认识知识产权证券化的优势,我们还观察到将这种制度本土化的价值。积极来说,这种创新能深化我国金融市场改革,引导民间充沛储蓄投入企业知识产权建设,借以改变产业结构、促进金融体系资金利用效率、提升国家总体竞争力。消极来说,这种创新可以提供制度供给,为体制外活动的巨大经济能量提供制度内出口,有助于金融安全和稳定。

探索思路

本书论证金融创新的根本面目,其实是数个既有基础交易制度的功能性结合。金融创新的过程对新制度而言是一种创造,但对既有基础交易制度而言是演化和重组。在创新过程中,基础交易制度的结合不是简单相加,而是互相冲击、调整而融合。原有基础制度的概念、内涵和运作必须获得扩充、细化和完善,才能够与其他基础制度良好结合、发挥出结合体的功能来。因此,对于这种金融创新的探索,不能不将其解构到基础交易制度的层面分析来达成。

这个论证的启发有两面。首先,由于不同国家的基础交易制度不同,照搬他国金融创新成果,然后以本土相应的基础交易制度进行模仿性地组合,不但达不到相同的功能,还会生产巨大的风险。

而相对的一面是,只要掌握这种功能性组合的精髓,就有可能在本土的基础交易制度上,走出自己的金融创新道路。本书认为,知识产权证券化创新所要达到的目的,就是要借由一系列基础交易制度的协同作用,使知识产权流动性提升而展现出资产负债表中所无法体现的价值,从而解决创新型、文化型企业融资困难的问题。

论点总结

本书秉持此思路对知识产权证券化的发行所涉及的基础交易环节展开探索,包括权利转让、权利出质以及权利瑕疵担保等环节。本书依次提出，如果要在我国的法律环境中达成前述目的，在这些基础性的交易环节中将有什么风险？将对投资人的权利或经济运行的稳定造成什么影响？该如何克服？

这些论点可以从以下几个层次进行总结：

第一个层次是属于法律技术性的论点。本书首先描述这些基础性的交易制度，在以无形资产为交易标的时，将产生什么样的特殊问题，然后分析其成因，并指出透过法律技术面调整来解决问题的路径。此外，对若干问题本书主张以特别法的方式，局部解决其中的疑义或冲突。在缩限适用主体与适用交易的前提下，特别法的灵活性可对制度的模糊区作出明确的规范，有效控制调整的效果，从而能避免调整基础制度造成的广泛影响。例如，在将来债权转让合法性、对特定类别知识产权的出质操作、权利转让中瑕疵担保责任以及破产清算程序中知识产权资产的例外程序设想等议题，本书都提出了以特别法调整的理由与做法。

上升一层次的探讨，是关于吸纳新制度的论点。从法律技术面的探索中发现，部分的模糊与冲突，受限于原有的制度框架，较难透过技术面的调整完整地解决问题。此时，引入另一个制度可以改变这种局面。例如，对涉及知识产权的交易，本书论证了如何以"知识产权保险"制度来改变交易双方面对权利瑕疵责任出现零和赛局的困境。本书也论证了，利用信息技术整合知识产权转让、担保、授权、许可使用一元化的登记公示制度，透过高效、全面的信息披露，来消除、降低知识产权权利交易的风险，为知识产权证券化交易制造条件的可行性。

再往上升，本书论证了知识产权证券化交易的双面刃本质。本书阐述知识产权证券化具有高融资杠杆效果，个体行为透过证券化传递后，对市场与社会整体影响成倍地放大了。宏观来说，知识产权证券化交易制度是中性的，它发挥的作用是大量集中金融资源来支持某一项知识产品的建设或推广，而这种建设本来无法单靠原始权利人的资源完成。这种新金融工具在市场机制下运作，最终是增加社会福利还是危害金融稳定，作为一个法学者不能不深思考虑。所谓水能载舟亦能覆舟，这种两面刃的本质，广泛地影响到所有冲突解决路径的选取与制度的设计，特别是本书在各章节中对于监管作为的探索。

而事实上，探索中出现的难点往往都归结到一个最上位层次的问题，即在市场经济中,如何调和私法与公法、或是当事人意思自治与社会公共利益间的冲突。本书的立场是:这种艰难的平衡不能闪躲。因为,社会的变迁是技术、经济、文化与法律演化的综合产物。不论是被动卷入还是主动开创,法学研究者都不可能在这个过程中缺席。而就知识产权证券化制度而言,本书达成的结论是:主张意思自治原则,也正视社会公共利益的价值与对投资人保护的需要,而其间的平衡可以借由良好交易制度、信息披露制度与度监管制度设计而成为可能。先进国家的经验也指出,协调效率和公平的价值取向,能够借由适当的制度设计来达成,从而保护投资者的安全,同时又兼顾发行人的筹资权利,进而实现资本市场的稳健、安全、自由运行,最终促进经济的繁荣发展。

路径建议

以上这几个层次的探索指出隐藏在背后一个共同事实,就是我国现有的相关基础法律框架,还无法支持如欧美的高度复杂性、应用范围广泛的知识产权证券化交易。本书虽然提出了调整路径的设想,但这种调整涉及各方博弈,绝非一蹴可及。然而,从比较务实的角度出发,我们仍然可以透过循序渐进、少量试点的方式,为知识产权证券化交易进行的环境构建条件。

比方说,以"被证券化资产"和"发行架构"两个维度为例,通过适当的维度选择,将我国现存交易的结合也能产生证券化交易的功能来。具体而言,在"被证券化资产"方面,本书提到,基于知识产权而无待履行性的授权合同,其产生的现金流相对稳定,转让的合法性较无争议(参阅第二章第二节)。而从"交易架构"来看,在知识产权担保贷款证券化模式(参见第一章第一节)中,证券化的发起人,是提供给知识产权人担保贷款的金融机构,其将担保贷款、一并与担保品转移给特设载体,然后以此为基础向投资人发行证券。从特设载体这个端点来看,类似于信贷资产证券化,这已经是广为市场熟悉的一种模式;从知识产权人与金融机构之间的关系来看,是属于担保贷款,也是市场已有的操作。这两个端点结合的结果,实质上产生的效果,就等同于知识产权人透过证券化向投资人发行证券的过程,能够发挥出知识之产权证券化所追求的融资效果。

这种既有交易的简单结合,在现有的经济环境与制度条件下,正好提供经济活动中所需要的制度供给。就现阶段而言,知识产权抵押贷款技术门槛较低,实务上已经操作成功,金融机构也逐步开展这块领域业务,只是限于风险控制经验,难以大开阔步。此时,如果利用此种模式,以证券化交易制度来转移、分散金融机构承受的风险,这块业务便可以较快发展起来。可以期待,随着市场逐渐了解知识产权证券化产品的本质和优势,交易将逐渐增加,而为基础制度的演化创造出动力和条件。

当然,这种二维度划分只是由理论出发的简单说明。更深入的论证可以将知识产权证券化交易进行多于两种维度以上的划分。本书对被证券化资产选择、发行架构设计以及案例进行分析所得出的总结,正足以为这种路径的规划提供大量的素材。

附　录

一、Chrysalis 证券化案例

交易背景

Chrysalis Group Plc(Chrysalis)是一家英国的集团公司,在全球音乐发行产业中居领先地位,主营业务是收购各个音乐作品的发行权,进行市场化的运作管理,并与原著作人分享从中获得的利益。Chrysalis 集团的业务是跨国性的,透过集团内的各个公司,在许多国家获取并管理集团所掌握的音乐发行权。

Chrysalis 集团产生资金需求,以便偿还银行贷款、开拓新的音乐与书籍发行业务,以及支援日常营运。如果以公司的偿债能力作担保,透过传统借贷的模式进行借款,则资金成本较高,因此,在英国苏格兰皇家银行(Royal Bank of Scotland,RBS)牵头下,利用证券化交易来释放所持有音乐发行权的潜在价值,并达成低成本融资的目的。[1]

被证券化资产

被证券化的资产群组,包括 Chrysalis 集团旗下公司的国际音乐发行权,以及由此产生的出版业净股[2]。集团掌握发行权的音乐目录(catalogue)超过 50,000 首歌曲,包括数国上百个创作人的作品,它们分别归

---

[1] Press Releases, "The Royal Bank Of Scotland Completes Largest Music-Backed Securitization", 1 March 2001, available at http://www.rbs.com/media03.asp?id = MEDIA_CENTRE/PRESS_RELEASES/2001/MARCH/SECURITISATION;last visit on June 8, 2007.

[2] NPS(Net Publishers Share)是衡量出版商所持有的版税量,意思是指出版商要从收到的版税总额中,支付使用许可费用给相关的原创者或其他相关的知识产权持有人,剩下的部分才是发行商净赚的,是这一行业最受关注的营收能力指标。本交易中,音乐目录所产生的 NPS 在 1994 和 2000 年之间翻了一番,达到 800 万英镑。参见周天泰:《智慧财产权融资之法律问题初探》,载台湾《万国法律》2005 年 2 月期。

Chrysalis 在英国、美国、德国、瑞典和荷兰的多个子公司所有及管理。[1] 此外,Chrysalis 的音乐目录还包括对若干老歌的著作财产权,包括 Tom Jones、Engelbert Humperdink 以及 Beatles 的作品。[2]

交易采取循环架构,有三年的循环期。在循环期内,Chrysalis 集团可以继续将取得的音乐发行权,或其他著作财产权,陆续加入被证券化的资产池,因此被证券化的资产处于一种变动的状态。

发行证券

Chrysalis 集团由此交易获得六千万英镑(GBP)担保贷款(securitized borrowing facility),约等于音乐目录折现值的 40%。[3] 贷款期间为十五年。其中前三年为循环期,在此期间 Chrysalis 可以加入新的曲目。另外,该贷款是循环信用式的贷款(Revolving Credit Facility),所以 Chrysalis 在三年内可以根据需要调整借款数额。循环期结束后,在接下来十二年的清偿期间,Chrysalis 根据实际提取的资金,以直线法分期偿还余额,直至到期日。[4]

交易中发行的证券是在美国商业票据市场(the US Commercial Paper Market)发行的商业票据,两者透过所谓的导管机构(conduit)衔接。

交易架构

本案的发起人是 Chrysalis 集团。但实际上,借款人是集团旗下的英国 Chrysalis Music Ltd. 公司,而证券化的基础资产则是由集团在美国、英国、美国、德国、瑞典和荷兰的多个音乐发行公司提供。

架构中使用了一个特设公司 Music Finance Corporation 来满足 Chrysalis 的贷款需求。特设公司 Music Finance Corporation 的资金,来自于 RBS 开设的一个商业票据管道(CPC, commercial paper conduit)。所发行商业票据的信用评级由被证券化资产决定,同时还得到 RBS 和 Barclays Bank Plc 所提供的 100% 流动性支持(liquidity support)。[5]

被证券化的资产与 Chrysalis 进行破产隔离,而 Chrysalis 的资产除了

---

[1] 周天泰:《智慧财产权融资之法律问题初探》,载台湾《万国法律》2005 年 2 月期。
[2] Robert Horowitz, Securitization: Music to Chrysalis' ears, *The Treasurer*, May 2001, p.50.
[3] 周天泰:《智慧财产权融资之法律问题初探》,载台湾《万国法律》2005 年 2 月期。
[4] Robert Horowitz, Securitization: Music to Chrysalis' ears, *The Treasurer*, May 2001, p.50.
[5] 周天泰:《智慧财产权融资之法律问题初探》,载台湾《万国法律》2005 年 2 月期。

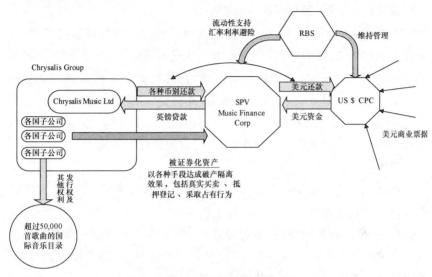

图 9 Chrysalis 证券化交易架构

被证券化的部分外,不为任何追索权行使的范围。由于被证券化的资产掌握在分属不同司法管辖领域的子公司手中,为了达成破产隔离的目的,架构上采取在各个司法管辖区中能达到此法律效果的交易架构,包括真实销售、担保贷款,并且依据各个司法管辖区的要求,对被转让或作为担保的权利进行登记、注册、或是进行占有行为。值得一提的是,很多英国的证券化交易采取"担保贷款"(secured loan)的做法进行。虽然担保贷款不同于真实销售的破产隔离效果,但在英国的浮动抵押制度框架下,如果安排适当,担保贷款提供者在破产程序中,也能得到良好的保护。

交易以超额担保作为信用增强的手段,此外还在贷款额度中设有储备资金(reserve facility),其数额是六百万英镑。

Chrysalis 集团及其各地的子公司是该交易的唯一管理人,不另设候补服务机构;Chrysalis 集团保持其对被证券化资产的行政与管理控制权。此点基本上遵循英国浮动抵押制度(floating charges)的安排,发行人可以用公司的全部财产进行浮动抵押(general floating charges)或者对某一类财产进行有限浮动抵押(limited or specific charges),但发行人对抵押的财产仍有经营权[1],发行人和创作者的活动不受影响,发行人可以如往常一样继续管理、开发和利用这些知识产权。[2]

本架构的一个特色是在金融避险方面的安排。该交易获得的资金,来自于美国商业票据市场[3],而 MSIC Finance Corp. 以该资金为英国 Chrysalis Music Limited 公司提供英国货币贷款,其中需要运用商业票据发行工具将美元贷款转换成英国货币,并将英国货币的还款转为美元。通过 RBS 提供的货币和利率工具,Chrysalis 在英国、美国、德国、瑞典和荷兰经营所获得的多种货币的现金流,方得以规避汇率风险。[4]

评述

本宗证券化交易是有史以来最大音乐著作权证券化交易,从以下几点可以观察到在发行架构上的独特于创新。

首先,本发行是围绕着"抵押贷款"制度为中心而构建起来的。由于英国传统上贷款业务比较发达,累积较多的抵押贷款经验,操作较成熟,可以处理复杂的交易。在这种背景下,知识产权证券化的创新,也围绕着"抵押贷款"制度展开。在英国的法律框架下,担保贷款在有限浮动抵押(limited or specific charges)制度的运作下,可以达到近似于美国真实销售的效果。[5] 如此一来,真实销售制度也就不是证券化架构唯一的途径,所以在制度的创新上,自然从具有较多实践经验的抵押贷款制度出发。这也就是说明了为何英国在真实销售的认定、税务处理和监管没有美国那样细化而丰富。[6]

本案还展现出基础交易制度在金融创新中的功能性结合,而这里所谓的功能,就是要达到破产隔离的效果。由于本案中的被证券化资产分别为各国的子公司持有,他们在不同司法管辖区内,受不同的法律框架规范。为了达成破产隔离,采用的交易必须是该管辖区内能达成该等效果

---

[1] 苏合成:《英美全面抵押制度研究》,北京大学出版社 2004 年版,第 15—25 页;何小峰主编:《资产证券化理论与案例》,中国发展出版社 2007 年版,第 110 页。
[2] Robert Horowitz, Securitization: Music to Chrysalis' ears, *The Treasurer*, May 2001, p.50.
[3] 周天泰:《智慧财产权融资之法律问题初探》,载台湾《万国法律》2005 年 2 月期。
[4] 同上注。
[5] 陈月秀:《智慧财产权证券化——从美日经验看"我国"实施可行性与立法之刍议》,台湾政治大学法律学研究所 2004 年硕士论文,第 54—55 页。
[6] 参见何小峰主编:《资产证券化理论与案例》,中国发展出版社 2007 年版,第 110—111 页。

的制度。结果是,在有的司法管辖区中,这个目的由真实销售达成,而在其他司法管辖区中,则由担保贷款制度或其他方式达成。此外,交易过程所需经过的登记或通知,同样要依循各国法律框架下的要求制度来运行,例如,德国著作权法对告知条件的规定比其他管辖权内的要严格,而只有美国规定了著作权登记中心制度等。[1]

本案还可以观察到制度创新中,抵押担保制度与知识产权制度间的碰撞与融合。在知识产权制度下,权利可以依合同的规定作出切割、转让和利用。这种特性,不同于其他的被证券化资产,如信贷或住房贷款,一项贷款产生一个请求权,不可能将基于一项贷款的请求权进行切割交易。而著作权却可以用切割利用的方式,来与证券化交易制度进行良好的结合。具体而言,Chrysalis集团音乐目录中的著作权,其实只是原创音乐著作财产权中的一部分。著作财产权包含一揽子的权利,而Chrysalis透过合同关系,取得在某一段时间中行使某一部分财产权的权利,也就是Chrysalis利用商业手段开发这些权利的市场价值,然后再与原创作者分享。

这一揽子的权利,在不同的时候以不同的方式切割,还可以产生不同的价值,只要将新的价值透过合同关系固定,就有可能与其他基础交易制度结合,产生其他交易制度下的经济活动。由这种特性引发出若干议题,成为本书探讨的焦点。

二、DreamWorks证券化案例

交易背景

早在1997年,美国好莱坞著名电影制作工作室DreamWorks就开始以14部电影作为证券化的基础资产发行证券。[2] 到2000年,DreamWorks又在原来的基础上,增加24部制作中电影(全部完成日为2005年

---

[1] Robert Horowitz, Securitization: Music to Chrysalis' ears, *The Treasurer*, May 2001, p.50.
[2] Von Alexander Kirsch, "Securitization of Intellectual Property as a Funding Alternative", *A Thesis for Master of Arts at HFB Hochschule für Bankwirtschaft Business School of Finance and Management*, March 16, 2005, p. CXXXIV.

3月)到证券化的资产池中,发行总计约 5.56 亿美元的证券。[1] 本次(第三次)证券化交易于 2002 年 8 月 26 日,这是它发行规模最大的一次,募集了 10 亿美元的资金,用于卡通片和电影制作上的资金投入。[2]

被证券化资产

DreamWorks 将包括现存的电影库(existing film library)以及尚未完成的作品在内的共 37 部电影的未来权利金收益(不包括国内影院和电视的收益)纳入资产池中。[3] 但新发行的影片,必须在美国本地的戏院上映 8 周后且符合一定的条件下,才能加入证券化的资产。

交易构架中规定有三年的循环期,DreamWorks 可以在此期间增加新的电影,并于第四年才开始摊还本金。[4] 所以本证券化资产处于变动状态。

发行证券

该证券的发行额 10 亿美元,为七年期的浮动利率债券。[5] 在三年的循环期结束后,于第四年才开始摊还本金。[6] 法定到期日为 2009 年 10 月。电影播放的收益用来偿还本息,但如出现超额将返还给发起人。[7]

Moody's 和 Standard & Poor's 均给出了投资登记 AAA 的信用评等。证券发行后,被九家银行的辛迪加联合全数购得。[8]

---

[1] Von Alexander Kirsch, "Securitization of Intellectual Property as a Funding Alternative", *A Thesis for Master of Arts at HFB Hochschule für Bankwirtschaft Business School of Finance and Management*, March 16, 2005, p. CXXXIV.

[2] John S. Hillery, "Securitization of Intellectual Property: Recent Trends from the United States", *Washington Core*, June 30, 2005, p. 20; available at http://www.iip.or.ip/summary/pdf/WCORE2004s.pdf; last visit on June 8, 2007.

[3] Ronald S. Borod, "An Update on Intellectual Property Securitization", *Journal of Structured Finance*, Winter 2005, p. 67.

[4] 参见冯浩庭:《智慧财产权利证券化之研究》,台湾政治大学智慧财产所 2004 年硕士论文,第 151 页。

[5] 参见同上注。

[6] 参见同上注。

[7] 参见同上注,第 151—152 页。

[8] John S. Hillery, "Securitization of Intellectual Property: Recent Trends from the United States", *Washington Core*, June 30, 2005, p. 20; available at http://www.iip.or.ip/summary/pdf/WCORE2004s.pdf; last visit on June 8, 2007,

交易架构

DreamWorks 结构图

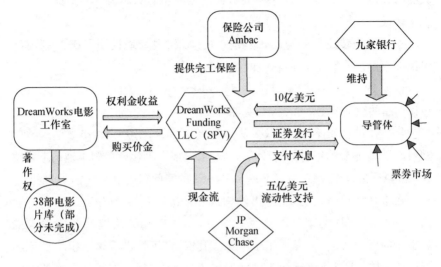

图 10　DreamWorks 证券化交易架构

发起人为大导演 Steven Spielberg 所创设的、位于加利福尼亚州的有限公司 DreamWorks LLC。证券化的特设载体，也是一家加利福尼亚州的有限公司 DreamWorks Funding LLC，是 DreamWorks LLC 成立的独资公司。

被证券化的资产从 DreamWorks LLC 转让给 DreamWorks Funding LLC 的过程，是否构成"真实销售"存有争议。因为 DreamWorks 移转给特设载体的权利只包括海外市场收入的权利金，而不包括美国市场的收益。[1] 但是信用评等机构 Standard & Poor's 认为，即使在最严格的条件下，被证券化资产都应该不会被计入破产财团（见以下分析）。[2]

该交易由 Ambac 提供完工保险，JP Morgan Chase 提供五亿美元流动性贷款作为信用增强机制。[3]

---

[1] See Colleen Marie O'Connor, "How DreamWorks works: Anatomy of Movie-Backed Deals", *Asset Securitization Report*, November 4, 2002, p. 1.

[2] See Ibid.

[3] 参见冯浩庭：《智慧财产权利证券化之研究》，台湾政治大学智慧财产所 2004 年硕士论文，第 151—152 页。

购买证券的资金来自于商业票市场（commercial paper market），透过9家银行所维持的导管体（Conduits）进行证券发行。如果导管体未依照认购的数额提供资金，9家维持导管体的银行将自行认购。[1]

评述

本案中的转让是否构成真实销售的争议，很好地说明了破产制度与知识产权制度在证券化创新中的冲撞与融合。

根据1997年的一个破产案例Record Picture中，美国法院认为，两方间转让作品的权利凭证（title）时，如果不是全部的权利都出售的话，那就与"绝对出售"的性质不同，可以被认为是授权行为，相关的财产应纳入破产财团。[2] 在本交易中，特设载体取得权利，事实上不包含美国本地的电影院收入和电视频道播放权，所以Record Picture的案例有适用于本案的可能。

在这种情况下，主张交易仍然构成破产隔离的立场有三个层次的论证。首先，参与该案律师的意见表示，Record Picture法院的裁决还未受足够多的诉讼考验，未必适用于本案。其次，由于特设载体承担了被证券资产的风险，所以应该被认为已经取得了财产。在后，即便是在最坏的情况，转让被裁定为授权，而破产债务人主张合同无效，特殊目的机构也可以用一个"擅自占有权"（squatter rights）作为抗辩，保护自己对该知识产权的利益。[3]

可以看到，无形资产（在本案中是著作权）的"多权利主体"（第二章第三节的分析）是产生此议题的原因。彼此独立的主体，有可能对同一个"知识产品"实施互不干涉的权利，这是实体资产所不可能发生的。因此，以处理实体资产的买卖制度来处理无形资产，就有可能出现这种制度冲撞。

本案还展现了对真实销售概念的细化，以及破产制度内容的丰富化。在证券化的发展上，破产隔离必须由真实销售来达成。本案借用财产权制度的"擅自占有权"来主张破产隔离，虽然还没有经过法院的检验，应用性可能也有限，但以另外一种制度来达成同一个效果，毕竟是提出了一

---

[1] DreamWorks Set to Star in Securitization, *Euroweek Issue 768*, August 30, 2002; See Database Business Source Premier # 09527036.

[2] See Colleen Marie O'Connor, "How DreamWorks works: Anatomy of Movie-Backed Deals", *Asset Securitization Report*, November 4, 2002, p.1.

[3] Ibid.

个可能的新尝试。

三、Paramount 证券化案例（将来知识产权证券化）

交易背景

本宗证券化交易标志着知识产权证券化演进的里程碑。随着证券化交易技术不断地提高，同时也因为电影业对于资金的需求日趋殷切，终于促使了以完全未开拍电影为基础资产的证券化交易。学者称为未发行电影应收账款（future revenues from previously unreleased films）的证券化。[1]

在旧模式下，融资的主要目的是为了加快偿还电影的制作成本。新模式扩展了证券化用于电影融资的方式，也就是资金的作用不局限于加快制作成本的偿还，而更多地被作为正在进行专案的资金来源，从而减少了制片厂对母公司的依赖，使制片厂能够制作更多或更高成本的电影作品，而无需像过去那样去寻找其他的合作者。其中融资得到资金，主要是用于支付制作过程中产生的拷贝费用和广告费用（prints and advertising, P&A），这一种用途在以往的证券化交易中不曾出现。由于这种资金用途涉及了正在进行的或未来的电影制作，所以活动收益和履行风险（performance risk）直接会影响投资人。相对而言，旧模式主要针对已完工的电影进行证券化，所以这部分风险由制片厂承担，并未转移给特设载体或投资人。

被证券资产

被证券化资产是 Paramount Picture 在未来三年内自制或购买的电影所产生收益的 25%。与其他知识产权证券化不同处，本案例先由特设载体募集资金，每当电影完成后而尚未发行前，特设载体提供发起人该部电影净生成本（net production cost）25%，而取得该电影未来所产生 25% 的净收益（net revenues）。

发行证券

该证券于 2004 年发行，到期日为 2009 年，将该证券评等为投资登记 Baa2。[2] 证券发行总额为 3.08 亿美元，分组分为 2.1 亿美元的优先证

---

[1] 参见冯浩庭：《智慧财产权利证券化之研究》，台湾政治大学智慧财产所 2004 年硕士论文，第 152 页。
[2] Sarah Mulholland, "Funding is Paramount in New Deal", *Asset Securitization Report*, August 9, 2004, p.3.

券(senior loan)、6000万美元的次顺位证券(mezzanine loan)与3800万美元股票(equity)。[1] 该证券设有循环期,特设载体可以在循环期中,用所取得的电影收益来新购入新电影,扩充被证券的资产。

交易架构

Paramount　*证券发行结构图*

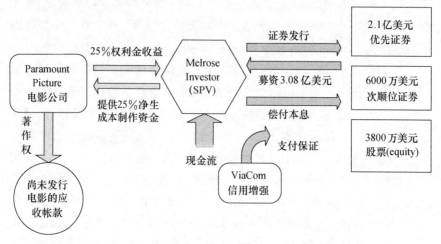

图11　Paramount 证券化交易架构(将来知识产权证券化)

证券的发起人是 Paramount Picture。证券发行的特设载体是一家有限责任公司 Melrose Investors LLC。[2]

信用评等机构 Mood's 认为,此次交易并不构成真实销售。因为投资者和电影制片厂在相同的风险层面上,这种交易功能更像是一种风险分担,而不是风险转移。[3] 从交易形态上说,它更接近于担保贷款,只是特设载体对该资产池与其产生的收益享有完整的担保权益。[4]

Paramount Picture 在证券化期间负有继续制片的义务,并且被授权进

---

[1] Von Alexander Kirsch, "Securitization of Intellectual Property as a Funding Alternative", *A Thesis for Master of Arts at HFB Hochschule für Bankwirtschaft Business School of Finance and Management*, March 16, 2005, p. CXXXIV.

[2] Ibid.

[3] Sarah Mulholland, "Funding is Paramount in New Deal", *Asset Securitization Report*, August 9, 2004, p. 3.

[4] Ibid.

行电影的营销与发行(marketing and distribution)方面的业务,因为其本已具有配销电影的能力与经验,故能确保电影产生的最大收益。[1] Viacom Inc.(Paramount 的母公司)提供支付保证。[2]

评述

从本案可以观察,表面上来看,证券化、结构融资以及知识产权担保融资是不同的金融创新,但从基础交易制度的观点,这些不同的创新,不过是若干基础交易制度的功能性结合,调整其中一个交易制度,就能成为另一种的创新。这种特性,也使得金融创新所产生的不同交易制度间的区别变得模糊。

就本案证券化的发行来看,发起人 Paramount Pictures 与投资人都承担着证券化基础资产不能顺利完工的风险,需要分担营销的费用,并且还面对电影票房的变数。所以这种架构很难被认定为"真实销售",也因此有评论者不认这是一个证券化交易,而是一个担保融资交易。

从法律的角度看"真实销售"与担保融资交易有不同的后果,但是从经济活动中的效果看,这种法律上区分的意义就变小了。首先,特设载体在交易中,得到所有影片收益的完全担保利益(secured security),确保了万一发起人破产时,对被证券资产的第一顺位求偿。更重要的是,事实上,原先根本就不打算让特设载体执行这个担保权益,因为一旦影片的收入不如预期,立刻就会触发提前清偿的安排,投资人的利益不仅立刻回收,还有母公司的清偿保证。这种架构安排的结果,在 Moody's 的信用评等上充分可以反映出与担保贷款的差异。在传统的担保贷款中,担保贷款债权仅能得到的评等一般比发行人高一级别(notch),而在本案中发行证券的评等比这个情况还要更好。[3]

---

[1] Jay H. Eisbruck, "Credit Analysis of Intellectual Property Securitization: A Rating Agency Perspective", *From Idea to Asset-Investing Wisely in Intellectual Property* (*edited by Bruce Berman*), John Wisly & Sons, Inc. N.Y., N.Y., 2002, pp.452—453.

[2] Sarah Mulholland, "Funding is Paramount in New Deal", *Asset Securitization Report*, August 9, 2004, p.3.

[3] Jay H Eisbruck, "Royalty Succession: The Evolution of IP-backed Securitization, Building and Enforcing Intellectual Property Value", *Moody's Investor Service*, 2007, p.10.

四、《十万个冷笑话》众筹项目分析[1]

案例来源:点名时间

交易背景

从改编成动画至今,《十万个冷笑话》以无厘头的风格,获得了众多网友的关注与喜爱,在网络上总共播放了12集,总播放量已经近十亿次。在上述背景下,制片人决定拍摄一部剧场版的《十万个冷笑话》。因此,制片人在"点名时间"网站上发起了众筹项目,希望征集100万元用于拍摄《十万个冷笑话》的电影。

目前,该众筹项目已经结束融资,截止结束融资时共获得融资1,373,526元,募集率为137%。[2]

回报方式

实物众筹模式中,不得以股权或是资金作为对支持者的回报,而必须以相关的实物或非实物作为回报。其中实物包括DVD、新书成品、限量版手稿等,非实物包括鸣谢、当面聚餐等。

《十万个冷笑话》回报内容包括:DVD,首映电影票等。[3]

交易架构

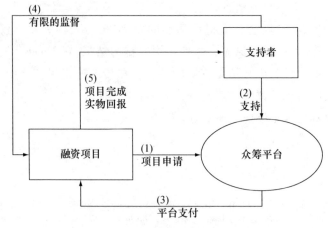

图12 实物众筹模式交易架构

---

〔1〕案例选取时间为2014年6月6日,后文中有关项目进展等情况,均截至该时间点。
〔2〕项目进展情况可参见http://www.demohour.com/projects/317125,2014年6月6日访问。
〔3〕具体内容,可参见http://www.demohour.com/projects/317125,2014年6月6日访问。

评述

实物众筹模式是现有众筹中的主流模式,其应用较多,成功的项目也较多。与股权众筹模式相比,实物众筹模式具有如下制度设计特点:

在回报内容方面,点名时间或众筹网等实物众筹模式的平台,均会要求"项目的回报内容不得是股权、债券、分红、利息形式等;项目回报必须是项目的衍生品,不得是与项目无关的回报内容。"借此规定降低被认定为非法集资的风险。然而,按照《关于非法集资的司法解释》第1条的规定,实物回报亦是其中的回报方式之一[1],所以实物众筹平台对上述回报内容的限制仍存有被认定为非法集资的风险。

在行为性质方面,实物众筹平台将上述支持者(注意不是投资者)的支持行为认定为购买行为,是对项目产品对价的预付。因此,上述法律关系中,支持者与项目发起人之间是一种类似于买卖合同的法律关系。这有助于降低被认定为非法集资的风险。但在该买卖合同中,购买方(支持者)不仅需要承担项目中第二层次的风险[2],而且由于相应保障制度的缺失,支持者还需承担本该属于出卖方(项目发起人)的第一层次的风险。实践中,按照实物众筹平台的规定,支持者需要对上述两种风险承担责任;同时,由于相应监督机制的欠缺,使得支持者无法在支持后进行相应的监督,加剧了上述第二层次风险的爆发,甚至引发项目发起人的道德风险。因此,通过买卖合同法律关系并不能有效调整支持者与项目发起人之间的法律关系,无法保障支持者的合法权益,也即支持者的支持行为能否被认定为购买行为,存在较大的不确定性。

在知识产权归属方面,现有的实物众筹模式网站中采取的一刀切的方式,其平台中默认的规则为"项目所产生的知识产权仍归属于项目发起人",支持者并不能获得相关知识产权的所有权。因而,实物众筹平台并未真正发挥知识产权融资的优势,相反的是刚好关上了知识产权融资的这扇门。当然,从另外一个角度看,支持者在一定程度也分享了项目所产生的知识产权所产生的衍生利益,如在电影项目中,支持者通过支持项

---

[1] 参见《关于非法集资的司法解释》第1条第(3):承诺在一定期限内以货币、实物、股权等方式还本付息或者给付回报。

[2] 第一层次的风险是指因项目信息不公开等造成投资者损失的风险;第二层次的风险主要是指项目本身运行过程中所产生的风险,如经营风险等。

目,而获得了电影首映票,且票价低于首映票的票面价,分享了该电影所产生的收益。上述收益的大小取决于支持者在支持时所花费的所有成本与实际需要购买该产品所花费金钱之间的差额。

　　创意是众筹的最主要的卖点,其中不乏有许多可能成为知识产权的内容。但是,目前见到的众筹模式对知识产权归属采取一刀切的方式,极大地限制了支持者的参与热情。当然,项目发起人能否以知识产权或其衍生收益作为回报支持者的方式,在对本书提出的风险进行梳理并采取相应的监管或管控措施后(包括监管部门划分其与非法集资之间的区别),就可能将知识产权与金融结合的政策目标,进行更深入而全面的实践。例如,在文化产业与金融结合方面,2014年3月,文化部、财政部及央行联合发布了《关于深入推进文化金融合作的意见》(文产发[2014]14号),强调"推动文化产业知识产权评估与交易,加强著作权、专利权、商标权等文化类无形资产的评估、登记、托管、流转服务";同时《意见》还提出"要创新文化资产管理的方式,推进文化信贷项目资产证券化,形成文化财富管理"。因此,随着国家自主知识产权战略的推进以及金融服务水平的提高,利用知识产权进行融资的实践尝试将会越来越多。在本书看来,在可预见的未来,借助知识产权进行融资的交易模式将会成为文创产业企业融资的主要融资模式。

参考书目

中文著作

1. 编写组:《担保司法解释适用指南》,中国法制出版社 2006 年版。
2. 陈大钢:《中国信托法与信托制度创新》,立信出版社 2004 年版。
3. 陈龙业主编:《物权法百问通——担保物权》,中国法制出版社 2007 年版。
4. 陈文达、李阿乙、廖咸兴:《资产证券化理论与实务》,中国人民大学出版社 2004 年版。
5. 陈祥健编:《担保物权研究》,中国检察出版社 2004 年版。
6. 陈祥健:《担保物权研究》,中国检察出版社 2005 年版。
7. 成之德等:《资产证券化理论与实务全书》,中国言实出版社 2005 年版。
8. 程卫东主编:《中国竞争立法探要:欧盟对我们的启示》,社会科学文献出版社 2006 年版。
9. 费安玲主编:《比较担保法》,中国政法大学出版社 2004 年版。
10. 〔日〕古川令治、张明:《资产证券化手册》,中国金融出版社 2006 年版。
11. 何小峰主编:《资产证券化理论与案例》,中国发展出版社 2007 年版。
12. 何小锋:《资产证券化:中国的模式》,北京大学出版社 2002 年版。
13. 洪艳蓉:《资产证券化法律问题研究》,北京大学出版社 2005 年版。
14. 胡开忠:《权利质权制度研究》,中国政法大学出版社 2004 年版。
15. 黄立:《民法债篇总论》,中国政法大学出版社 2002 年版。
16. 黄松有主编:《〈中华人民民共和国物权法〉条文理解与适用》,人民法院出版社 2007 年版。
17. 蒋言斌:《知识产权制度反思与法律调适》,知识产权出版社 2007 年版。
18. 李国光主编:《新企业破产法适用指南》,人民法院出版社 2006 年版。
19. 李耀:《资产证券化:基本理论与案例分析》,上海财经大学出版社 2001 年版。
20. 李仁玉:《合同效力研究》,北京大学出版社 2007 年版。
21. 李钟斌:《反垄断法的合理原则研究》,厦门大学出版社 2005 年版。
22. 梁慧星主编:《中国民法典草案建议附刊理由——物权篇》,法律出版社 2004

年版。

23. 梁慧星主编:《中国民法典草案建议附刊理由——债权总则篇》,法律出版社 2006 年版。
24. 彭冰:《资产证券化的法律解释》,北京大学出版社 2001 年版。
25. 齐树洁主编:《破产法研究》,厦门大学出版社 2005 年版。
26. 钱弘道:《法律的经济分析》,清华大学出版社 2006 年版。
27. 沈达明:《法国/德国担保法》,中国法制出版社 2000 版。
28. 苏合成:《英美全面抵押制度研究》,北京大学出版社 2004 年版。
29. 孙森焱:《民法债编总论》(下册),台湾三民书局 2006 年版。
30. 王利明、崔建远:《合同法新论》(总则)中国政法大学出版社 1996 年版。
31. 王利明:《中国民法典学者建议稿及立法理由——物权篇》,法律出版社 2005 年版。
32. 王利明:《中国民法典学者建议稿及立法理由——债篇总则合同篇》,法律出版社 2005 年版。
33. 王鹏主编:《担保理论研究》,中国金融出版社 2006 年版。
34. 王胜明主编:《中华人民民共和国物权法解读》,中国法制出版社 2007 年版。
35. 王卫国等:《破产法原理、规则、案例》,清华大学出版社 2006 年版。
36. 王文杰主编:《反垄断法的立法与实践经验》,清华大学出版社 2004 年版。
37. 王文宇、黄金泽、丘荣辉,《金融资产证券化:理论与实务》,中国人民大学出版社 2006 年版。
38. 王泽鉴:《民法概要》,中国政法大学出版社 2003 年版。
39. 王志诚:《金融资产证券化——立法原理与比较法制》,北京大学出版社 2005 年版。
40. 吴汉东、胡开忠:《无形财产权制度研究》,法律出版社 2005 年版。
41. 吴弘、胡伟:《市场监管理论——市场监管法的基础理论与基本制度》,北京大学出版社 2006 年版。
42. 吴弘、许淑红、张斌:《不动产信托与证券化法律研究》,上海交通大学出版社 2005 年版。
43. 吴志攀:《金融法的"四色定理"》,法律出版社 2003 年版。
44. 吴志攀:《金融全球化与中国金融法》,广州出版社 2000 年版。
45. 谢剑平:《现代投资银行》,中国人民大学出版社 2004 年版。
46. 谢在全:《民法物权论》,中国政法大学出版社 1999 年版。
47. 徐洁:《担保物权功能论》,法律出版社 2006 年版。
48. 徐士英:《竞争法新论》,北京大学出版社 2006 年版。
49. 许多奇:《债权融资法律问题研究》,法律出版社 2005 年版。

50. 杨明:《知识产权请求权研究》,北京大学出版社 2005 年版。
51. 游劝荣主编:《反垄断法比较研究》,人民法院出版社 2006 年版。
52. 赵雷:《新企业破产法讲读》,中国工人出版社 2006 年版。
53. 中国人民银行金融市场司:《中国资产证券化:从理论走向实践》,中国金融出版社 2006 年版。
54. 周林彬:《物权法新论》,北京大学出版社 2002 年版。

翻译著作

55. 〔美〕安德鲁·戴维森等:《资产证券化:建构和投资分析》,王晓芳译,中国人民大学出版社 2006 年版。
56. 〔美〕保罗·萨缪尔森、威廉·诺德豪斯:《经济学》(17 版),萧琛主译,人民邮电出版社 2004 年版。
57. 〔美〕哈威尔·E.杰克逊、小爱德华·L.西蒙斯编著:《金融监管》,吴志攀等译,中国政法大学出版社 2003 年版。
58. 〔美〕Keith-Bergelt; Edward-Meintzer:《智慧财产资金化——以智慧财产设定担保为面向》,王莉维译,载《全国律师》2006 年 1 月。
59. 〔美〕罗宾·保罗·麦乐怡:《法与经济学》,孙潮译,浙江人民出版社 1999 年版。
60. 〔美〕《美国〈统一商法典〉及其正式评注》,高圣平译,中国人民大学出版社 2004 年版。
61. 〔美〕斯蒂文·西瓦兹:《结构金融——资产证券化原理指南》,李传全等译,清华大学出版社 2003 年版。

期刊论文

62. 巴曙松、刘清涛:《当前资产证券化发展的风险监管及其模式选择》,载《杭州师范学院学报(社会科学版)》2005 年 02 期。
63. 蔡伟宏、邵学言:《开放条件下证券监管的成本效益分析——以〈萨班斯—奥克斯利法案〉为例》,载《国际经贸探索》2003 年 8 月期。
64. 曹宁:《技术产权资产证券化探索》,天津大学 2006 年硕士学位论文。
65. 陈冬花:《技术合同履行中的道德风险研究》,武汉理工大学 2003 年硕士论文。
66. 陈静:《英美法上的浮动抵押担保制度及其借鉴》,中国政法大学研究生院 2006 年硕士论文。
67. 陈维光:《"音乐著作权集体管理"带来希望——十五的月亮将不再十六元》,载《音乐世界文摘》1993 年第 10 期。
68. 陈晓芳:《非法集资之困》,载《法制日报》2007 年 3 月 4 日第 010 版。
69. 陈永正、贾星客、李极光:《企业社会责任的本质、形成条件及表现形式》,载《云南师范大学学报》2005 年 5 月期。
70. 陈郁庭:《从创新融资管道之观点探讨智慧财产证券化之困难及立法需求》,载台湾《科技法律透析》2005 年 5 月期。
71. 陈郁庭:《将来智慧财产证券化之优势与危机》,载台湾《科技法律透析》2005 年 5 月期。
72. 陈月秀:《智慧财产权证券化——从美日经验看"我国"实施可行性与立法之刍议》,台湾政治大学法律学研究所 2004 年硕士论文。
73. 陈卓:《国际贸易领域内知识产权保护的趋势及对我国的影响》,载《时代金融》2007 年 5 月期。
74. 丁琛、张淑静:《知识产权的权利瑕疵担保问题》,载《知识产权》2005 年第 4 期。
75. 董泽平:《新创风险事业创业财务策略之研究——以独立制片人电影专案筹资为例》,台湾大学商学研究所 2006 年博士论文。
76. 冯浩庭:《智慧财产权证券化之研究》,台湾政治大学智慧财产所 2004 年硕士论文。
77. 冯震宇:《下一波资产证券化的主轴——智慧财产证券化》,载台湾《能力杂志》2005 年 6 月期。
78. 葛冬梅:《美欧智慧财产保险》,载台湾《科技法律透析》2004 年 6 月期。
79. 葛冬梅:《美欧智慧财产保险制度介绍》,载台湾《科技法律透析》2004 年 6 月期。
80. 巩寿兵:《权利瑕疵担保责任独立性之否认》,载《平原大学学报》2006 年 8 月期。
81. 谷湘玲:《智慧财产权融资之探讨——兼论智慧财产权之鉴价及智慧财产权证券化》,台湾东海大学法律学研究所 2004 年硕士论文。
82. 洪艳蓉:《"开元"、"建元"试点:法治理想与理想法制》,载《金融法苑》2006 年 3 月期。
83. 洪艳蓉:《中国资产证券化的制度竞争与协调》,载《证券市场导报》2006 年第 9 期。
84. 胡芬:《证券私募发行法律制度研究》,西南政法大学经济法学 2006 年硕士论文。
85. 胡江峰:《出卖人的权利瑕疵担保制度研究》,载《福建政法管理干部学院学报》2004 年 10 月期。
86. 胡开忠:《试论完善我国知识产权质权制度的若干途径》,载《安徽大学法律评论》2002 年第 2 期。
87. 胡正鸣:《浮动抵押担保制度研究》,中国政法大学研究生院 2005 年硕士论文。
88. 黄柱坚:《公司治理探析》,载《广西大学梧州分校学报》2006 年 1 月期。
89. 黎国梁:《论出卖人的权利瑕疵担保责任》,载《安康师专学报》2005 年 2 月期。
90. 李富成:《证券化交易制度研究——风险再分配的法律视角》,北京大学法学院 2004 年博士学位论文。

91. 李建伟:《知识产权证券化:理论分析与应用研究》,载《知识产权》2006年第1期。
92. 李军:《专利权质押的法律问题》,载《人民司法》2005年第5期。
93. 李琳:《智取150万元贷款》,载《国际融资》2007年2月期。
94. 李文:《中国资产证券化的基础法律问题简论》,载 www.globallawoffice.com.cn/upfile/2006/2006615171331179.pdf,2007年6月8日访问。
95. 梁慧星:《电视节目预告表的法律保护与利益衡量》,载《法学研究》1995年2期。
96. 梁杰:《我国资产证券化中真实销售的法律分析》,北京大学法学院2005年硕士学位论文。
97. 梁运芳、林宇峰、王恒涛:《解读"红高粱"》,载《商业时代》2002年10月10日。
98. 廖智萍:《智慧财产证券化——DRAM产业的新筹资管道》,台湾交通大学管理学院管理科学学程硕士班2005年硕士论文。
99. 林苍祥等:《金融资产证券化商品公开招募之规范研究》,载 www2.gretai.org.tw/prints/doc/75b.doc,2006年6月8日访问。
100. 林恒毅:《专利保险》,载台湾《法令月刊》2005年5月期。
101. 林恒毅:《专利侵权责任险》,载台湾《科技法律透析》2004年6月期。
102. 林庆鸿:《智慧财产担保融资贷款》,载台湾《趋势观点》2004年2月期。
103. 林燕平:《论资产证券化中权利质押的几个法律问题》,载《法学》2003年第4期。
104. 林好珊:《无形资产证券化可行性之分析》,台湾大学商研所2001年硕士论文。
105. 刘怀德:《金融机构办理智慧财产权融资之现状与未来发展方向》,台湾政治大学经营管理硕士学程金融组2005年硕士论文。
106. 刘江彬、黄钰婷:《智慧财产商品化之融资与鉴价机制》,载台湾《全国律师》2006年1月期。
107. 刘绍猷:《将来之债权的让与》,载郑玉波主编:《民法债编论文选辑》(中),台湾五南图书出版公司1984年版。
108. 刘逸坤、张爱忠:《论企业的社会责任》,载《中国民营科技与经济》2005年5月期。
109. 倪晓武:《论我国知识产权证券化的法律构建》,北京大学法学院2005年硕士学位论文。
110. 牛松、王建平:《我国证券市场信息披露的问题及对策研究》,载《安徽大学学报(哲学社会科学版)》2007年7月期。
111. 牛元元:《美国证券法下私募发行的界定标准》,对外经济贸易大学2007年硕士学位论文。
112. 潘新新:《企业家社会责任探析》,载《经济理论研究》2007年02期。

113. 潘晔:《资产证券化中真实出售问题法律分析》,北京大学法学院2005年硕士学位论文。
114. 秦道友:《论知识产权质权》,安徽大学法学院2003年硕士学位论文。
115. 阙光威、陈月秀:《智慧财产证券化初探》,载台湾《证券市场发展》2005年7月期。
116. 阙光威、陈月秀:《智慧财产证券化可能的经营模式法制面探讨》,载台湾《月旦法学》2004年8月期。
117. 阙光威:《智慧资本的法律定性与智慧财产证券化的可行性研究》,载台湾《政大智慧财产评论》2004年4月期。
118. 阙光威:《智慧资本的法律定性与智慧财产证券化的可行性研究》,载台湾《政大智慧财产评论》2004年4月期。
119. 任谷龙:《论美国破产管理人制度》,对外经济贸易大学2005年硕士学位论文。
120. 任清:《论英国法上的浮动抵押》,载中国民商法律网,http://www.jcrb.com/zyw/n35/ca28976.htm,2007年6月3日访问。
121. 申惠文:《担保物权体系比较研究》,郑州大学2006年硕士学位论文。
122. 申卫星:《试论合同权利转让的条件》,载《法律科学》1999年第5期。
123. 唐旭:《知识产权质押、物权与金融发展》,载《中国金融半月刊》2007年第5期。
124. 王成慧:《知识产权质押问题研究》,吉林大学法学院2006年硕士学位论文。
125. 王沛恒:《资产证券化特设载体在中国运作与法律环境》,北京大学法学院2001年硕士学位论文。
126. 吴晓波:《"长城"之祸》,载《经济观察报》2006年10月2日第037版。
127. 吴志忠:《论出卖人的权利瑕疵担保责任》,载《中南财经政法大学学报》2006年第3期。
128. 武仁:《专业组合证券化模式在智慧财产证券化之应用——以流行音乐证券化为例》,台湾政治大学智慧财产研究所2005年硕士学位论文。
129. 肖本华:《美国公众小额集资模式的发展及启示》,载《证券市场导报》2013年5月期。
130. 谢福源:《智慧财产证券化风险评估之分析》,载台湾《铭传大学法学论丛》2005年12月期。
131. 谢福源:《智慧财证券化之创新意义与发展趋势》,载台湾《智慧财产季刊》2005年9月期。
132. 谢祖松:《智慧财产权证券化——从「Bowie证券」之发行谈起》,载台湾《台北大学法学论丛》2006年7月期。
133. 邢海洋:《中国电影的镀金年代》,载《三联生活周刊》2006年10月13日;网络版载 http://ent.sina.com.cn/m/c/2006-10-12/19341281846.html,2006年6月8日

访问。

134. 许多奇:《资产证券化中的债权让与法律问题》,载《武汉大学学报(哲学社会科学版)》2004年1月期。

135. 许松、吴书明:《知识经济时代智慧财产权融资之研究》,载台湾《台湾土地金融季刊》2004年4月期。

136. 杨亚西:《知识产权证券化——知识产权融资的有效途径》,载《上海金融》2006年10月。

137. 叶红雨:《基于知识预期收益的高新技术中小企业融资》,载《经济问题探索》2006年第9期。

138. 袁康:《互联网时代公众小额集资的构造与监管——以美国JOBS法案为借鉴》,载《证券市场导报》2013年6月期,第6页。

139. 张建:《权利瑕疵担保责任探析》,载《山东行政学院山东省经济管理干部学院学报》2005年6月第3期。

140. 张静春:《技术创新、道德风险与经济增长》,载《经济社会体制比较(双月刊)》2003年第1期。

141. 张明扬:《金融业"三五规划"今日破题》,载《东方早报》2007年1月19日第B09版。

142. 张明、邹晓梅、高蓓:《中国的资产证券化实践:发展现状与前景展望》,载《上海金融》2013年第11期。

143. 张韶华:《商标权质押融资的风险及评估》,载《中华商标》2007年1月期。

144. 张旭:《商标权质押融资的风险及评估》,载《中华商标》2007年1月。

145. 张云辉:《企业智慧财产权融资的可行性(上)》,载《企银报道》2004年1月期。

146. 赵剑飞:《ABS诱惑》,载《财经——金融实务特刊》2007年4月2日。

147. 赵英杰、张亚秋:《JOBS法案与美国小企业直接融资和监管制度变革研究》,载《金融监管研究》2014年第2期。

148. 钟青:《权利质权研究》,中国社会科学院研究生院2002年博士学位论文。

149. 周天泰:《智慧财产权融资之法律问题初探》,载台湾《万国法律》2005年2月期。

150. 周晓刚:《美国证券发行注册豁免制度研究》,载《证券市场导报》2001年4月号。

151. 朱伯玉、管洪彦:《域名权可为抵押权标的之民法分析》,载《法学论坛》2005年3月期。

152. 综合编辑:《银监会警示非法集资》,载《中国经营报》2007年2月5日第A16版。

外文著作与期刊论文

153. Alexis Freeman, "Internet Domain Name Security Interests: Why Debtor Can Grant them and Lenders Can Take them in this New Type of Hybrid Property", *American Banker Institute Law Review*, Volume 10, 2002, p. 853.
154. Bonnie McGeer, "Profile: Guess Deal Viewed as a Model for IP Sector", *Asset Securitization Report*, November 17, 2003.
155. Bruce Berman, *From Ideas to Assets-Investing Wisely in Intellectual Property*, John Wiley & Sons, Inc, 2002.
156. Colleen Marie O'Connor, "How DreamWorks works: Anatomy of Movie-Backed Deals", *Asset Securitization Report*, November 4, 2002, p1.
157. Cora Daniels, "Ground Control To Bowie Bonds", *Fortune Magazine*, June 16, Vol. 147, Issue 12.
158. "DreamWorks Set to Star in Securitization", *Euroweek Issue 768*, August 30, 2002; See Database Business Source Premier # 09527036.
159. Erica Morp, "Intellectual Property Securitization—A Potential Gold Minc?", *World Trade Executive, Inc. International Securitization & Structured Finance Report* 30 September 2002.
160. Fredric Rosenberg, "Securitizing IP Assets in the Film Industry", *International Securitization & Finance Report*, Volumne9, No. 20, November 15, 2006, p. 1.
161. F. Scott Kieff & Troy A. Paredes, "An Approach to Intellectual Property, Bankruptcy, and Corporate Control", *Washington University Law Quarterly*, Winter, 2004, p. 1313.
162. Goldie Blumenstyk, "Turning Patent Royalties Into a Sure Thing?" *The Chronicle of Higher Education*, October 5,2001.
163. Hiroyuki Watanabe, "Intellectual Property as Securitized Asset", *IIP Bulletin 2004*.
164. Jay Eisbruck, "Rating Future Film Securitization",*Asset Sales Report by Moody's Investors Service*,November 27, 2000, Vol. 14 Issue 46, p. 10。
165. Jay H. Eisbruck, "Credit Analysis of Intellectual Property Securitization: A Rating Agency Perspective", *From Idea to Asset-Investing Wisely in Intellectual Property* (edited by Bruce Berman), John Wisly & Sons, Inc. N.Y., N.Y., 2002, p. 441.
166. Jay H Eisbruck, "Royalty Succession: The Evolution of IP-backed Securitization", *Building* and *Enforcing Intellectual Property Value 2007*, *Moody's Investor Service*, 2007, p. 17.
167. John Jackson, "Royalty Securitization: Taking Cabs to Bankruptcy Court", *Thomas Jefferson Law Review*, October, 1999, p 209.

168. John S. Hillery, "Securitization of Intellectual Property: Recent Trends from the United States", *Washington Core*, June 30, 2005, available at http://www.iip.or.ip/summary/pdf/WCORE2004s.pdf; last visit on June 8, 2007.
169. Kevin Donovan, "Wide Array of Assets Represented: Focus on Earnings", *Asset Securitization Report*, January 27, 2003, p. 5.
170. Lovells, "Intellectual Property Securitization: a new asset class for Japan?" April 17, 2005, http://www.lovells.com/germany/ControlServlet/de/Publication/pubID/783.
171. Mairin Burns, "Bowie Bonds On Watch", *Investment Dealers' Digest*, June 2, 2003, Vol. 69, Issue. 22.
172. Makoto Arai, Shintakuhō, "Practical Issues Arising from the Introduction of the Trust System for Intellectual Property", *IIP Bulletin 2004*
173. Marie Leone, "The Whole Truth", April 15, 2004, available at http://www.cfo.com/article.cfm/3012345/c_2984411? f = singlepage; last visit on June 8, 2007.
174. Miki Tanikawa, "Brief Case: Gamers Turn into Investors, International Herald Tribune", May 18, 2002, available at *http://www.iht.com/articles/2002/05/18/mbrf1_ed3__0.php*, last visit on June 8, 2007.
175. "Moody's May Lower 'Bowie Bond' Rating", *Wall Street Journal—Eastern Edition*, May 28, 2003, Vol. 241 Issue 103, Column 15.
176. Press Releases, "The Royal Bank Of Scotland Completes Largest Music-Backed Securitization", 1 March 2001, available at http://www.rbs.com/media03.asp? id = MEDIA_CENTRE/PRESS_RELEASES/2001/MARCH/SECURITISATION; last visit on June 8, 2007.
177. P. Shupack, "Making Revised Article 9 Safe for Securitizations: A Brief History", *American Bankruptcy Law Journal Issue 73*, Winter 1999, p. 167.
178. Robert Horowitz, "Securitization: Music to Chrysalis' ears", *The Treasurer*, May 2001, p. 50.
179. Ronald S. Borod, "An Update on Intellectual Property Securitization", *Journal of Structured Finance*, Winter 2005
180. Ronald S. Borod, "Clearing the Hurdles for IP Securitization", *Intellectual* Asset Management / IP Finance Supplement, October/November, 2005.
181. Ronald S. Borod, "IP Securitization and the New Corporate Paradigm", *Global IP Asset Management Report*, September 2006, p. 1.
182. Roya Ghafele, "Getting a Grip on Accounting and Intellectual Property", November 12, 2006, http://www.wipo.int/sme/en/documents/ip_accounting.html.

183. Sarah Mulholland, "Funding is Paramount in New Deal", *Asset Securitization Report*, August 9, 2004, p. 3.
184. Stephen Bennet, "The IP Asset Class: Protecting and Unlocking Inherent Value", *The John Marshall Law School Review of Intellectual Property Law*, Spring, 2006.
185. Teresa N. Kerr, "Bowie Bonging in the Music Biz: Will Music Royalty Securitization be the Key to the Gold for Music Industry Participants," *UCLA Entertainment Law Review*, Spring 2000, p. 367.
186. Vinod Kothari, "Securitization of Future Flows", available at http://www.vinodkothari.com/futureflows.htm, last visit on June 6, 2007.
187. Von Alexander Kirsch, "Securitization of Intellectual Property as a Funding Alternative", A Thesis for Master of Arts at HFB Hochschule für Bankwirtschaft Business School of Finance and Management, March 16, 2005.
188. Weston Anson, "Valuing and Monetizing Intellectual Property in Bankruptcy", *The Secured Lender*, May/June 2002, p. 10.
189. WIPO, "The Securitization of Intellectual Property Assets—A New Trend", November 12, 2006, http://www.wipo.int/sme/en/ip_business/finance/securitization.htm, last visit on June 8, 2007.

外文案例

190. Great Am. Indem. Co. v. Allied Freightways, 325 Mass. 568, 91 N. E. 2d 823 (1950)
191. Momand v. Universal Film Exchange, 43 F. Supp. 996 (D. Mass. 1942)
192. Close v. Independent Gravel Co., 156 Mo. App. 411, 138 S. W. 81 (1911)
193. In re Talbot Canning Corp., 35 F. Supp. 680 (D. Md. 1940)